教育心理学的
理论与实践应用探索

覃绍娇 主编

哈尔滨出版社
HARBIN PUBLISHING HOUSE

图书在版编目（CIP）数据

教育心理学的理论与实践应用探索 / 覃绍娇主编
. -- 哈尔滨：哈尔滨出版社，2023.7
ISBN 978-7-5484-7380-0

Ⅰ. ①教… Ⅱ. ①覃… Ⅲ. ①教育心理学－研究 Ⅳ. ①G44

中国国家版本馆 CIP 数据核字（2023）第 128603 号

书　　名：教育心理学的理论与实践应用探索
JIAOYU XINLIXUE DE LILUN YU SHIJIAN YINGYONG TANSUO

作　　者：覃绍娇　主编
责任编辑：赵海燕
封面设计：张　华
出版发行：哈尔滨出版社（Harbin Publishing House）
社　　址：哈尔滨市香坊区泰山路 82-9 号　邮编：150090
经　　销：全国新华书店
印　　刷：廊坊市广阳区九洲印刷厂
网　　址：www.hrbcbs.com
E – mail：hrbcbs@yeah.net
编辑版权热线：（0451）87900271　87900272
开　　本：787mm×1092mm　1/16　印张：10.75　字数：240 千字
版　　次：2023 年 7 月第 1 版
印　　次：2023 年 7 月第 1 次印刷
书　　号：ISBN 978-7-5484-7380-0
定　　价：76.00 元

凡购本社图书发现印装错误，请与本社印制部联系调换。
服务热线：（0451）87900279

前 言

教育心理学是一门以学校为基本背景展开的把基本心理学与教学方法相互结合的社会心理学，是教育学与心理学的交叉学科，它既包括学校教育心理学，也包括家庭和社会教育心理学。狭义来看，教育心理学专指研究学校情境中的各种心理与行为的科学，在教育过程中教师往往会运用教育心理学来对学生进行适当教育，做到因材施教，并改良自身的教学方针，调动学生的学习积极性，帮助学生解决在学习和成长路上的各种困难。现如今的教育行业已经完全认同了教育心理学，它已然成为"科教兴国"理念的核心："注重发展学生的能力，加强对新知识的渴望，规范学生的学习方式，同时关注教师的自身素质和涵养，制定完善的人才培养方案。"只有这样才能不断发展和革新，深入研究教育心理学的理论和实际问题。

伴随着"科教兴国"的脚步，教育行业作为推动社会进步的持续发展力，无论是从管理体制的深化上还是解决当前教育社会性问题上，都需要"教育改革"来维持教育秩序的稳健发展，对于每一位教育工作者来说，教育心理学都有着良好的导向作用。本书探讨与深入了解教育心理学，分析并将其应用到实践中，了解学生的心理，掌握学生的动态，能使教育效果事半功倍。

总之，教育心理学不是以教师为中心的古板教育，而是以学生为教学主体，以教师为辅助带领学生，辅助学生自主学习，给学生创造一个知识氧吧，帮助学生克服对学习的厌恶与恐惧感，从而使得学习在学生心里变成一件快乐的事情，让学生用积极的态度加快学习进度。在学习教育中，教育者要将心理学完美地运用到各门学科当中，仔细了解学生的心理，清楚地认识学生的学习行为，在每一个学生吸收知识时，控制设置问题的难度，使得学生在思考的同时收获努力的乐趣，让学习氛围更加浓烈。对任何一个学生，做到不抛弃、不放弃，让每个学生心中都充满阳光与自信，不对学生做太多的约束，让学生拥有属于自己的学习方法，激活学生的动向思维，在教育中多多提出问题，让学生去探讨解决，用来提高学习效率，促进学生形成艰苦奋进的优良品格。在运用教育心理学时，教育者不仅可以更深入地了解学生，更主要的是可以提高教育者的综合素质，育人育己，提升水平。教与学是一个共生体，它有助于我们更好地认识教育的本质，不仅认清楚了自我的能力，还发掘了自身的潜能，让学生的逻辑能力、思维能力、表达能力都进一步提高。

目 录

第一章 高等教育心理学概述 ··· 1
- 第一节 心理学概述 ··· 1
- 第二节 高等教育心理学的对象与任务 ··· 9
- 第三节 高等教育心理学的方法与意义 ··· 13

第二章 大学生学习心理 ··· 20
- 第一节 大学生心理发展的特点 ··· 20
- 第二节 大学生学习心理 ··· 24
- 第三节 大学生学习动机 ··· 46
- 第四节 大学生知识与技能的学习 ··· 65
- 第五节 大学生学习迁移策略 ··· 83

第三章 高校教师及教学心理 ··· 101
- 第一节 高校教师心理 ··· 101
- 第二节 高校教学心理 ··· 112

第四章 人格发展与学校教育 ··· 128
- 第一节 人格概述 ··· 128
- 第二节 能力差异与教育 ··· 130
- 第三节 气质差异与教育 ··· 137
- 第四节 性格差异与教育 ··· 142

第五章 大学生的人际交往及其调适 ··· 147
- 第一节 人际交往概述 ··· 147
- 第二节 人际交往理论 ··· 154
- 第三节 大学生人际交往的调适 ··· 159

参考文献 ··· 165

第一章 高等教育心理学概述

第一节 心理学概述

研究对象问题，是每一门学科都面临的首要的也是最基本的问题。正是因为研究对象的独特性，才使一门学科与其他学科区别开来，从而成为一门独立的学科。本节主要论述心理学的一般基础知识，如普通心理学的研究对象、人们的心理现象系统以及对心理现象的基本认识等。

一、心理学的含义

（一）心理学的概念

"心理学"（psychology）一词是希腊文 psyche 和 logos 两词演变合成而来。psyche 意指"灵魂"，logos 意指"知识"或"论述"等，合在一起就指研究人类灵魂的学问。"心理学"一词最早出现在 16 世纪。菲力普·梅兰奥逊（P.Melanchthon，1497—1560）在其《论灵魂》一书首创"心理学"这个词，后来鲁道夫·高克莱尼斯（R.Goclenius，1574—1628）最早使用拉丁文"心理学"（psychologia）作为其著作的名称。真正使"心理学"一词流传起来的还是克利斯提安·沃尔夫（C.Wof, 1679—1754），在他出版的《经验心理学》和《理性心理学》两部著作中首次使用德语来表述"心理学"（psychologie）一词。再后来，鲁斯齐（F.Rausch, 1806—1841）首先使用英语"心理学"（psychology）一词。

从古代哲学心理学过渡到现代科学心理学的漫长时间内，心理学的定义有过多次的变化。如心理学是研究灵魂的科学；心理学是研究心灵的科学；心理学是研究意识的科学；心理学是研究行为的科学。到 20 世纪 60 年代，心理学被定义为研究行为与心理的科学。最近，还有人将心理学定义为研究人性的科学。1989 年第二版的《牛津英语词典》将心理学定义为"关于人类心理的本性、功能和现象的科学"。1999 年修订版的《现代汉语词典》将心理学定义为"研究心理现象客观规律的科学"。综上所述，心理学是研究人的心理现象及其规律的科学。

（二）心理学的研究对象

每门学科都有自己的研究领域和对象，心理学的研究对象就是心理现象及其规律。心理现象与物理现象、化学现象不同，心理现象是生命物质发展到一定阶段时产生的。人有心理现象，这是众所周知的，恩格斯曾誉之为"地球上的最美的花朵"。人的心理现象就是指，人的心理活动经常表现出来的各种形式、形态或状态，如感觉、知觉、想象、思维、记忆、情感、意志、气质、性格等等。这些心理现象或心理活动并不是杂乱无章的。从系统论的观点来看，人的心理现象是一个多层次相关联的复杂的大系统。从心理活动的动态变化过程、相对持续状态和比较稳定特征这三个维度来看，又可以把人的心理活动分为心理过程、心理状态和个性心理三个方面或三个子系统。三个子系统下还分别有许多附属系统。

1. 心理过程

心理过程，是指在人的认识、情感、意志行动方面表现出来的那些心理活动，它们经常处于动态变化的过程中。当人们集中注意观察当前的事物时，即产生了感觉和知觉这样的心理活动；感觉和知觉则是人脑对直接作用于感觉器官的各种事物个别属性和一般意义的认知。当人们在感觉和知觉的基础上进一步思考着什么时，即产生了思维活动；思维是人脑对客观事物的一种间接的和概括的反映，以进一步获得事物本质属性和内在联系的认知。当感知过的事物已不在眼前时，在人脑中还会再次浮现该事物的形象，心理学称为表象。而表象在人脑中再加工改造的过程，即产生着想象活动；想象乃是人的形象思维和创新事物的一种特有的心理现象。此外还必须看到，感觉、知觉、表象、思维和想象等这些心理活动是一个连续的过程，而对构成这个连续过程起重要作用的一种心理条件，就是人对曾经历过的各种事物大多会以某种痕迹铭记在头脑中，并在一定条件下通过一定方式回想起来，且继续参与到各种心理活动中去，这种现象我们称之为记忆。记忆是人对过去经验的反映，它也是人类极其重要的一种心理现象。以上所描述的各种心理现象，总括而言，就是人们经常表现出来的，对客观事物和对象在认识方面的心理活动。

2. 个性心理

个性心理，就是指一个人在心理过程的发展和进程中，经常表现出来的那些比较稳定的心理倾向和心理特点。在复杂的现实生活中，由于人的环境和教育的差异，以及自身各种因素的不同，人们在形成需要、动机、兴趣、信念、理想和价值观等方面，总会有这样或那样的个别差异。人们在能力、气质和性格等方面所表现出来的这些差异，心理学统称为个性心理特点。个性倾向性和个性心理特点有机地、综合地体现在一个人的身上，也就构成了一个人完整的个性心理，或简称个性。个性心理是人的心理现象的另一个重要方面，也是普通心理学研究对象的一个重要组成部分。

3.心理状态

在心理活动的进程中，或从心理过程到个性心理特点形成的过渡阶段，常常会出现一种相对持续的状态。这类心理现象，我们称之为心理状态。例如，伴随着心理过程的注意状态；在创造性思维过程中出现的灵感状态；在情绪过程中出现的心境状态、激情状态；在意志过程中表现出来的信心、决心和犹豫状态等等。这些心理状态，只是在心理活动的进程中，在一定的时限出现的某种相对持续的状态，它既不像心理过程那样动态、变化，也不同于个性心理特点那样持久、稳定。

二、心理学的任务

（一）描述

描述即对心理事实用科学语言予以叙述，以便人们认识它，只说明事实的真相，不探究问题发生的原因。科学不同于艺术描述，它强调确定性、精确性。因此，心理学的描述不仅借助语言文字，而且借助数字、公式、图示等。例如，以一份标准化智力测验测量一群小学生，就可以计算出每一名学生的智商，再据以叙述每一名学生的智力在这个集体中所占的地位。正是由于有了科学的描述，人们对心理现象的认识才不再感到无从下手。

（二）解释

解释是对个体行为做进一步分析，探索产生该行为的可能原因。人的心理的产生、发展和变化，包括某种特定性格的形成和改变，都必定依存于一定的条件。找出这些依存条件及其内在的关系和联系，才能对心理现象给予科学的解释。例如，假设有统计资料显示，每年5月、6月间，高三年级学生患病的人数，比其他月份高出许多。研究者在分析这个问题的原因时，可能解释为与高考压力有关。一般来说，生理特点、年龄因素、个人经历、生活方式和环境影响等，都可能成为解释心理的依据。当然，具体成因则因人而异。个体内在的心理历程不易直接观察，如何依据个体外在行为来判断其内在的心理现象，确实相当困难。所幸的是，近年来有些心理学者，已设计出一些精密的方法，使他们对个体的内在心理历程，能做出科学的解释。

（三）预测

预测是根据现有的资料，估计将来某一事件发生的可能性。心理学不是算命学，但心理学能够运用科学分析手段，在一定程度上预知个体心理和群体心理的发展趋势、表现特点等。这并不神秘，因为心理活动也罢，心理特征也罢，都依条件而发生和变化，掌握了这种关系，就可能预测未来。例如，我们根据青少年心理的发展规律，就能预测青少年今后会表现出某种行为和呈现某种心理特点。心理学的理论不但具有解释行为的功能，同时也具有预测行为的功能。

（四）控制

研究心理是为了有效地调控人的心理，使之利于社会、群体和个人的健全发展，这是心理学的根本任务。心理学要做的工作，就是通过控制影响心理的因素来控制心理，减少心理因素的消极影响，增强心理素质的积极影响。例如，人类的心理疾病是可以避免的，加强心理健康教育，将有助于控制心理疾病的发生。其中，控制影响心理的因素尤其重要。影响心理的因素既有环境的，也有机体的，而一个人业已形成的心理（个性特点、心理状态等），也是影响当前心理的一个因素。所以，心理学是联系环境因素、机体因素和业已形成的心理因素来研究心理的有效控制。

（五）提升

心理学研究的主要对象是人，许多心理学家从事心理学的应用研究，其主要目的是提高人类的生活品质。将心理学的研究成果，应用到生活的各个层面，或直接利用心理学基础研究所发现的理论，提出改善生活品质的建议，成为目前许多心理学家所努力的方向。例如，工程心理学是探讨人类日常生活和工作中的人与工具、设备、机器及周遭环境之间交互作用的关系，以及如何去设计那些会影响到人的事物及环境。它的目的是使工程技术设计与人的身心特点相匹配，从而提高系统效率、保障人机安全，并使人在系统中能够有效而舒适地工作，也就是要去改善那些人们使用的器物与其所处的周围环境，使人与人本身的能力、本能极限和需求之间能有更好的配合，其根本目的也就是提升人类的生活品质和生活质量。

三、心理学的内容

因为心理学的研究对象是丰富复杂的心理现象及心理活动，这就决定了心理学的研究内容不可能简约单纯。随着心理学发展和社会生活的变迁，心理学研究的内容也越来越多，越来越广泛，其中八个方面的课题尤为突出。

（一）行为与心理的生物基础

此课题是由身心关系演变而来。目前的研究重点在于探讨神经系统、内分泌系统、个体生命起源及遗传机制等，从而了解心理与行为和生理功能的关系。

（二）感觉、知觉与意识

此课题是对身心关系问题的进一步探讨，并借助现代化的科学方法与工具，研究个体如何经感官获得感觉，进而对其周围环境有所了解与认识。

（三）学习、记忆与思维

此课题是由知识来源问题演变而来。其目的在于探讨个体对外在信息如何学习、记忆、思维，如何从中学到知识、解决问题。

（四）生命全程的身心发展

此课题是由天性与教养问题演变而来。其目的在于探讨自生命开始后，个体在身体、行为、心理三方面随年龄增长而变化的过程，并研究在发展过程的一切身心变化与遗传和环境因素的关系。

（五）动机与情绪

此课题是由自由意志决定论问题演变而来。其目的在于研究个体行为发生的原因，探讨个体行为的自主性与选择性，从而解答个体在决定其行为表现时是处于被动还是主动的问题。

（六）个别差异

此课题是由心理正常与变异问题演变而来。其目的在于探讨个体的共性之外个别差异的问题。心理学研究个别差异主要集中在两个方面：能力差异与性格差异。研究个别差异的目的，除了探讨形成差异的原因之外，且兼有为学校因材施教与为社会通才通用的目的。

（七）社会心理

此课题是由个人与团体问题演变而来。其目的在于探讨社会生活中个人与团体间如何彼此影响，并借以发现维护社会互动的原则规范，从而促进人际关系的和谐。

（八）心理异常与心理治疗

此课题是由心理正常与变异问题演变而来。其目的在于探讨心理异常的原因与症状，进而实施心理治疗，借以维护心理健康。

四、心理学的发展

（一）西方心理学的发展

早在两千多年前，古希腊的哲学家、思想家就已有丰富的心理学思想散见于他们的论著之中。古希腊的德谟克利特（Democritos）用原子论解释心理现象，认为感觉是原子从物体表面发射出来并与感觉器官接触的结果。柏拉图（Plato）关于人性的思考引出了人的行为的三个来源：欲望、情绪和知识，并提出了灵魂先于身体且独立于身体的身心观。亚里士多德（Aristotle）写的《灵魂论》一书，则是世界上最早关于人类心理方面的专著。自那时起，直至19世纪中叶，在西方有许多学者论及心理学问题，其中不乏真知灼见，但心理学在这漫长的岁月中始终隶属于哲学范畴而无独立的地位。

19世纪中叶以后，自然科学的迅猛发展，为心理学成为独立的科学创造了条件。尤其是德国感官神经生理学的发展，为心理学成为独立的科学起了较为直接的促进作用。20世纪初，冯特第一次提出了心理学的体系。但在当时的条件下，心理学形成一个完整体系的条件并不成熟，因此很快就受到了挑战。许多新学派，如行为主义学派、格式塔学派、精神分析学派等纷纷出现，并形成了十分激烈的学术之争。他们都以为自己发现了心理学的全部真理，但事实是在各自做出独特发现的同时，也暴露了各自的片面性。随着争论的深入和科学事实的积累，心理学家们认识到，试图用一个心理学派别的成果去建立完整的心理学知识体系，是经不起考验的，即使建立了理论体系，也难免有偏差。因此，最近二三十年来，流派纷争不息的历史已经结束，各流派的心理学出现了相互融合的趋势。从总体上看，国外的现代心理学可以分为两大阵营——机械主义阵营和人本主义阵营。前者把实验方法作为普遍接受的方法，把人看成被动的机体；后者的工作联系到人的社会性，强调人的能动作用，用调查、观察以及实验的方法来建立自己的理论体系。这里的所谓阵营，并不意味着对抗。由于现代心理学的历史尚短，它所研究的对象是比物性复杂得多的人性问题，因此现代心理学需要所有学派参与工作。缺少任何一种理论观点和探索方法，都会使心理学的科学体系的整体有所逊色，这是现代心理学家的主导观点。纷争结束之后，从科学研究的角度来看，现代心理学的研究形成了三个基本的特点：第一，着重揭示心理和行为的规律，进而对心理和行为的发生、发展进行预测；第二，特别重视人的高级心理过程和社会行为的研究；第三，广泛吸收临近学科的研究成果，参与交叉学科的攻关研究。

心理学的发展与经济和科学技术的发展水平密切相关。美国经济和科学技术在世界上最发达，心理学的发展也最好。在美国，心理科学已与物理化学科学、数学科学、环境科学、技术科学、生命科学、社会经济科学一起并列为科学的七大部类。美国心理学家的人数占世界心理学家人数的一半。美国心理学会下属的分会（相当于我国的专业委员会）已经发展到50个，其中包括临床心理、康复心理、军事心理、传播媒介心理、妇女心理、宗教心理、成瘾行为心理、人口和环境心理、成人发展和老年心理等专门分会。苏联也是一个心理学比较发达的国家，其教育心理学、工程心理学、神经心理学、社会心理学以及以心理学为主体的人学都有国际性的影响。

（二）中国心理学的发展

与西方不同，中国古代没有心理学的专著，但有丰富的心理学思想。这些思想散见在许多哲学家、思想家和教育家的著作中。在中国先秦时代，儒家、道家、法家等等各学派著名思想家都讨论过天人关系、人兽关系、身心关系、人性的本质和发展以及知行关系等，提出过一些重要的心理学思想。例如，春秋时期的孔子提出"知之者不如好之者，好之者不如乐之者"（《论语·雍也》）、"学而时习之，不亦乐乎"（《论语·学而》）以及因材施教等诸多观点，其中已经蕴含现代心理学中的兴趣、记忆和个性差异等问题。战国时期的荀子关于"形具而神生，好恶、喜怒、哀乐臧焉"（《荀子·天论》）之说，阐明了先有身体而后有心理、心理依附于身体的身心观。

中国是世界公认的心理学发源地之一，但科学形态的心理学却是形成于西方。中国心理学的形成与发展，与西方心理学的传播有密切的关系。1889年颜永京翻译出版了《心灵哲学》；1907年，王国维翻译出版了《心理学概论》，在清末出版的近40种心理学著作中大部分是译著。从1917年开始，中国科学形态的心理学进入创建时期。这一年，国内第一个心理实验在北京大学建立；1918年，国内第一本大学心理学教本《心理学大纲》（陈大齐著）由商务印书馆出版；1920年，国内第一个心理学系在南京高师成立；1921年，中华心理学会在南京成立。此后，现代心理学的许多理论流派开始通过归国的中国学者介绍到中国来，心理学工作者在发展心理研究、教育心理研究、生理心理研究、心理测验研究等诸多领域都取得了成绩。但由于国难当头，从1937年起直至1949年新中国成立，心理学的发展处于低落时期。

1958年—1968年，中国心理学事业的发展遭受了严重的挫折，但是近20多年来，心理学走上了健康的发展道路，并取得了长足的进步。中国科学院心理研究所参与了国家攻关项目的研究，并做出了贡献；1999年国家科技部确定增加心理学作为18个需要优先发展的基础学科之一；2000年国务院学位委员会将心理学确定为一级学科，北京师范大学成立了我国第一个由学校直接领导和管理的心理学院；2002年中国科学院心理研究所被确定为进入国家知识创新试点工作的基地性的研究所，中国科学院将持续加大对心理研究所的基础和重要问题的研究投入以及对基地建设的投入。中国心理学在国际心理学界获得了较高的地位。通过老一辈心理学家20多年的努力，我国心理学在国际心理学界的影响显著增加。中国心理学会在中国科学技术协会的领导下工作不断进步，现在已经发展到了19个专业委员会和工作委员会，涵盖了心理学的主要领域。

全国性的心理学刊物已有近20种，其中包括《心理学报》《心理科学》《心理科学进展》《心理与行为研究》《心理学探新》《应用心理学》《心理发展与教育》《中国心理卫生杂志》《中国临床心理学杂志》《社会心理研究》《中小学心理健康教育》《四川心理科学》《心理与健康》和《大众心理学》等。到2004年，在我国的高等院校已经有了约百个心理学系（所），如北京大学、华东师范大学、南京师范大学、华中师范大学、华南师范大学、中山大学、陕西师范大学、首都师范大学等。甚至已有一批高校成立了心理学院，如北京师范大学、西南大学、浙江大学等，全国心理学专业每年招生超过1000人。全国可以培养博士生的单位有12个，可以培养硕士生的单位有27个，每年招收研究生500多人。此外，心理学家们还出版了大量颇有影响的心理学专著、译著。中国的社会主义现代化事业，给中国的现代心理学的发展提供了强大的动力。在20多年的发展中，我国心理学在基础与应用研究方面都取得了可喜的成就，某些领域的研究达到国际水平。2004年8月第28届国际心理学大会在北京的胜利召开，标志着中国心理学的学术地位在国际心理学界得到认可，也预示中国心理学进入高速发展时期。

(三)现代心理学的发展趋势

辩证唯物观告诉我们,任何事物都是运动变化的,每一门科学或学科的发展也是一种事物的运动变化。事物发展虽然复杂多样,但仍有其规律性,预示着一定的趋势和方向。代表着现代心理学发展的主要理论取向是认知心理学和人本主义心理学,除此之外,心理学还在各个层面的发展上呈现出不同的趋势。

1. 心理学的综合化趋势

科学由综合走向分化又上升到新的融合趋势,这是科学发展的总趋势。现代心理学研究的各种主要理论取向都有其合理的因素和局限,它们都只从某一个层次和侧面对心理现象进行了有益探索,使人们可以从不同的视角去理解人类的心理。这些理论既有相互排斥的一面,也有相互补充的一面。现代心理学家们越来越重视全面而综合地运用心理学的各种方法、理论及研究成果,多视角、多维度、多方法去研究心理问题,显示了心理学发展的综合化趋势。

2. 心理学的实用化趋势

心理学是一门与人类生活密切相关的学科,其理论的应用和普及是学科发展的生命力。随着现代社会的发展,心理学已渗透到社会生活的多个领域,对人们的日常生活产生着越来越大的影响,从心理健康教育教学、体育竞技、人员选拔到广告营销、产品设计、司法刑侦等方面都取得了显著的效益,与心理学相关的一些专业和职业也纷纷产生。在发达国家,心理学涉猎的范围也越来越广,包含了人类体验的所有方面,总的目标就是理解人类的行为,这些研究取得了令人瞩目的成就。迄今为止,至少有4位科学家因为心理学研究的卓著成就而荣获诺贝尔奖。特别是诺贝尔经济学奖得主美国普林斯顿大学心理学教授丹尼尔·卡恩曼(Daniel Kahneman),他的工作及影响,充分反映了现代心理学发展对现实生活的巨大影响与贡献。

3. 心理学的全球化趋势

随着全球政治、经济、文化一体化趋势增强,心理学研究的国际全球化趋势日益显著。在这样的背景下,心理学正经历着一场转变,即由只关心单一文化背景转向多元化的融合,由方法中心论转向问题中心论,由单一理论转向复合论。各国的心理学家面临着全球化的经济问题、社会问题和环境问题,这些问题不再是某个国家、某个民族各自的问题,而是全球化的人类共同问题。所以必须抛开传统的派别之争和理论对抗,一切围绕解决实际问题展开,使心理学的研究具有现实性。这就是心理学全球化的内涵。心理学的研究全球化具有这样一些特点:关注全球社会化的进程;打破种族和文化的偏见;发展本土心理学;以问题研究为中心,鼓励心理学多元性。

4. 心理学的本土化趋势

人的心理是人脑的机能,也是客观现实的反映。所以研究人的心理要以科学的态度和方法去探讨人的心理发展及变化的文化背景、民族传统、风俗习惯及国家意识形态等等，因为不可能有全世界完全按一种范式建立起来的"统一"的心理学。在当前西方心理学占据世界心理学主流的情势下，心理学本土化是指一种社会文化取向的问题。每个国家的心理学所采用的概念、理论及方法要能切实反映本国民众的心理与行为，这个趋势适合每个国家的心理学发展。对中国来说，心理学的本土化也就是中国化的问题，也就是要建立系统的有自己特色的心理学理论体系。

第二节 高等教育心理学的对象与任务

高等教育心理学是心理学和高等教育相结合的产物。高等教育心理学的首要任务在于揭示大学生掌握知识和技能、发展智力和能力、形成道德品质、培养自我意识、协调人际关系的心理规律，揭示大学生的学习活动和心理发展与教育情境的依存关系，从而使教育工作建立在心理科学的基础上，提高高等教育的科学性和效益，促进高等教育事业的发展。同时，高等教育心理学对教师有效地独立学习和自我培养也可提供必要的帮助。因此，广大高校教师都必须具有一定的高等教育心理学基础知识和基本技能，善于从心理学的角度去分析教育过程，并学会从心理学的角度去认识学生的心理特点，在心理科学的指导下，在独立学习和自我培养中，不断丰富和完善自己。

一、高等教育心理学的学科定位

（一）高等教育与高等教育心理学

高等教育是培养高级专门人才的教育，在整个教育体系中处于最高层次，包括专科教育、本科教育和研究生教育。高等教育心理学则是反映高等教育特点的教育心理学分支，它充分反映了高等教育的本质。如前所述，教育是一种自觉地、有目的地影响人的身心发展，把自然人转化为社会人的过程。由此可以认为，高等教育的本质则是有目的、有计划、有组织地培养高级专门人才的社会活动。具体地说，高等教育区别于普通教育的特点有以下几个方面：

1. 教育任务不同

高等教育的培养目标是社会各方面需要的高级专门人才，是高级专业教育。普通教育是国民的基础文化科学知识教育，不以传授专业知识为主要目的。

2. 教育对象不同

高等教育培养的对象是大学生，他们属于青年中期，生理和心理发展水平与中小学生有明显差别。他们生理上已发育成熟，心理上趋于成熟或已达到相当高的水平，个性特征比较稳定，世界观正在形成或已定型，独立思考和独立工作能力较强。

3. 社会职能不同

高等教育有三个社会职能，一是培养高级专门人才；二是发展科学技术，开展科学研究；三是直接为社会服务。普通教育不具备这些社会职能。

4. 地位作用不同

高等教育体制改革的目标是逐步建立使学校具有主动适应国民经济和社会发展需要的有效机制。高等教育在经济发展战略中居于首要位置，是社会主义精神文明建设的重要阵地，是发展高科技的重要力量。而普通教育与经济建设和社会发展尚有较大距离。

5. 培养方式不同

高等教育在让学生接受前人积累的知识经验的前提下，将科学研究引入教学过程，引导学生去探索未知领域，在学习中学会发现和创新。而普通教育一般都是传授前人已有的经验知识，讲授的一般都是已成定论的东西。

（二）高等教育心理学的学科特征

1. 高等教育心理学是学校教育心理学的分支学科

高等学校在由各级各类学校构成的学校教育系统中居于最高层次，在诸多教育心理问题中，核心问题是学生的学习活动问题。大学的教育质量和管理水平是以学生学业的成败为显著标志的。高等教育心理学是一门学校教育心理学，是对大学生的学习活动的探讨，是其研究的主要方向。同时，教学活动是师生双向的交互活动，而且教师在教育和教学过程中还起着主导作用，但这种主导作用必须遵循大学生学习的心理规律才能收到预期的效果。因此高等教育心理学也必须研究符合大学生学习规律的教学心理与德育心理。这些决定了高等教育心理学应主要研究高等学校教育活动领域中学生的学习活动及促进大学生心理发展变化的教学与德育心理规律。

2. 高等教育心理学是反映高等专业教育特色的教育心理学

高等教育是建立在普通教育基础之上的高等专业性教育，具有"高"和"专"的特点。高等教育心理学研究必须反映这些特点，并为具有这些特点的高等教育服务。

"高"是指"高等"和"高级"，它规定了学校的层级和所培养人才的规格，意味着大学生入学要求高，大学生学习的知识高深，脑力劳动难度大、强度高，所要求掌握的技能相对一般从业者和非大学生同龄人也更复杂和高级。同时，大学生在精神情趣的追求、生活方式的选择和人格完善等方面的要求也相对较高。高等教育心理学就必须认真和深入地研究具有这些特点的心理学问题。例如，大学生的注意已不是纯粹的"专心"听课的问题，而应研究如何让学生学会抓住教师讲授的思路，培养学生独立获取知识的能力，研究如何注意捕捉学习的疑点，提高发现和研究未知领域的能力。

"专"是指大学教学的专业化和专门化，强调运用专业知识解决专门化的实际问题，特别重视在专业范围内发现问题、分析问题和解决问题的能力，因而提出了培养大学生解决问题能力和创造力的课题。在教学中发现，相当多的学习成绩优异的高中毕业生进入大学后，在相当一段时间内极不适应大学的学习和生活，还有一些在大学一年级、二年级基础课学习不错的学生，进入高年级的专业学习后不仅成绩下降，当要求他们独立解决专业问题时也显得力不从心。类似这样的问题，高等教育心理学是不能回避的。

3. 高等教育心理学研究的对象是大学生

全日制高等学校的在校学生，正处于青年中期，他们的生理、心理特点不同于普通中小学生，也不同于走入社会的成年人。大学生生理上已经成熟，可以从事复杂、抽象的高级思维活动，然而心理成熟度还很不够，在适应能力、挫折耐受力、心理的自我调控能力、人际关系适应能力等方面常有欠缺，严重的甚至会引起心理障碍。在完成大学四年学业后，大部分大学生将直接走上社会劳动岗位，因此，大学阶段是他们培养品德、完成社会化的最重要的时期，也是自我意识完善和人格塑造的基本完成期。这其中有许多有关的心理学问题亟待高等教育心理学深入研究，拿出可行的对策。

4. 高等教育心理学要为实现高校的社会职能和教学方法提供心理学依据

由于高等教育具有"高""专"的特点，且其研究的培养对象又是基本成熟的大学生，因此高等学校具有教学、科研和直接服务社会的三大职能，而普通教育只涉及教学问题。高等教育心理学不仅要重点研究高等教育的教学问题，更应填补高校科研、服务社会这两大职能心理研究的空白，例如为提高大学生科研能力的创造心理研究、大学生社会心理和人际关系心理研究等，都将有助于高校社会职能的实现和发挥。

现在，国家正大力推行高等教育教学改革，高等教育心理学应对高等学校教学方法的特殊性进行专门研究，为这些方法提供科学的心理学依据。相对于普通教育而言，高等教育在教学方法上的特殊性具体表现在：①教学中教的比重逐渐降低，学的比重逐渐增加，教师应最大限度地发挥学生的主体作用，引导学生把强烈的自我发展意识转化为本身努力获取知识的实际行为。②教学上由传授法向指导法转化，学习法由再现式向探求式转化。教师应启发学生积极思维，充分发挥想象力和创造力，去主动探索未知世界，发展自己的能力与人格。③校内教学和社会实践相结合，教学与科学研究相互渗透，并在社会实践和科研活动中，锻炼独立工作的能力。这些都要求大力发展学生的逻辑思维能力和创造能力，并在初步的科研实践中培养优秀的科研心理素质。

以上所概括的高等教育心理学的四个学科特征，都是相对于普通教育心理学而言的。二者的研究对象有相同点，也有不同点，它们之间是个性与共性、特殊与普遍的关系。我国的教育心理学正逐步由过去的单一学科发展成一个学科群，学科分化的根本原因是社会的需要，高等教育心理学作为教育心理学科群中的一个分支学科独立诞生，相信它会在高等教育的改革与发展中发挥应有的作用。

二、高等教育心理学的对象

教育心理学是心理学与教育相结合的一门学科，是研究教与学的心理规律的学科。它不仅重视人与人之间的相互影响和社会交往，而且也强调数量化的客观科学研究；它最关注与教育教学过程有直接或间接关系的事情，但也重视基本理论问题的讨论。因此，教育心理学是研究学校情境中学生的学与教师的教的基本心理规律的科学，是一门介于社会与自然、应用与理论之间的交叉学科。

在我国，教育心理学虽然已有了长足的发展，但它们绝大多数探讨的只是中小学生的教育心理问题，而以高等学校学生的学与教师的教作为研究对象的高等教育心理学还是一门诞生不久的新学科，它必将具有强大的生命力。

高等教育心理学研究的主要领域有：高等教育心理学的学科基础、高等学校的教学心理、高等学校的德育心理与高等学校的心理健康教育。高等教育心理学的学科基础包括高等教育心理学作为一门学科的基本看法，具体有心理学的基础理论，高等教育心理学的对象、任务、方法与意义，以及大学生的心理发展，包括认知的发展、人格与社会性的发展。除此之外还有高等学校教师心理，包括教师的专业素质、教师的成长与发展、教师的心理健康等等。

高等学校的教学心理是高等教育心理学的重点研究内容，主要研究学生的学与教师的教的种种心理问题，具体包括学习心理的一般理论问题、大学生学习的特点、大学生的学习动机、大学生的学习迁移、大学生的学习策略、大学生的知识与技能学习、大学生的问题解决与创造性培养等问题。根据对大学生学习心理的研究与分析，促使广大高校教师进一步了解和掌握大学生学习心理的特点与规律，从而增强高校教师教育教学的针对性和科学性。

高等学校的德育心理是高等教育心理学的重要组成部分，主要研究品德的形成及其一般理论、大学生的自我意识发展及特点和大学生的人际交往与人际关系等问题。其目的是帮助广大高校教师了解与掌握大学生道德品质、自我意识形成及发展的规律，认识大学生的人际交往及人际关系的现状与特点，从而增强高等学校思想道德教育的实效性与科学性。

高等学校的心理健康教育是高等教育心理学的重要内容和任务。高等学校培养的大学生不仅要有良好的思想道德素质、文化素质和身体素质，而且要有良好的心理素质。本书着重论述了大学生心理健康的现状与分析、大学生心理健康教育的基本理论与基本知识。其目的是促使广大教师认识大学生心理健康教育的重要性与紧迫性，了解与掌握大学生心理健康教育的方法与技巧，帮助大学生塑造完善人格，培养良好的个性心理品质。

三、高等教育心理学的任务

高等教育心理学的基本任务，归纳起来有两个方面：第一，探索、构建本学科的理论任务；第二，用理论指导教育教学，以提高教育效率、学生素质以及教师教学水平的教育实践任务。

高等教育心理学的首要任务是揭示在高等教育心理学实践过程中的心理活动规律，为提高高等学校的教学质量和培养国家建设需要的高层次专门人才。高等教育心理学是一门新建立的学科，在创建和不断完善过程中，有必要在普通教育心理的基础上和在心理科学理论上有所发展，密切结合高校教育教学的实际，总结过去和当前高校教育教学的经验。无论是成功的经验还是失败的教训，都要从心理学的角度加以分析研究，当然包括参考吸收国外已经取得的成就和经验。通过教育实践检验过的理论才是可靠的理论，反之，在可靠的教育心理学理论指导下的实践才会减少盲目性。

高等教育心理学的理论和实践是相互促进的，是一个问题的两个方面，而其任务又是统一的。高等教育心理学的理论，通过教育实践才能付诸实施，否则只能纸上谈兵，只有深入教育实践，分析、解决其中的心理学问题，才能从成功的经验中理解其中的心理活动规律，从而总结出高等教育心理学的理论。这正是我国教育家和心理学家长期忽视的问题。因此，在高等教育心理学的初创阶段，首先深入各高等学校，总结优秀教师的教学经验，优秀学生的学习经验，优秀校长、干部的领导管理经验，从教育心理学的角度加以分析提高，分析反面失败的教训，并与成功的经验加以对照，这既是高等教育心理学的任务，也是丰富完善这门学科的任务。

高等教育心理学应当重视学生的学习、个性形成、道德品质的培养，也要研究教师的心理品质、使其业务能力继续提高的问题。教师的心理品质和能力是高等教育提高教育教学效果的心理前提。现在许多教育家和心理学家都认识到高等教育改革的重点是优化结构问题，其实质就是高校领导和教师的智能素质和品德素质的提高与合理组合问题。这正是高等教育心理学面临的新课题。

第三节 高等教育心理学的方法与意义

教育心理学是心理科学和教育科学的一个分支，属应用心理学。高等教育心理学又是教育心理学的一个新分支，研究方法复杂，既包括自然科学研究方法，也包括社会科学研究方法。高等教育心理学的学习对提高高校师资水平、提升教师教学能力、增强教师角色胜任能力、促进教师掌握心理保健知识等均有重要意义。

一、高等教育心理学的方法

学习高等教育心理学，不仅要了解它的基础理论知识，同时还要了解它的研究方法。研究高等教育心理学必须以辩证唯物主义和历史唯物主义的方法论为指导思想，遵循客观性原则、发展性原则、系统性原则和教育性原则。从数据收集方式上看，高等教育心理学的研究方法与心理学是一致的。心理学的研究方法主要包括观察法、实验法、调查法与测验法。

（一）高等教育心理学的基本原则

1. 客观性原则

客观性原则，即实事求是的原则。恩格斯说过："唯物论的世界观不过是对自然本来面目的了解，不附加任何外来的成分。"在高等教育心理学研究中贯彻客观性原则，第一，要做到对考察和研究对象的评判，是什么就是什么，不做主观猜测，不加轻率臆断；第二，对高等教育中心理活动的分析，不要只停留在外部或表面上，要善于洞察其内在原因和规律；第三，对研究所获得的材料、结果或结论，能说明什么问题，就说明什么问题，不要任意夸大或滥用。

2. 发展性原则

高等教育心理学所研究的对象是青年大学生，他们正处于从不成熟到成熟的过渡阶段。刚入学的大学生还带有中学生的特点，而快要毕业的大学生则接近成人了。这段时间他们的生理和心理都在迅速发展，所以必须坚持发展的原则，从发展的角度来分析影响大学生心理发展的各种要素，研究大学生心理发展的趋势和阶段。

3. 系统性原则

系统性原则，或叫作系统性观点。系统性观点实际上是辩证唯物主义关于事物普遍联系观点在科学研究上的运用。作为高等教育心理学研究的高等教育中的心理现象，整体的、动力的系统性特点是很明显的。首先，高等教育中的心理现象是处于整个社会政治、经济、文化的各种运动和复杂的关系中被体现的，这些不同方面的关系，都是在整个自然和社会统一的系统中实现的。其次，人的心理、意识活动本身，既是一个整体，又包括不同的系统。在这些不同的系统中又分别具有各更小的系统，系统之间的相互联系，就构成了心理活动本身的整体动态系统。最后，对高等教育中心理现象的系统分析，还要看到高等教育中心理活动的不同水平和层次性。

4. 教育性原则

这是由高等教育心理学研究的基本任务所决定的。其研究方法应该符合我国的教育方针和教育原则,能够在日常教育工作中发挥积极作用,绝不能为了获取某些研究材料,而违背教育的原则和规律,给学生的身心健康带来不良的影响。同时,研究成果应有助于加深对高等教育本质及其规律的认识,有助于高校教育教学改革的深化。一种研究在没有足够的把握有助于促进大学生身心的某些方面发展时,绝不能贸然地大面积开展。

(二)高等教育心理学的具体方法

1. 观察法

观察法是指在自然条件下,对心理现象的外部活动进行有系统、有计划的观察,从中发现心理现象产生和发展的规律性。观察法可分为客观观察法和自我观察法。

客观观察法。这是在日常生活条件下,研究者通过观察被试在自然情景中的表情、动作、行为和言语等外部表现,以了解人的心理活动的方法,必要时也可采用录音、录像等辅助手段进行。例如,教师经常通过学生的劳动、学习、游戏等活动,通过学生在课堂上、考试或竞赛中的表现,以及通过学生日常交往情况等的观察,便能了解学生的许多心理特点和变化,就是采用的客观观察法。但作为科学研究的方法,必须要有严格的要求。观察要有明确的目的性和计划性,要较系统地、长期地进行,对观察的具体情境和被试的各种表现要做详细的记录,对系统观察获得的材料要能做出科学的分析和评估,使其具有理论认识的价值。如达尔文的《一个婴孩的生活概述》和我国心理学家陈鹤琴的《一个儿童发展的程序》等著作,主要就是采用客观观察法所取得的研究成果。

自我观察法。人自己对自己的心理活动也能进行观察和分析,这通常叫作自我观察法。人在实践中的认识活动、自我体验、动机的意识,或对某些心理特点和行为的感受与评价等等,都可以进行自我观察和分析。这是因心理学对象的特殊性而采用的一种可行的、也是必要的特殊方法。不过,自我观察时需要按照客观的指标,具备一定的心理学知识和观察技能,才能更有效地实施。自我观察法和客观观察法可以相互补充,相互验证。如研究者对其他被试进行客观观察时,必要时亦可要求被试本人做出自我观察的口头陈述,以进行比较验证,这样更能提高观察研究的效果。

2. 实验法

实验法是指有目的地控制一定的条件或创设一定的情境,以引起被试的某些心理活动而进行研究的一种方法。心理学的实验法主要有实验室实验法和自然实验法两种形式。

实验室实验法。这是指在实验室内利用一定的设施,控制一定的条件,并借助专门的实验仪器进行研究的一种方法。例如,当我们需要知道室内光亮度对学生视觉阅读效果有什么影响时,即可选择正常同等视度的若干学生做被试,在实验室的设备条件下，一面控制室内光亮度的不同变化（自变量），一面测量被试在不同亮度下阅读的速度（因变量），然后通过实验所获得的各项数据，加以处理和分析，即可得到某种光亮度对视觉阅读最适宜的实验结果。实验室实验法，便于严格控制各种因素，并通过专门仪器进行测试和记录实验数据，一般具有较高的可信度。通常多用于研究心理过程和某些心理活动的生理机制等方面的问题。但对研究个性心理和其他较复杂的心理现象，这种方法仍有一定的局限性。

自然实验法。这是在日常生活等自然条件下，有目的、有计划地创设和控制一定的条件来进行研究的一种方法。例如，研究评价（表扬或批评）对激发学生学习积极性的作用问题，即可以采用自然实验进行。如有一个实验，选择100名条件相当的学生做被试，把他们随机分成四个不同评价性质的实验组。然后令所有被试"做算术"加法练习5天，每天练习15分钟。在评定时，表扬组只给予正确评价；批评组只给予批评；忽视组只可以间接评价；控制组则不给予任何评价。最后检查学习效果，发现表扬组最好，批评组次之，控制组最差。这说明对激发学生的学习积极性，表扬和批评都是必要的，而应以表扬为主，不做任何评价反而会降低学习积极性。自然实验法比较接近人的生活实际，易于实施，又兼有实验法和观察法的优点，所以这种方法广泛用于研究教育心理学、儿童心理学和社会心理学的大量课题。

3. 调查法

调查法的主要特点是，以问题的方式要求被调查者针对问题进行陈述的方法。根据研究的需要，可以向被调查者本人做调查，也可以向熟悉被调查者的人做调查。调查法可以分为书面调查和口头调查两种。

书面调查又叫作问卷法。问卷法是根据研究课题的要求，设计问题表格和相应内容让被调查者自行陈述的方法。它可以同时向许多人搜集同类型的资料，加以分析、处理和研究。问卷法的正确实施还应注意：首先要尽可能消除被试的各种顾虑，便于说出真实的想法，为此常需要足够量的被试，以减少可能出现的误差。其次，提出的问题要简单明确，易于作答，而又能反映出某种心理状况。最后，还要注意某些技术性问题，如设问的策略、要求的一致性、问题的量和质的关系、所获答案便于处理和统计等等。

口头调查也可以叫作晤谈法。它是根据预先拟好的问题向被调查者口头提出，以一问一答的方式进行的调查方法。要使晤谈法富有成效，首先应创造坦率和信任的良好气氛，使被调查者做到知无不言；同时，研究者应该有良好的准备和训练，尽量使谈话标准化，使记录指标的含义保持一致性。这样才有可能对结果进行客观的分析和概括。晤谈法与问卷法相比，其优点是，研究者可以直接控制晤谈进程，可以不同的方式考察被调查者对问题回答的真实程度，并可以根据被调查者的反应即时提出临时应变的问题等。但是晤谈法较费时间，调查的数量有限。

4. 测验法

这是采用一种专门的测量工具（如测验量表），在较短的时间内，对被试的某些或某方面的心理品质做出测定、鉴别和分析的一种方法。目前，心理测验名目繁多，如按其目的的不同，可分为智力测验、才能测验、人格测验、诊断测验等等；如按性质的不同，可分为文字性测验和非文字性测验两种；如按实施方式不同，可分为个体测验、团体测验等。关于心理测验法的实例将在以后有关章节中介绍。不过，对人进行心理测验涉及的因素较复杂，测验量表的制订也较困难，实施的精确性和可信性还需要在测定之后的较长时期才能看出。但这种方法如能同其他方法配合使用，仍不失为心理学研究的一种具体方法。

总之，每一种具体的方法，其作用都不是孤立的、绝对的，从心理活动的整体来看，它们都有其局限性。因此，心理学的研究经常需要采用多种方法相互补充，相互配合，相互验证，这样才能更好地反映人的心理活动的客观规律。

二、高等教育心理学的意义

作为高校教师有较高的专业素质和学术水平，只解决了教什么的问题，而掌握有关的教育心理学理论，则有助于解决怎样教和如何教得更好的问题。所以，那种认为高等教育心理学可学可不学，高校教师只要有一定的学术水平不需要掌握教育心理学的知识和理论的观点是错误的。诚然，教师自己学识渊博是学生有效掌握有关知识的重要条件，然而教学任务完成的好坏并不是看教师拥有多少专业知识与专业技能，而是看学生掌握多少专业知识与专业技能。因此，高校青年教师了解和掌握一定的高等教育心理学理论是十分必要的。

（一）高等教育心理学有助于高校提高师资水平

教师队伍建设的重点在青年教师。高校扩招以来，高校师资队伍补充了一大批新生力量，一方面使高校教师队伍总体构成得到了一定的改善，满足了扩招带来的师资队伍短缺问题，也给高校教师队伍增添了朝气和活力，使高等教育后继有人；另一方面又给教师队伍建设提出了新的更为紧迫的问题。目前，35岁以下的青年教师在许多高校已占到教师总数的50%左右，在有些新建院校或新兴学科中所占比例甚至更高。这些青年教师的专业学习一般都比较出色，知识面宽广，外语水平高，接受信息能力强，但绝大多数未系统学过教育科学理论，更未受到高等教育职业训练，因而将高等教育心理学列为青年教师培训的必修课是完全必要的。在科学技术迅速发展的今天，作为一种职业的从业者来说，青年教师必须对教师职业的心理学基础理论有充分的认识和了解，对职业心理技能熟练地掌握和运用，这样才能尽快地完成从学生到教师的角色转换，从而尽快成为一名合格的大学教师。

（二）高等教育心理学有助于教师提升教学能力

教学是一个系统的过程，从宏观而言，这个过程主要包括教学内容、学生特点、教师特点和教学环境等四种主要的变量，学习过程、教学过程和评价与反思过程交织在一起。在一定程度上而言，一个教师的教育教学能力取决于对这些变量和过程的操纵和控制能力。高等教育心理学，是旨在揭示高等教育过程中学与教的心理规律的科学，有助于高校教师把握教学规律，提高教育教学能力。

高等教育心理学有助于高校教师了解大学生的学习心理。大学生由于抽象逻辑思维能力的成熟，特别是辩证思维能力的发展，以及自主意识的增强，在学习方面也表现出与高中阶段不同的特点，如学习方式的多样性、学习过程的阶段性、学习内容的特殊性、学习组织的主体性等。这就需要高校教师通过高等教育心理学的学习，正确把握大学生的学习规律，从而提高其教育教学能力，增强教学的有效性。

高等教育心理学有助于高校教师把握教学过程的规律，提高有效教学的能力。教学过程，指教师运用教育内容和采取多种教育手段对学生施加影响的过程，它直接决定着教育教学的有效性。高等教育心理学的学习有助于高校教师根据教学目标的设置、评价程序的确定、教学形式的选择、教学环境的设置等步骤，确定合适的教学设计，形成独特的教学风格，有助于高校教师加强课堂的控制和管理，创设良好的学习环境。

高等教育心理学有助于高校教师提高其评价与反思能力。自我评价和反思能力，指的是对学习和教学效果进行测量、评定和反思，以求进一步改进的能力，它有助于教育者考察预期目标与教育行为效果之间的关系，寻找二者之间的差异，并通过反思与评价探求其中的原因，从而校正预期目标、调整教育行为，达到最佳的教育效果。高等教育心理学的学习，不仅有助于高校教师认识教学过程中评价与反思能力的重要性，而且有助于掌握和实践一些具体的方法和程序来提高其评价与反思能力。

（三）高等教育心理学有助于教师增强角色胜任能力

学习高等教育心理学有助于高校教师正确把握教师角色，增强其角色意识。高校教师是高校教育教学活动的主要实施者和组织者，在整个教育过程中占据着主导地位。他们不仅承担着"传道、授业、解惑"的教学和文化传播任务，还是大学生人际关系的协调者、心理问题的咨询者以及人格的塑造者。对高校教师而言，能否正确认识其角色及其重要性以及能否胜任各种角色，直接关系到教师权威的建立、师生关系的改善以及教学质量的提高。特别是在当代社会，由于社会文化信息渠道的多元化，大学生在一定程度上摆脱了在学习上对教师的依赖关系，高校教师的角色也受到挑战，这就需要他们重新把握，这也是现代教育理念和现代教育意识对高校教师提出的要求。随着创新教育理念的确立，新形势下高等教育价值观、质量观、人才观和教学观的确立，传统的高校教师角色形象必然不能适应新的教育要求。高等教育心理学的学习，有助于高校教师对这一问题的解决。

（四）高等教育心理学有助于教师掌握心理健康知识

学习高等教育心理学有助于高校教师正确认识大学生的心理问题。大学阶段是一个人人格发展和世界观、人生观形成的关键时期。大学生往往面临着一系列重大的人生发展课题，如大学生活的适应、专业知识的学习、交友恋爱、求职就业等，他们常常体验着理想与现实的矛盾与冲突。但由于身心发展尚未完全成熟，自我调节和自我控制能力不强，复杂的自身和社会问题，往往导致大学生强烈的心理冲突，从而产生较大的心理压力，甚至会产生心理障碍或心理疾病。因此，高校教师不仅要正确认识大学生的心理健康问题，还应该掌握一定的心理问题应对措施，如情绪宣泄法、自我暗示法、升华法等。只有这样，才能在面对学生的心理问题时，沉着应对，有的放矢，对症下药，促进大学生的心理健康。通过高等教育心理学的学习，有助于高校教师对当代大学生的心理问题形成正确的认识，有助于高校教师掌握一定的心理保健知识和心理咨询方法。

第二章 大学生学习心理

第一节 大学生心理发展的特点

一、大学生的年龄特征

大学生进入青年期,其生理发展已接近最后完成阶段,其心理变化则开始向形成稳定的个性发展,主要表现在以下几个方面。

(一)生理发育日趋成熟

这个时期人体的各部分器官经过青少年时期的急速发展,已日臻成熟。男青年的身高增长速度已趋缓慢,而女青年则基本停止;男青年转向于肌肉的生长而显得粗壮,女青年则转向脂肪的聚集而显得丰满;男女青年这一时期的肺活量、脑重量、脑细胞的分化机能和大脑的第一、第二信号系统的功能,性机能等一切人体内的组织、器官、功能均已达到成人水平。因此,大学生的生理发展已达到人生的高峰,身体的成熟已基本完成。

(二)智能发展高峰

人的智能是多方面的,其中,记忆能力、认识能力、思维能力和创造能力是智能的四大支柱。据教育学和心理学专家的研究表明:人的记忆力大致与年龄成反比,认识能力大致与年龄成正比。记忆能力与认识能力两条曲线的交点,正是人生最富活力的创造力得以迅猛发展的开始,而这个交点正好落在大学生这个年龄阶段。处在这个年龄的大学生,抽象逻辑思维的形成,思维的批判性和独立性的增强,标志着青年期智能发展已经成熟。

(三)情感发展迅速

青年大学生由于身心两方面的发展,促使他们对美好未来的憧憬,对理想、事业的追求,对生活、爱情的向往变得日益强烈,尤其是将来的就业面临"双向选择"。这时候,他们对过去的"我"、现实的"我"和未来理想的"我"逐步获得了同一认识,他们对物质生活特别是精神生活需求程度不同，造成了在世界观、人生观、道德观、理想、兴趣、情感、意志以及气质、性格、能力等方面的差异。大学生个性稳定性的发展反过来又促使他们对上述社会需求更加迫切。同时也迫使他们在这一时期必须将压力变为动力，为自己将来能撑起一片属于自己的天空而拼搏进取。

（四）社会需求迫切

随着大学生活的开始，大学生的内心情感日渐强烈而丰富，他们的集体主义情感、爱国主义情感、义务感、道德感、两性情感、良心感、幸福感、美感、荣誉感迅速向广度和深度发展，尤其是爱情体验的出现，是大学生情感世界的一大突变。随着社会的改革开放、人的思想的开放，大学生显得更加活跃。从食堂、影视厅、球场、林荫道、湖边到公园，随处可见恋爱中的大学生。但随着大学生活的结束，择业时的各奔东西，往往有大多数恋人要分手，这对大学生的心理影响是巨大的，也是不可忽视的问题。

总之，在大学期间，大学生在生理、心理和社会化方面逐步走向最后的成熟。但是这三方面的成熟不是平行发展的，而是呈现不平衡状态，有时间上的先后和程度上的强弱，各个个体之间也存在着较大的差异。所以，了解和掌握大学生的年龄特征，是教育者和育人单位帮助和促进大学生稳步走向成熟必不可少的条件。

二、大学生的阶段性心理

一般事物都是一步步逐渐发展起来的，大学生的心理发展也是这样。可以把大学生的心理发展分为三个阶段。

（一）准备发展阶段

大学生对大学生活从不适应到适应的过程，可以称之为"准备发展阶段"。这个阶段大致需要经历两个学期的时间。在这一阶段，大学生主要克服以下三个方面的不适应心理。

1. 不适应大学的集体生活

大学新生一般自理能力较差，依赖性较强，不善交往。在中学阶段，他们大多没有离开过家乡，甚至没有离开过父母，大多在家庭的重点照顾和班主任保姆式的管理之下从事学习、生活和娱乐活动。进入大学，他们面对新的环境和伙伴，要独立处理安排自己的生活，要和陌生的师生交往，社会化要求急速提高，因而感到十分拘谨，手足无措。刚到新的环境，每个学生都迫切需要帮助，需要友谊。他们希望参加集体活动，通过接触来了解新同学。由于缺少生活阅历和交往经验，与同学相处中往往只重视所谓的性格气质的一致（即所说的"谈得来"），不太注重尊重别人和理解别人，易因小事或片言只语闹矛盾。再加上现在的大学生多为独生子女，为家长所宠，自私心理过强，稍有不快，总希望对方认错或道歉，或是自知理亏，反认为他人不理解自己，或有诚意道歉而无主动行为，因此陷入无端的苦闷之中，产生一种莫名其妙的失落感、孤独感，封闭心理由此而加强。此种情形女生多于男生。

2. 不适应大学的专业学习要求

首先，专业兴趣和专业思想还没有真正形成。出现这一情况有多种因素，有的是入学前对学校录取专业了解不够，而期望又太高，入学后或因专业和兴趣不对口，或因学校条件不理想，尤其是有的同学被调至非自己所选的其他专业，再加上刚上大学自负心强，往往有明珠暗投之感，更有甚者回中学复读准备重新再考。其次，是"轻松思想"。这种思想产生在对专业学习的后悔情绪稳定之后，随着升学目的的实现，长时间以来对前途的担心忧虑与家庭、学校、社会舆论的三重压力消失了，入学时对学校和专业不满的情绪被"总比没考上好"的想法代替了，同时也有"既来之则安之"的想法起作用，因此，心理上有一种轻松和满足感。最后，是感到"无所谓"。大学初期的课程，一般专业特点并不突出，多为基础课，有些是中学阶段部分内容的重复（如历史等）。刚入学时觉得都是名师教授讲课，不能大意，慢慢觉得"也不过如此"，便产生"轻敌"之念。

3. 不适应大学的学习特点

虽然大学新生的记忆力、理解力都已达到青年期的高峰值，但对于大学教学方法的高度理论性、概括性和教学内容的大容量、大跨度，一时却无法适应，课堂笔记记不下来，课后复习无从下手，自学能力相对较差。一段时间之后，同学间的差距拉开。脑子活的同学开始显山露水，高中时死记硬背的学习方式逐渐被淘汰，使多数同学感到了新的压力，尤其是外语过级、计算机过级、开辟第二专业等新的内容，使原来以为进入大学就似进入乐园的同学面临着一种危机感。他们开始考虑自己将来找不到理想的工作怎么办，心情也沉重起来。

除了上述三方面的不适应之外，大学新生在饮食、气候、语言、风俗等方面也会因环境而产生变化。综上所述，大学新生的不适应，与其青年期的心理发展尚未完全成熟有直接关系，同时也是进入新环境的一种特殊心理反应。多数学生是能够逐步适应的，但也有少数人经受不住这一阶段的各种激荡，造成过大的心理压力，从而影响健康和学习。因此，如何帮助和指导学生克服准备阶段的各种不适应心理，是必须引起重视的问题。

（二）稳定发展阶段

经过一年左右的时间，大学新生的不适应心理已经消失，新的心理平衡基本建立。这时，他们的上进目标已基本确立，差异已经形成，新的进取和竞争开始展开。这些情况表明：大学生开始进入相对稳定的发展阶段。这一阶段大致从大二开始，至毕业前一年或半年为止。大学生在发展阶段的第一心理需要是成才，他们的成才欲望表现在求知识、求能力、求进步三个方面。

所谓求知识，即随着对专业了解的加深和学习的深入，大学生的专业思想逐步稳定，知识的贫乏感和对未来职业的担心使学习的紧迫感得到加强，学习的目的性越来越明确。此时，他们往往不满足于课堂学习、理论学习，而热衷于博览群书，多接触社会，有的开始兼职，增加自己的社会经验和实践经验，并请教名师，发表论文，参与编书，以提高自己分析、判断、解决问题的综合能力。重视知识的广度和深度，重视学习的方法和效率，注重自学。

所谓求能力，是指大学生已不再满足于充当知识仓库的作用，他们吸收知识后，释放能量进行创造的欲望非常强烈。此时，他们非常重视自己能力的培养，并经过积极努力，他们的科研能力、组织管理能力，特别是自学能力、语言表达能力、社交能力、实际操作能力提高得很快。他们精力旺盛，兴趣广泛，需要的结构日益增大、层次不断提高，并能不断地进行改善和自我调节。

所谓求进步，是指大学生对祖国命运、社会责任和个人前途的认识有了新的体验。他们关心时事政治，有的萌生了入党愿望；向往民主、科学和现代化，向往个体的全面发展；勤于思考，勇于探索，富有进取和开拓精神，乐于标新立异，喜欢争论问题。但由于政治上不够成熟，有时候会出现偏激的言论甚至轻信、盲从，采取不适当的过分行动。

总之，这一阶段是大学生成长时期最重要的阶段，也是大学生心理发展、个性形成的重要时期。大学教育的主要目标都将在此期间完成。这一阶段时间长、情况复杂、问题隐蔽，如何把握此阶段的心理特征，是一个重要的、值得教育界深思的问题。

（三）趋于成熟阶段

由于各个学校及专业性质不同，这一阶段大致从临毕业前一年或半年开始。这一阶段，课堂学习基本结束，转入总结、毕业分配等工作，着手于毕业前的论文及实习。此时，他们看重成绩，渴望理想的工作岗位。自立感、好胜心、自尊心较强，自我意识基本完善，自我评价、自我控制的能力也随之增强，个性趋于稳定。他们更加关心时事、政治、经济、文化的发展，尤其是本专业的动态。此时的大学生遇事比较冷静，能做出合理的反应，表现得比以往任何时候都注意处理与同学、老师、学校领导的关系，同时还觉得大学生活过得太快了，产生了对大学生活的依恋之情。他们意识到自己将告别学生时代而步入社会，成为社会的一员，面临人生道路的重大转折。可以说，这一阶段的大学生心理是非常复杂的。不安定情绪是他们此时心理活动的主要特征，尤其是"双向选择"的就业安置方式，使他们在找单位的时间、好坏上不同，形成了极大的反差，需要得到有关领导和老师的安慰和帮助。

第二节 大学生学习心理

一、大学生学习心理概述

学习是大学生生活的中心内容和基本需求，也是大学生成才的基础。大学阶段是学习的黄金时期，也是大学生实践成才愿望的重要时期。学习心理强烈地影响着大学生的行为选择及行为效果。因此，引导大学生形成健康科学的学习心理，保持良好的精神状态，通过系统有效的学习促进自身的全面发展是极为重要的。

（一）学习的概念及特点

"学习"一词，我国古代文献中早就有之。孔子说"学而时习之，不亦乐乎"，又说"学而不思则罔，思而不学则殆"。孔子的这一观点，在一定程度上揭示了学习与练习、学习与情感、学习与思维的关系。但长期以来，人们对学习仍无一个统一的概念。

许多心理学家、教育学家和哲学家从不同的角度提出了学习的定义。桑代克说："人类的学习就是人类本性和行为的改变，本性的改变只有在行为的变化上表现出来。"加涅认为："学习是人类倾向或才能的一种变化，这种变化要持续一段时间，而且不能把这种变化简单地归为成长过程。"希尔加德主张："学习是指一个主体在某个现实情境中的重复经验引起的，对那个情景的行为或行为潜能变化。不过，这种行为的变化是不能根据主体的先天反应倾向、成熟或暂时状态（如疲劳、醉酒、内趋力）来解释的。"联合国教科文组织在《学习：财富蕴藏其中》报告中指出：学习是指个体终身发展终身教育的理念。

我们认为，学习的概念有广义与狭义之分。从广义上讲，既包括人类的学习，也包括其他动物的学习。学习是指个体在活动中通过经验引起的行为或者心理的相对变化的过程。

人与动物在这种千变万化的环境中为了适应环境并有效地保护自己，就必须学习，学习是一种生存的必要手段。狭义的学习仅指人在社会实践过程中，在与他人交往过程中，运用语言这一中介，自觉、主动地掌握社会相关经验及积累自身经验的过程。人的学习不仅自觉、主动，而且还对客观环境施加影响，发挥自己积极的作用。

（二）大学生的学习

1.大学生学习的特殊性

大学的学习不同于一般人类的学习，是人类学习的一种特殊形式和特殊阶段，是在学校教师有目的、有计划、有组织、有系统的指导下，以掌握间接经验为主的智力实践活动的过程。大学生学习有其自身的特殊性。一是大学生的学习是一种特殊的认识活动，是掌握前人积累的文化、科学知识，即间接的知识，在学习中会有发现与创造，但其主要内容还是学习前人积累的知识与经验；二是学生的学习是在教师的指导下，有目的、有计划、有组织地进行的，是以掌握系统的科学知识为前提的；三是学生的学习是在较短时间内接受前人的知识与经验，重要的是间接经验的学习与掌握，学生的实践活动是服从于学习目的的；四是学生的学习不但要掌握知识经验与技能，还要发展智能、培养品德及促进健康个性的发展，形成科学的世界观。

2. 大学生学习的特点

（1）学习过程的自主性。大学学习的自主性特点，贯穿于整个大学学习过程的始终，并且反映在学习活动的各个方面。如课余学习的自主安排、学习内容的自主掌握、学习资料的自主选择、学习方法的自主运用等。这是因为大学老师讲课常常是提纲挈领的、画龙点睛的，课堂上讲的只是自己最有心得的一部分，或是教学内容的关键所在及重点和难点，其余部分统统由学生自己去攻读、理解和掌握。所以，自主性是大学生学习活动的核心。因此，就需要大学生根据自己的学习目标和专业要求，制订学习计划，选择适宜的学习方法，合理安排学习时间，自主地选择、吸收和消化有用的知识，提高学习效率，把握学习的主动权，做学习的主人和有心人，顺利完成学业。

（2）学习内容的广泛性。大学生所要掌握的知识范围大，涉及面广，既包括学科知识，还包括其他科学文化知识和社会知识，学习内容极其丰富，大学为每个人的发展都提供了一个广阔的天地。在大学生活中，学习不仅是知识和技能的学习，而且也涉及态度、情感、社会规范等内容。学习不仅着眼于课堂和考试的内容，而且还要关注如何与人交往、处理个人的生活事务、培养创新能力以及丰富自然科学知识和人文社会知识等方面。

（3）学习方向的专业性。大学生的学习是在确定了基本的专业方向后进行的，因此大学生的学习有其一定的专业指向性和职业定向性的特点。它是一种高层次的专业学习，是一种以掌握专业知识和技能为特征的社会活动，围绕着如何使大学生尽快成为高级专门人才而进行的，是为将来走上工作岗位，适应社会需要所进行的学习。专业与学科群的划分也使大学学习与未来职业生涯紧密联系在一起，而专业学习要求大学生既要了解本专业的前沿知识与相关理论，又要掌握与专业相关的基础知识与专业基础。

学习内容的广泛性和学习方向的专业性相辅相成、互为补充。前者是后者的基础，没有广博的知识，专业学习就很难深入；后者对前者又有极大的促进作用。所以在学习过程中，要正确处理两者的关系，建立合理的知识结构。

（4）学习方法的多样性。由于大学生的学习是自主的，内容又是广泛的，因此学习方法呈现灵活多样化。课堂学习、课外学习及校外学习相结合，理论学习与实践中的操作学习相结合，以及网络等各种载体的多手段的学习，因此学习方法的选择至关重要。如何选择适应的学习方法？要根据学科的特点、学习的内容、个人的学习目标和个人情况来选择，才能取得事半功倍的学习效果。

（5）学习的研究探索与创新性。大学生在学习过程中，不但要掌握所学的知识，更要掌握知识的形成过程，了解学科发展的状况及存在的问题，培养独立思考、探索创新的精神，在自己专业领域中有自己的新的见解和观点，为将来有所建树奠定理论、知识、技术和技能等方面的基础。

（6）知识的学习与能力、素质的培养并重。大学是锻炼和培养青年人综合素质的大熔炉。能力的培养是现代社会对大学教育提出的一个重大任务。获取知识和培养能力是人才成长的两个基本方面，它们的关系是相辅相成、对立统一的。广博的知识积累，是培养和发挥能力的基础，而良好的能力又可以促进知识的掌握。大学生要充分利用优越的学习环境、雄厚的师资、优越的实验条件和丰富的图书资料，充分发挥个人的主观能动性和创造性，把课堂内、外有机结合起来，从兴趣和爱好着手，发现、挖掘自己的潜力，加强知识、经验和智慧的积累，使自己的能力和素质得到全面的发展，从而提高自己的人生附加值。

3. 大学生学习的阶段

整个大学学习的过程一般可以划分为以下几个阶段：

（1）学习基础课阶段。

（2）学习专业基础课阶段。

（3）学习专业课阶段。

（4）实习、毕业设计阶段。

4. 大学生学习的过程

（1）通过感知，形成表象。这是学习过程的初步阶段。该阶段的主要特征是通过各种感受去观察事物、听取言语的说明、阅读文字符号、进行实验操作等，直接或间接地获得必要的感性知识，对学习对象形成正确的表象。大学生学习可通过案例分析、模拟教学、实验、网上资料查寻、图书资料查寻、多媒体教学等方法和手段，直接或间接获得必要的感性知识。

（2）通过理解，形成概念。通过感知、形成表象只能认识到事物的表面形象和外部联系，还应该进一步对感知的材料和信息加以思考、分析、比较、综合、抽象、概括而形成概念。这是学习的深化阶段，是学习过程的中心环节。

（3）巩固知识，保持记忆。在摄取和理解知识之后，需要一个巩固阶段。巩固知识的过程，就是把所理解的知识在大脑中储存起来，以便及时地加以运用。大学生应当注意掌握记忆的规律，适当进行提高记忆力的训练。

（4）应用知识，形成技能。学习过程的最后一个阶段是知识的应用，即把所获得的知识运用到实际中去，以形成技能和技巧，即所谓的学以致用，这是学习知识的最终目的。

总之，大学生的学习活动是复杂的、紧张的，需要很大的心智能量、良好的心理素质和多方面的能力和健康来做保障。

（三）大学生学习心理

美国人力资源心理学家赫伯特说，未来的文盲已经不是不能阅读的人，而是没有学会学习的人，而学会学习的实质就是要形成良好的学习心理。学习心理是指在学习过程中人的心理反应、心理特点及其活动规律。良好的学习心理是智力因素和非智力因素相互作用的结果，大学生成才离不开良好的心理因素。

1.影响大学生学习的心理因素

心理学家把心理因素分为两个系统，其一是智力因素，包括注意力、观察力、记忆力、想象力、思维力。智力因素在人的智慧活动中相当重要，它直接参与对客观事物的认识，处理和操作一切内外信息。其二是非智力因素，从广义上讲包括动机、兴趣、意志、情绪、个性（气质、性格）等，不直接参与认识过程但对认识过程起直接制约作用的心理因素，它们对人的智慧活动起着动力、维持、控制、强化、导向等作用。

（1）智力因素是学习的必要条件。智力，用通俗的话讲就是一个人聪明与否，揭示了以脑神经活动为基础的偏重于认知方面的潜在能力。智力是由注意力、观察力、记忆力、想象力、思维力构成，其中思维力是核心。

心理学家对智力的组成因素做了形象的比喻：注意力和观察力好比智力的门窗，没有它们，知识的阳光就无法进入智慧的房间；想象力是智力的翅膀，它使智力纵横驰骋；记忆力是智力的一座仓库，有了记忆力智力工厂才能很好地生产和加工出好产品；思维力是核心，犹如一部高速运转的机器，没有思维力，整个智力工厂将处于瘫痪状态。

大学生学习活动就是一种智力活动，它通过智力活动感知客观世界，积累经验，掌握知识，解决各种问题，从而认识客观世界发展变化的本质和规律。应该说，智力水平的高低直接影响着大学生学习的效率和质量。智力水平高，学习中才能对知识掌握得牢、掌握得深，才能学得活、学得透。智力水平的高低，一方面受先天遗传因素的影响，另一方面是受后天环境和教育开发的结果，因此，后天的开发对每个人来说都很重要。发掘一个人的智力其实就是发展集中的注意力、敏锐的观察力、有效的记忆力、丰富的想象力和敏捷而有创造性的思维力。智力开发得当，可以培养出良好的学习心理。

（2）非智力因素是学习的充分条件。非智力因素对学习同样有着巨大的影响。非智力因素虽然不直接参与认识过程中对外部信息的接受、加工、处理等任务，但它对认识过程起着动力和调节作用，是智力活动的推动者和调节者。美国心理学家特尔曼（Terman）曾对1528名智力超常的学生进行长达50年的追踪研究，结果证明智力水平高的人不一定能成为杰出的人才，而成功者大都具备非智力因素，如坚韧、恒心、毅力，具有强烈的求知欲，不怕失败，凡事有主见，雄心勃勃，在希望渺茫的情况下，敢于坚持到底等特征。因此，一个人成才的过程离不开智力因素和非智力因素的相互影响，其中非智力因素对人起着决定性的作用。非智力因素是后天"习得"的，优化非智力因素主要在于后天的努力。大学生要想成为对社会有贡献的具有创造精神的人才，应该注重对自己的非智力因素的培养。

2. 大学生学习与心理健康的关系

心理学研究表明，有效的学习和智力发展全赖于正常的心理活动。健康的情绪、坚强的意志、良好的性格特征以及和谐的人际关系等均有助于促进学习活动的顺利进行，使人的潜能得以有效的发挥。反之，不健康的心理则会阻碍正常的学习活动，抑制人的潜能，乃至影响人的各个方面。

大学生特殊的年龄阶段带来的特殊心理状态和他们所处的特殊的学习生活环境，决定了他们的心理健康的变化、发展正处于一个动荡的阶段，他们的心理容易受到内外各种不良因素的干扰而影响学习。大学生的心理卫生状况和学习状况是互相联系、互为制约的，不健康的心理状况不利于学习，而学习不佳又引起了新的心理卫生问题或加剧了原来的不良心理状况，反过来又进一步影响学习，形成恶性循环。

（1）大学生学习对心理健康的影响。通过学习活动可以发展智力，开发潜能。每个人都有与生俱来的潜能，但是这些潜能只有通过学习才能得以表现并进一步得到开发。心理卫生学认为，一定的智力水平是心理健康的基础，而潜能的开发状况与心理健康状况直接相关。

学习对大学生心理健康能够产生积极或消极的影响。积极的影响体现在：学习能够开发大学生的智力，在实际学习过程中挖掘、利用和提高他们的各种能力及完善人格；学习能够帮助他们学会调节自己的情绪和情感，乐于学习的人，学习能带来心理上的满足，使人感到喜悦和快乐；学习能够促进大学生认知水平的提高和自我意识的发展。只有通过学习，才能提高分析问题和解决问题的能力，掌握科学的方法，客观正确地评价自己和他人，也能不断根据社会发展需要进行自我调整。同时，学习也能对大学生产生消极影响。这种消极影响体现在：学习负担重，容易造成心理压力、精神过度紧张；学习难度大，容易产生畏难情绪，丧失信心；学习方法不当，学习成绩得不到提高，会导致自卑心理，甚至自暴自弃；劳逸结合不当、过度疲劳，容易对身体健康造成危害等。这些伴随着学习活动而带来的种种不利因素，会直接或间接地影响大学生的心理健康。

（2）心理健康对大学生学习的影响。一般而言，心理健康的大学生，学习成绩优于心理不健康者。学习活动是智力和非智力因素共同参与的过程,在学习过程中,非智力因素能够转化为学习动机,成为推动人们进行学习的内在动力。但学习毕竟是艰苦的脑力劳动,长时间的学习会产生疲倦、松懈、枯燥、乏味等情绪,如果不消除这些不良的心理状态,就不可能推动智力活动的继续深入。所以良好的心理健康状况,即正常的智力、健康的情绪、坚强的意志、良好的个性、正确的自我意识、和谐的人际关系、较强的适应能力等等,对大学生学习有很大的促进作用;如果心理健康状况不佳,甚至有心理疾患,则会不同程度地妨碍大学生的学习,抑制大学生潜能的开发,甚至使某些大学生中断学业。

二、大学生常见的学习心理问题及调适

大学生的主要任务是学习,学习内容专业化程度加深,难度加大,学习的独立性、自觉性加强,并且要求每个学生做到理论联系实际,学以致用,为将来步入社会进行社会实践、解决实际问题打好基础,所有的学习对于大学生都会产生挑战。因此,相当多的学生围绕学习问题在心理上产生了诸多的焦虑和困惑,学习心理问题随之产生。

当前,大学生学习心理问题较多,主要是由于在学习上产生诸多焦虑和困惑,加上学习的不良习惯和心理的不适应而引起的。其表现是多方面的,如学习缺乏动机、注意力分散、记忆力障碍、学习疲劳、学习焦虑和考试焦虑等。学习心理问题一旦出现,轻者会影响学习的积极性,妨碍学生专业知识技能的掌握,重者则会导致身心疾病。因此,注意认识、掌握和克服学习心理障碍,对大学生顺利完成学业有着重要的作用。

(一)学习动机缺乏及调适

在影响大学生的各种内在因素中,学习动机是最活跃、最集中体现大学生主观能动性的心理成分,它直接影响大学生学习的努力程度。动机是指一个人进行行为活动直接的内部动力,学习动机是指学习的基本动力,是指为激发个体进行学习活动、维持已引起的学习活动,并使行为朝向一定的学习目标的一种内在过程或内部心理状态。学习动机是将学习需要和愿望转化为学习行为的心理动因,是发生和维护学习行动的内部力量。学习动机决定着学习方向和学习过程,影响着学习效果。它的功能一是激发某种学习活动,二是使人的行为指向某一目标,三是可以维持和调整学习活动,有强化的功能。

根据动力的来源,学习动机分为内部学习动机和外部学习动机。内部学习动机是指对学习本身的兴趣所引起的动机,动机的满足在活动之内,不需要外界的诱因、惩罚来使行动指向目标;外部学习动机是指个体由外部诱因所引起的动机,动机满足在活动之外,即个体不是对学习本身感兴趣,而是对学习所带来的结果感兴趣。拥有内部动机的学生能积极投入学习,发挥主动性,容易在学校学习中获得满足;具有外部

动机的学生通常达到目标后，学习动机便容易下降，或选择没有挑战的任务，避免失败。

1. 学习动机缺乏的主要表现

学习动机缺乏是指学习没有内在的驱动力量，主要表现在以下几方面：

（1）学习松弛、注意力分散。进入大学校门，学生们从心理上摆脱了高中时的沉重压力，思想上逐渐松懈。再加之内外因素的干扰，大学生容易分心，兴趣转移，在学生中表现为对知识一知半解、肤浅，不能集中精力读书和思考问题，学习很茫然。

（2）逃避学习。有些大学生不愿上课，上课无精打采，不能积极地思维；课后把主要精力放在打扑克、看录像、网上游戏、聊天、喝酒等与学习无关的活动上；无成就感，无抱负和期望，无求知上进的愿望。

（3）厌倦情绪。主要表现为在学习上厌恶、畏缩、无聊，学习中失败的体验总是多于成功的欢乐，认为学习是乏味的、枯燥的，是一件苦差事，因而对学习报以厌倦的情绪。

（4）懒惰。懒惰是一种怕苦怕累的心理现象，认为考上大学就万事大吉，学习上不肯用功，不求上进，学习任务难以完成。常常表现为：怕动脑筋，懒于思考；不愿意看书，学习上拖沓、散漫；"玩"字当头，"混"字当先，只图一时安逸，缺乏远大理想和抱负。他们学习目的不明确，缺乏学习动机，缺乏正确的人生价值观。

（5）学习方法缺失。学习动力缺乏的学生由于对学习总体上是一种消极态度，将学习看成是不得不完成的命令，是迫切从事，因而主动性无法调动起来，所以也不可能努力地探索一套适合自己的学习方法，认为只要能够应付考试就可以了，由于缺乏灵活的学习方法，所以总是不能适应紧张繁忙的学习。

2. 学习动机缺乏的调适

造成学习动机缺乏的原因从主观方面讲，大学生的个体特征，如情绪、意志、态度、经历、兴趣、健康状况都会对其学习动机产生影响。首先，学习动机缺乏是由于在以往的学习过程遭受到挫折与失败造成的；其次，由于专业不理想而导致学习动机缺乏；再次，由于缺乏明确的学习目的和奋斗目标导致学习动机缺乏。从客观方面讲，学校、教师、家庭环境和社会生活对学生的学习动机也有着重要的影响。如何对学习动机缺乏进行有效调适，可以从以下几方面进行：

（1）端正学习态度，树立正确的学习目标。学习态度是指产生对学习的较为持久的肯定或否定的内在反应倾向，通常可以从学生对待学习的注意状况、情绪倾向与意志状态等方面加以判断。学习态度受学习动机的制约，是影响学习效果的一个重要因素。端正学习态度的根本是要有正确的学习目标。高尔基曾说，一个人追求的目标越高，他的才能就发展得越快，对社会就越有益。有研究表明：凡是设立适当的学习目标的学生，其成绩都比较优异，而且富有积极进取精神；未设立学习目标者，其成绩就比较差，而且常有行动迟缓、缺乏学习兴趣的表现。所以，要确立自己的学习目标或设定一个激励目标，全力以赴努力学习，这样才能使学习显示出强有力的动力。

（2）培养学习兴趣。古人说"兴趣是最好的老师"，充分说明了兴趣与学习的关系。学习兴趣是一种力求认识世界、渴望获得科学文化知识的意识倾向，这种倾向是与一定的情感体验相结合的，它是学习动机中最现实、最活跃、带有强烈情绪色彩的因素。值得指出的是，学习兴趣不是天生就有的，是可以通过后天培养的，主要取决于以下因素：一是事物本身的特性，凡是相对强烈、对比明显、不断变化、带有新异性和刺激性的事物都会引起人们的兴趣；二是人已有的知识经验，能满足人们获得新知识，如实用的计算机、外语等易激发学生的学习兴趣；三是人对事物的愉快体验，一个人在学习过程中获得别人承认或内在的满足等积极情感体验会加强学习兴趣的稳定性。所以要培养学习兴趣，广泛吸取知识，做一专多能的人，以适应未来社会的需要。

（3）强化学习动机，激发学习热情。苏联心理学家列昂捷夫曾说："学生学习的自觉性是和动机分不开的。事实上，有正确学习动机的学生才有主动性，学习劲头大，能克服困难，提高学习效果。"对于学习动机缺乏的大学生来说，要激发自己的学习动机，就要在学习过程中：一方面培养自己学习知识的兴趣，这样就需要加强对所学专业的了解，加强对社会人才市场需求的了解，进而给自己定向定位，逐渐对学科产生浓厚的兴趣，强化学习的动机；另一方面是要创造和完善自己的外部条件，把自己有意识地置身于浓郁的学习氛围中，利用环境的熏陶和感染力，激发自己的学习热情，提高学习的自觉性和主动性。

（4）改变不恰当的认知模式。学习动机缺乏的大学生，他们往往把学习上的成败或挫折归因为自己太笨、能力不够、不聪明，从而产生自卑感和不胜任感，久而久之，丧失了学习的信心和动力；或把失败的原因归结为题目太难，老师不行或运气太差等，从而产生一种无助感和不可控制感。因此，要建立一种正确的成败归因模式，把成功归因为自身内部因素，即可以通过自身的努力来达到，从而增强自信心，激发学习热情。

（5）根据学习任务难度，恰当控制动机水平。大部分学生认为学习动机越高，考试的成绩会越好，其实不然。美国心理学家耶克斯和多德森认为，中等程度的动机激起水平最有利于学习效率的提高。同时他们还发现，最佳的动机激起水平与任务难度有密切关系。任务较容易，最佳激起水平较高；任务难度中等，最佳激起水平也适中；任务越困难，最佳激起水平越低。这便是著名的耶克斯—多德森定律。

（二）学习疲劳及调适

学习疲劳是因长时间进行学习，在生理、心理方面产生的劳累，致使学习效率下降，持续学习受到影响，不能继续学习的状态。

造成学习疲劳的主要原因是：学习过分紧张，注意力高度集中；持久的积极思维和记忆；学习内容单调乏味；缺乏学习的兴趣；睡眠不足；学习方法不当；缺乏科学用脑和劳逸结合等。上述这些情况必然会影响学习效果，降低学习效率，进而造成心理上的压力，影响心理健康。

1. 学习疲劳表现

学习疲劳分为生理的和心理的。生理疲劳主要是肌肉受力过久或持续重复伸缩造成肌肉痉挛、麻木、眼球发疼发胀、腰酸背痛、动作不准确、打瞌睡等；心理疲劳是由于长时间从事心智活动，大脑皮层兴奋区域的代谢逐步提高，消耗过程超过恢复过程，脑细胞会处于抑制状态而使大脑得不到休息，从而引起的注意力涣散、思维迟钝、情绪躁动、易怒、精神萎靡不振、失眠、学习效率下降等情况。

2. 学习疲劳的调适

（1）科学用脑，注意学习过程中的动静结合。大脑两半球具有不同的功能：左半球与逻辑思维有关，主管智力活动中的计算、语言逻辑、分析、书写以及其他类似活动；右半球与形象思维有关，主管想象、色觉、音乐、韵律、幻想及其他类似的活动。如果长时间地运用一侧大脑半球，很容易产生疲劳。因此，学习时应根据大脑两半球的不同分工交替使用大脑。大脑皮层在做某一工作时，相应部分的脑细胞处于兴奋状态，其他部分的脑细胞处于抑制状态，在大脑皮层上形成兴奋区（工作区）和抑制区（非工作区），如果互相交替地活动，两区可轮流休息，从而使疲劳的机体得到较好的恢复。

因此，在学习过程中，不同性质的学习内容相互轮换、动静结合，可使大脑皮层保持较长时间的工作能力，提高学习的效率。

（2）保证睡眠，生活规律。防止大脑疲劳，除了注意交换活动方式外，还需保证有足够的睡眠时间。因为睡眠是休息的最重要和最基本的形式，是保护脑的重要条件。一般认为，大学生每天睡眠时间应不少于7—8小时，在睡前要保持愉快的心情，不要胡思乱想，不要吃刺激性的食物，不要读过于紧张的文学作品，不要看刺激性太强的影视节目等，以免引起大脑过度兴奋，做到按时就寝、按时起床，生活规律。

（3）坚持体育锻炼。学习和体育锻炼相结合，强调的是脑力劳动和体力劳动的相互轮换。体育锻炼和学习中的活动，能够增加大脑皮层对刺激的分析判断能力，加强大脑皮层对肌肉和内脏器官的控制能力，促进血液循环，提高新陈代谢的功能，从而有利于增强体质，提高大脑的反应灵敏度。所以，应坚持每天进行体育锻炼。

（4）培养学习兴趣，创造良好的学习环境。兴趣和环境有利于大学生在认识事物过程中产生良好的情绪，进而促使大学生积极寻求认识和了解事物的途径和方法。学习好坏很重要的条件之一是能否使大脑细胞处于兴奋状态，如果学习不感兴趣，进行强迫性学习，大脑皮层的有关区域往往呈现抑制状态，要搞好学习是很困难的。只有激发起自己的求知欲，对探求学习内容有强烈的兴趣，才能使大脑功能处于最佳状态。

（三）记忆力问题及调试

记忆力是人脑对过去经验的反映，它对学习起着非常重要的作用。优秀的人才往往具有较高的智力，这与他们有较强的记忆力是分不开的。记忆力障碍是指在识记、保持、回忆或再认识过程中发生的困难或异常。

1. 记忆力问题的表现

（1）识记速度慢：有的人能过目不忘，有的人一行字记很久也记不住，这是速度上的差异。

（2）保持时间短：识记的事物不能保持多久，容易遗忘。刚学过的知识，学时记得清楚，过不多久差不多全部忘记。

（3）记忆不精确：记住的只能是大概，似是而非。看书时好像记住了，考试或运用时就会发生错误。

（4）记忆的准确性差：记忆的准确性是指能够根据目前需要，将需要的信息从记忆中准确、迅速地提取出来，它反映了知识运用到实际的重要品质。

2. 记忆力问题的调适

（1）集中注意力。记忆力的训练应从训练集中注意力开始。注意力集中越容易，记忆就越迅速、越牢固。

在有限的时间内，对于个人喜欢的东西，就能集中注意力。因此，集中注意力的能力受意志的支配，可以通过以下措施帮助集中注意力：

1）排除分心和中断学习的物质原因。

2）明确学习目的。

3）阅读必不可少的基础知识。

4）选择一个有利于集中注意力的环境。

5）尽快增强对所学内容的兴趣。

（2）把握记忆规律，及时复习所学知识。德国心理学家艾宾浩斯专门就学习中的遗忘做出了研究，提出了著名的艾宾浩斯遗忘曲线理论。这是他以无意义音节为学习材料，考察不同时间条件下记忆的保持量，发现学习与复习的时间间隔越长，遗忘的比例就越大。从遗忘规律中，我们可以得知，对所学的内容若能及时复习，那么记忆的内容将会更牢固。所以，要提高记忆效率，最重要的是及时复习、巩固当天所学的知识；在复习时间上，对新学到的知识在复习时间要长些、间隔要短些。

（3）把握记忆规律，学会科学的记忆方法。注意记忆力规律和技巧的掌握，有助于提高记忆力。经常对自己的记忆进行科学的锻炼，人的记忆力就会有意想不到的变化。根据心理学的研究，最常见的有效记忆方法有以下几种：

1）理解记忆方法：大学生在学习中应力求领会事物的实质，找出事物的内部联系和规律，把新材料纳入已有的知识系统中，深刻理解和正确把握知识系统的整体，这样会记得全面精准、运用自如。

2）归类对比法：通过对比的学习，可显示相似事物的不同和不同事物的共同点，这样有利于加强记忆，熟练应用和发挥思维的灵活性。

3）边读边背法：试图回忆与反复阅读结合起来，其记忆效率比单纯反复阅读直到背记好得多。实验证明，用40%的时间阅读，用60%的时间试作背记，效率最高。同时阅读和试背交叉进行，有利于保持大脑神经的兴奋，延缓抑制过程的到来。

4）组织记忆法：有组织的材料易于记忆并能够较牢固地保持。按照一个人的兴趣和目的与原有认知结构组织起来的材料，最有希望保持在记忆中。对材料进行加工整理的前提是分析和综合与加深理解，它可以通过编写提纲、绘制图表等进行。

当然除了上述几种记忆法以外，还有诸如联想记忆法、有意记忆法、谐音记忆法、口诀记忆法、形象记忆法等。

（四）注意力的分散及调适

一些学生学习成绩差，智力发展缓慢都与注意力分散有关。所谓注意力分散是指在需要注意稳定的情况下，受到干扰，使注意力离开了要注意的对象。在现实生活中，一些学生学习效果差正是因为注意力不集中、容易分散精力。注意力分散就无法保证专心的、长时间的学习，从而影响学习成效。心理学研究告诉我们，注意力与记忆力、想象力、思维力紧密联系在一起，注意力集中则学习效率高，反之学习效率就低。

1. 注意力分散的表现

注意力分散的原因除了客观原因外，最主要的表现在个体自身的主观原因上，反应为以下几个方面：

（1）缺乏集中注意力的自觉性。有些学生在做一件事的同时还兼做另一件事，一心二用。例如上课听讲，边听课边看别的书籍，边做别的事情，结果既没有听好课，也没有做好别的事情，甚至一无所获。

（2）外界干扰，使得注意力无法集中。学习过程中，有的学生很容易受到外界事物的干扰，如周围环境的噪音，旁人的走动、说话，或情绪受到感染等，阻断自己的注意力，影响注意力的集中。

（3）学习兴趣的缺乏。有的学生因对某些课程缺乏兴趣，对自己的专业缺乏认识，认为与自己关联不大，在思想上放松了，因而很难将注意力集中到自己不感兴趣的学习内容上来。

2. 注意力分散的调适

（1）对注意力要有一个正确的认知。没有注意力，要想提高做任何事情的效率只能是一句空谈。要懂得"注意力是知识的窗户，没有它知识的阳光就照射不进来"的道理。也就是说，要获得大量的知识，要提高学习效率，必须让你的注意力集中起来，有了这种意识，才能为取得良好的学习效果奠定基础。

（2）培养自己的好奇心。有了好奇心，才会保持对事物的兴趣，才会关注它，才能达到专注的状态，从而集中注意力。

（3）培养自己良好的意志力。注意力体现一个人的意志力。在对任何事物的态度上，意志力强的人，无论遇到什么都会坚持到底，注意力持久；而意志力弱的人，失败的体验多于成功，是因为没有一个持之以恒的探索过程。因此，培养自己的意志力，是提高注意力的有效途径。

（4）掌握科学的方法。首先要根据自己的具体情况，确定自己的学习规律，集中注意力全身心地投入，一定会取得明显的进步。其次，运用思维阻断法，有意识地阻断自己的注意力不集中，可以把眼睛闭上，反复握拳、松开，并在心里喊"停！"，这样不断地提醒自己，使得注意力集中到学习任务上来。

（五）学习焦虑及调适

焦虑是人们对未来活动的预想而引起的紧张不安、忧虑甚至恐惧等情绪状况。学习焦虑是指学生由于不能达到预期目标或不能克服障碍，致使自尊心、自信心受挫，或失败感、内疚感增加而形成的一种紧张不安、带有恐惧的情绪状态。

现代心理学家把焦虑分为低、中、高三种焦虑，并且认为适当水平的焦虑，可以增强学习效果，但是若焦虑过度会对学习起不良作用。美国心理学家考克斯的焦虑实验表明，中等焦虑组的学生成绩显著地高于低焦虑组和高焦虑组；同时还证明，高焦虑只有同高能力相结合才能促进学习，高焦虑者与一般能力或低能力相结合则会抑制学习，把焦虑控制在中等程度才有利于一般能力水平者的学习。所以，大学生学习要注意把握好这个"度"。

1. 学习焦虑的表现

（1）学习中心理压力太大，情绪压抑。

（2）怀疑自己的学习能力，总担心自己学得不好，对可能取得的考试成绩信心不足，忧虑过度，以致寝食不安。

（3）夸大学习中的困难，为此焦虑不安。

2. 学习焦虑的调适

（1）充分发挥自我调节的能力，控制焦虑的程度。

（2）正确认识和评价自己的能力，确立切合自身实际的学习目标，总结一套适合自己的学习方法。

（3）激发和培养自己对学习的好奇心，降低对胜败的敏感度，增强自信，保持情绪的稳定和适度的自尊心。

（六）考试过度焦虑及调适

考试本来的意义是对学生的学习效率和知识掌握程度进行检验。考试引起适度的焦虑有益于调动学生的心理能量和生理能量，全力以赴地准备考试，使自己的水平得以正常发挥，这对学生的身心健康和锻炼应激的能力是有着积极的作用的。但是，如果考试过度焦虑则适得其反。

1.考试过度焦虑的表现

考试过度焦虑是对考试过于紧张，担心自己考试失败有损自尊的高度忧虑的一种负面情绪反应，其主要表现为：

（1）考前紧张恐惧、心烦意乱、无精打采。

（2）胃肠不适、多汗、头痛、失眠。

（3）记忆力减退、注意力不集中、思维迟钝、学习效率下降。

（4）考试怯场、心跳加快、烦躁、恶心甚至晕倒等。

2.考试过度焦虑的调适

考试过度焦虑的原因：其一是心理负担过重，有的学生由于学习动机过强，总想考第一，害怕失败结果造成焦虑；其二是由于考试准备不充分，平时不学习不用功，没有真正掌握所学知识，因而易感到焦虑；其三是自尊心过强，又缺乏自信，从而产生焦虑。预防考试过度焦虑可以从以下几方面入手：

（1）认知调整。认知是引起考试过度焦虑的根本原因。在认知调整过程中，大学生应该用正确的心态对待考试，树立合理的考试期待。一方面要正确看待考试，认识到考试不是学习的目的，它只是作为检查自己学习知识程度的一种手段，这一次失败了，下一次还会有机会努力；另一方面对自己的能力、知识水平要有合理正确的估计，既不高估也不降低自己，期望值过高的人也容易产生过高的考试焦虑。

（2）学会放松自己。经常做一些放松训练，如意念放松法和肌肉放松法，帮助自己克服焦虑，消除紧张状态，使身心得到充分的休息。这也适合于考场中的焦虑紧张情绪的缓解。

（3）认真制订学习和复习计划。平时应勤奋学习，及时掌握所学知识。考试前要认真总结复习，做到"心中有数"，查漏补缺。同时还应注意劳逸结合，从而保证精力充沛、头脑清醒地参加考试。

三、培养大学生健康的学习心理

（一）树立全面发展、终身学习的理念

1.传统学习观和现代学习观

传统学习观认为，学习就是在一定情境中，在教师有目的、有计划、有组织的系

统指导下，受教育者读书求知并获得一定结果的实践活动。由此可见，学习是以教师为主导，学生主要是在教师的安排、指导下进行学习，学习的内容集中在知识、技能方面。

现代学习观在对传统学习观认同传承的基础上，突出以下理念：

（1）学习是人们自觉主动地行动。现代学习观特别注重学习主体的自身需要、经验、兴趣、性格、能力、志向等，重视尊重学习主体的选择、适应和可能。因而，新的学习观认为学习不只是对学习者的标准化、强制性的活动，更重要的是要成为学习者自觉、主动、积极的行为。

（2）学习既表现为接受和掌握，也表现为感悟、体验、发现和探究。传统的学习观认为人类的学习是个人系统掌握社会和个体经验的过程，是通过语言和文字为中介而实现的。因此，只有接受、吸收、掌握和占有前人的知识和经验并转化为自己的知识与经验，才是学习。然而以智力资本为特征的知识经济社会更重视学习主体在实践中的内在感悟、体验、发现和探究。

（3）学习是学习者的社会化的全部过程。所有通过感受器官通向大脑的活动都是学习。在《学习的革命》一书中，作者指出"我们所看、我们所听、我们所尝、我们所触、我们所嗅、我们所做均为学习"，而传统学习观特别看重结果。

2.树立全面发展、终身学习的理念

学习既是人类生存和社会发展的基本手段，也是与人生相伴随的持续不断的终身过程。我国的"学无止境""活到老学到老"的人生境界都强调了终身学习的意义。终身学习的提出，一方面是基于人的发展的需要，直接的原因还在于社会发展对人的知识与技能提出的新的、更高的要求。从结果来看，终身学习可以使人们在这个变得更加复杂的社会和经济生活中保持自尊并得到全面的生存技能。所以，大学生一定要有全面发展、终身学习的理念，将学习当成个人终生发展的任务。不仅要广泛地获取知识，而且还要不断地更新知识，掌握技能，根据变化的环境和社会需求不断地调整学习策略，不断地提升和发展自己，从而拓展成才的通道。

（二）掌握科学的学习理论

1.社会学习理论

（1）观察学习。社会学习理论的倡导者是美国斯坦福大学班杜拉教授，他认为观察学习是社会学习的基础，其产生是由学习者在社会情境中经观察别人行为表现方式以及行为后果间接学到的。间接学习的历程称为模仿，模仿的对象称为榜样。

学习者在模仿榜样的行为时，既可以由自己的外显行为表现出来，也可能只是在内心予以记载，即带有认知的性质。对榜样者的行为进行模仿时，学习者为自己的行为定下了一个标准，该标准是以榜样的行为作为根据。学习者有了标准以后，就时常来衡量自己、改正自己，这叫自我规范。如果觉得自己的行为符合了标准，就会感到满足，满足之后自然就加强了他所模仿的行为，此种心理效应叫自我增强。人在社会环境中成长，观察学习是不可忽视的重要学习过程。按照现代学习观，学习不仅是知识的学习，而且也是能力的学习、情感态度的学习。观察学习对行为的建立、情感态度的学习显然有很大的作用。

（2）学习的自我效能感。班杜拉在社会学习理论中提出了自我效能感的概念。自我效能感是指人们对自己能否成功地从事某一成就行为的主观判断。班杜拉在他的动机理论中，对期待的概念有特别的定义。传统的期待概念指的是行为结果的期待，而他认为除了结果期待以外，还有一种效能期待。结果期待是个体对自己的某种行为会导致某一结果的推测。如果个体预测到某一特定行为会导致某一特定的结果，那么这一行为就可能被激活和被选择。例如，如果学生认识到只要上课认真听讲就能获得他希望的好成绩，他就可能会认真听课。效能期待则指个体对自己能否实施某种成就行为的能力的判断，即对自己行为能力的推测。当个体确信自己有能力进行某一活动时，他就会产生强烈的"自我效能感"，并会实际去实施那一活动。例如，学生不仅认识到注意听课可以带来理想的学习成绩，而且还感到自己有能力听懂教师所讲授的内容时，才会真正认真听讲。在人们获得了相应的知识、技能后，自我效能感就成为学习行为的决定因素。

2. 成就动机理论

心理学家默里（H.A.Murry）、麦克里兰（D.C.McClelland）和阿特金森（J.W.Atkinson）通过研究提出了成就动机理论。这一理论认为个人的成就动机可以分为两部分，一是追求成功的意向，二是避免失败的意向。成就动机决定于个体对两者需求的判定，在这一过程中个体可能体验对成功的期望和对失败担心的情绪冲突。

成就动机理论可以很好地解释学生选取和实现学习目标的过程。如果一个学生获得成功的动机大于避免失败的动机，那么即便遇到失败，对他来说这只是一个挑战，会激发他去更好解决问题的动力；如果获得成功对于他来说过于容易，却会降低成就动机。相反，如果一个学生对失败的担心大于取得成功的渴望，那么他可能会因失败而灰心，因成功而欢喜雀跃。这类学生在选择任务时，通常会倾向选择非常容易或非常困难的目标，容易的任务可以使他们免遭失败，对于困难的任务即使没有成功也可以归因于难度过大，从而减少失败感。

成就动机水平与完成学业任务的质量紧密相关。高成就动机的人在没有外部因素控制的条件下仍能保持好的表现，有较强的自信心和坚持性，面对失败通常认为是自己的策略有误或努力不够，而不是缺乏能力，会更加努力去做。低成就动机的人，往往缺乏自信，认为自己的能力有限，设定的目标不切实际，将失败归于缺乏能力，将成功归于运气、任务简单，这样循环往复，导致成功之后不会付出努力，如果失败，就回避问题停滞不前，不思进取。

经研究发现，高成就动机的个体在现实生活中多能成功，其中表现最为突出的是职业上的成功。所以，成就动机作为一种获得成就的驱动力量，对个人的发展有着积极的推动作用。

（三）掌握主要的学习策略

学习策略是指学习者为有效地达到学习目标而采取的具体学习过程或学习步骤。对大学生而言，进行专业的学习，掌握一定技能，选择一定的学习策略，对提高学习的效率和学习能力具有重要的意义。这里重点介绍几种常用而有效的学习策略。

1.MURDER策略

MURDER是六种策略的英文单词字母的缩写，它是由丹瑟洛（D.F.Dansereau）提出的。该学习策略系统包含相互联系的两组：一是基本策略系统，主要用于对学习材料进行直接操作，即直接作用于认知加工过程。该组策略主要包括领会与保持策略和提取与应用策略。二是支持策略系统，主要用于确立恰当的学习目标体系，维持适当的学习心态。该组策略主要包括三个方面：计划与时间安排策略、专心管理策略、监控与诊断策略。可以看到，基本策略与支持策略是相互联系的，二者协同作用完成学习活动。在基本策略中，领会与保持策略主要用于信息的获得和储存，提取与应用策略主要用于信息的恢复和输出。这两组策略虽然在结构和程序上基本相同，但它们分别指向不同的目标、不同的学习阶段，具有不同的作用。

在领会与保持策略中：理解（understand，U）是指自动地分析所学内容中的重点和难点；回忆（recall，R）是指不看课本，用自己的言语表达或重新解释所学的内容；消化（digest，D）是指根据回忆结果来矫正错误，达到真正意义上的理解；扩展（expand，E）是指通过自我提问的方式对前面所理解的内容进行再次的加工，以求融会贯通；复查（review，R）是指对整个学习过程进行全面的复习，并通过测验来加以考察。

在提取与应用策略中：理解（U）是只在某种具体的情景中，对所面临的问题和任务的理解，形成有关问题的条件、目标、性质等心理表征；回忆（R）是指回想与问题解决有关的要点；解释（D）是指具体详细的回忆和解释要点；扩展（E）是指把提取出来的信息加以整理和组织，形成解决问题的方案；复查（R）是指对问题解决的适当性进行检查和评价。

从上述分析中可以看到，领会与保持策略和提取与应用策略是相互联系的，前者是基础，后者是前者的深入与提高。因此，丹瑟洛将前者称为第一级策略，后者称为第二级策略。然而仅有基本策略还不足以顺利地完成学习活动，支持策略在学习活动中也是非常重要的。支持策略，顾名思义，是对基本策略的支持，属于辅助性的策略，但这并不意味着它是可有可无的。支持策略由三类策略构成：计划与时间安排策略、专心管理策略和监控与诊断策略。

计划与时间安排策略主要指确定学习的目标与进程。根据目标的大小、范围等的不同，可以设置一个目标体系，该体系包含了大、中、小，远、中、近等一系列的目标。可以根据所设立的目标来安排学习进程，同时也可以根据学习进程适当地调整学习目标。

专心管理策略是支持策略的中心，包括心境设置与心境维持两种策略。心境设置（mood-setting，M）是指在学习之前使学生处于积极的情绪状态，克服并减少消极的情绪。心境维持（mood-maintenance，M）是指在心境设置的基础上，使积极的情绪状态在整个学习过程中都得到保持。

监控与诊断策略和基本策略系统中的复查策略相似，但它主要是对整个学习策略系统的监控与诊断。

支持策略与基本策略是密切联系的，它们共同决定了学习策略的有效执行及学习活动的顺利完成。支持策略与基本策略中的领会和保持策略共同构成了第一级策略，即第一级 MURDER。支持策略与基本策略中的提取和应用策略共同构成了第二级 MURDER。

2. 复习策略

复习策略解决如何对所学内容进行适当的重复学习，主要用于信息的长时记忆与保持。根据遗忘发生的规律，采取适当的复习策略来克服遗忘，即在遗忘尚未发生之前，通过复习来避免遗忘。

（1）复习时间的安排。应该注意及时复习和系统复习。及时复习可以较大限度地控制遗忘，但它也不是一劳永逸的。要想长时间保持对所学内容的记忆，还必须进行系统的不断的复习。根据有关研究，有效的复习时间最好做如下安排：

第一次复习：学习结束后的 5～10 分钟，比如下课后将要点加以背诵；或者阅读后尽快用自己的语言来表述所学的内容。第二次复习：学习当天的晚些时候或学习结束后的第二天，重读有关内容，将要点用自己的语言表述出来。第三次复习：一个星期后。第四次复习：一个月后。第五次复习：半年后。

在每次复习时，究竟用多长时间是最有效的呢？是否复习时间越长，记忆效果越好呢？对人类记忆的研究发现，人们对事件的开始和结尾具有较强的记忆，而对中间的记忆较差。比如，若连续复习 3 个小时，那么只有一次开始和结尾，可能产生两头记忆效果好而中间记忆效果差的现象。为解决这一问题，可以将连续的集中复习时间加以分散，分为几个小的单元时间，中间穿插短暂的休息。这样，就能够增加开始和结尾的数量，进而提高记忆效果。至于每一单元的复习时间，可根据学习材料的趣味性与难易程度而定。

（2）复习的次数。学习完某一新内容后，复习多少次最有利于记忆？这涉及重复学习的问题。所谓重复学习，即在恰能背诵某一材料后再进行适当次数的复习学习。这种重复学习绝不是无谓的重复，相反，它可以加深记忆痕迹以增强记忆效果。一般而言，重复学习的程度达 50% 至 100% 时效果较好。比如，当你识记某一材料读 6 遍刚好能够记住时，那么最好你再多读两三遍。但要注意，这并不意味着重复次数越多越好，超过 100% 的重复学习反而会引起疲劳、注意力分散甚至厌烦等情绪，影响学习效果。

（3）复习的方法。要注意选择有效的复习方法。研究发现，许多人经常反复地阅读某种材料，以期达到记忆的目的。这种方法虽然也能够使学习者最终记住有关内容，但事实上，它并不是一个非常有效的复习方法。较好的方法是尝试背诵法，即阅读与背诵相结合：一面读，一面试着背诵。这样，可以使注意力集中于学习中的薄弱环节，避免平均分配学习时间和精力，进而达到提高学习效率的目的。此外，还应尽量地调动起多种感官来共同地进行记忆，眼到、口到、耳到、手到、心到，多种形式的编码和多通道的联系增加了信息的储存和提取途径，自然就使记忆的效果得到增强。

复习策略的主要目的在于使信息在头脑中牢固保持。而一系列的研究证明，只有理解了的信息才比较容易记忆并长久保持，反之，呆读死记的东西既难记，也容易遗忘。因此，复习策略应该与其他的学习策略协同作用，共同促进学习效果的提高。

3.问题解决的 IDEAL 方法

成功地解决问题，既取决于个体所拥有的相关知识，又需要个体的解题策略。解题策略分为两大类：一类是通用的一般思维策略，该类策略不受具体问题的限制，是一般性的方法与技能；另一类是适合于某一学科的问题解决的具体的思维策略，与具体的学科内容有关。这里仅就一般的解题策略加以介绍。

IDEAL 是布兰斯福德等提出的解决问题的一般策略，是以解决问题的五个步骤的英文首字母而命名。其五个步骤如下：

（1）识别（identify）——注意到、识别出所存在的问题。比如注意到内容中的不一致、不全面之处，或者意识到自己学习过程中所遇到的困难等。

（2）界定（define）——确定问题的性质，对问题产生的过程和产生的原因进行解释。该过程直接影响着以后所确定的解决问题的方法。

（3）探索（explore）——搜寻解决问题的可能的方法。该过程受到前面的问题界定的影响。

（4）实施（act）——将解决问题的方法付诸实施。

（5）审查（look）——考察问题解决的成效，搜集有关的反馈信息，以便为进一步改善解决方法、更有效地解决问题奠定基础。

总之，学习虽然是一种非常普遍的活动，但其中蕴含着极其丰富的规律。随着研究的不断发展，对学习规律的探讨也将更加深入和更为准确，从而也更有利于指导人们进行科学而有效的学习。为了自身的成长与完善，更好地适应和改造环境，以促进社会的进步和发展，大学生了解并充分利用有关的学习策略是非常必要的。

（四）培养良好的学习能力

人类文明已发展到一个新的转折点，教育从来没有像今天这样成为关系人类生存命运的重要前提，学习从来没有像现在这样成为一个人最基本的生存能力。学习是我们每一个人乃至整个社会开启富裕之门的钥匙。人人需要生存的智慧，学习为生存之道，学习的能力就是将来生存的能力、发展的能力。

能力是人的综合素质在现实行动中表现出来的实际本领和能量。大学生在学习过程中会涉及诸多学习能力，如自学能力、阅读能力、表达能力、实际操作能力、研究能力、信息素养能力、创新学习能力等。大学生要提高学习效率和成绩，培养良好的学习心理关键在于培养学习能力。根据知识经济社会与信息时代对人才的需求和我国大学生的实际状况，结合心理学的研究成果分析，大学生应培养以下基本的学习能力。

1. 自学能力的培养

自学能力是指一个人独立学习和获取知识的能力，是一个人多种智力因素结合和多种心理机制参与的一种综合性能力。提高大学生的自学能力能够提高掌握知识的质量和速度，不断地扩大知识面；自学能力又是独立工作能力、科研能力等其他智能发展的重要基础。自学能力的培养不仅对大学生当前的学习重要，而且对于毕业后的学习更为重要。因此培养和提高自学能力，是大学生必须完成的一项重要任务，也是进行终身学习的基本条件。培养大学生自学能力的途径和方法主要有：

（1）正确选择学习目标、制订学习计划。选择目标要以自己的需要和发展为基础。在校学习的大学生，可以把目标分为长远的、中期的和近期的目标，也可以把弥补某个薄弱环节作为一定时期的主攻目标。一个人的时间和精力是有限的，如果没有明确的目标，缺乏主攻方向，就会白白耗费精力。在明确目标的基础上，还要为自己制订一个切实可行的计划。由于学习是一个长期积累的过程，最好将学习计划具体化，在总的目标中设置分目标，在到达终点前，仍会看到自己已经取得了一个个胜利，而不是感到自己虽然在不断努力但是离终点总是有距离，这样不但能让前进的方向更明确，而且还能增强自信心，获得更多的心理能量，对于大目标的实现尤为有效。当然，在某一目标实现后，还应善于总结自己成功的学习与思维方法，在以后的学习中不断发展、不断完善。

（2）充分利用教学资源。大学生必须充分利用高校的图书馆、校园网、教师、同学等校内外资源。学会使用工具书、教科书，充分利用图书馆、资料室、计算机网络，独立地查阅文献资料，收集各种必要的知识信息；向专家、学者、教师请教；经常与同学、朋友交流学习心得，互相启发、互相促进，从而活跃思想，提高学习效果。

（3）做好学习时间管理。大学生自由支配的时间很多，大学生要学会自我管理，首先是要管理时间,把学习时间和其他时间分配好。安排时间要做到全面、合理、高效:既要考虑学习,也要考虑休息和娱乐;既要考虑课内学习,还要考虑课外学习以及不同学科学习时间的搭配。把重要或困难的学习任务放在前面来完成,把比较容易的放在稍后去做;在最佳时间里完成较重、较难的学习任务。

(4)掌握学习方法。正确的方法是成功的捷径。大学生进入大学后碰到的一个普遍问题,就是学习方法的不适应。大学的学习与中学最大的一点不同在于学习的难度和广度大大加强,自主式的学习又要求学生学会安排自己的学习,而自学能力又是在一定学习方法运用的实践中形成的。所以,选择什么样的学习方法成为摆在大家面前最重要的课题。学习方法对头,往往能收到事半功倍的成效。

在大学学习中要把握住的几个主要环节是:预习、听课、复习、总结、记笔记、做作业、考试等。这些环节把握好了,就能为进一步获取知识打下良好的基础。

预习。这是掌握听课主动权的主要方法。预习中要把不理解的问题记下来,听课时增加求知的针对性。预习既节省学习时间,又能提高听课效率,是学习中非常重要的环节。

听课记好笔记。上课时要集中精力、全神贯注,对老师强调的要点、难点和独到的见解,要认真做好笔记。课堂上力争弄懂老师所讲内容,经过认真思考,消化吸收,变成自己的东西。

复习和总结。课后及时复习,是巩固所学知识必不可少的一环。复习中要认真整理课堂笔记,对照课本和参考书,进行归纳和补充,并把多余的部分删掉,经过反复思考写出自己的心得和摘要。每过一个月或一个阶段要进行一次总结,以融会贯通所学知识,温故而知新,形成自己的思路,把握所学知识的来龙去脉,使所学知识更加完整系统。

做作业和考试。做作业是巩固消化知识,考试是检验对所学知识掌握的程度,他们都起到了及时找出薄弱环节,加以弥补的作用。做作业要举一反三,触类旁通,要养成良好习惯;对考试要有正确态度,不作弊,不单纯追求高分,要把考试作为检验自己学习效果和培养独立解决问题能力的演练。在学习中抓住这几个基本环节,进行思考,在理解的基础上进行记忆,及时注意消化和吸收,经过不断思考,不断消化,不断加深理解,这样得到的知识和能力才是扎实的。

大学学习除了把握好以上主要环节之外,还要有目的地研究学习规律,选择适合自己特点的学习方法,提高获取知识的能力。具体说来主要有:

1)要制订科学的学习规划和计划。大学学习单凭勤奋和刻苦精神是远远不够的,只有掌握了学习规律,相应地制订出学习的规划和计划,才能逐步完成预定的学习目标。首先要根据学校的教学大纲,从个人的实际出发,根据总目标的要求,从战略角度制定出基本规划。其次要制订阶段性具体计划,如一个学期、一个月或一周的安排。

这种计划主要是根据入学后自己学习情况，适应程度，主要是学习的重点、学习时间的分配、学习方法如何调整、选择和使用什么教科书和参考书等。这种计划要遵照符合实际、切实可行、不断总结、适当调整的原则。

2）要讲究读书的方法和艺术。大学学习不光是完成课堂教学的任务，更重要的是如何发挥自学的能力，在有限的时间里去充实自己，选择与学业及自己的兴趣有关的书籍来读是最好的办法。学会在浩如烟海的书籍中，选取自己必读之书，就需要有读书的艺术。首先是确定读什么书，其次对确定要读的书进行分类，一般来讲可分为三类：第一类是浏览性质，第二是通读，第三是精读。这样就能在较短的时间里读很多书，既广泛地了解最新科学文化信息，又能深入研究重要理论知识，这是一种较好的读书方法。

3）完善知识结构，注意能力培养。所谓合理的知识结构，就是既有精深的专门知识，又有广博的知识，具有事业发展实际需要的最合理、最优化的知识体系。学生建立知识结构，一定要防止知识面过窄的情况。当然，建立合理的知识结构是一个复杂长期的过程，必须注意如下原则：

第一，整体性，即专博相济，一专多通，广采百家为我所用。

第二，层次性，即合理知识结构的建立，必须从低到高，在纵向联系中，划分基础层次、中间层次和最高层次。没有基础层次，较高层次就会成为空中楼阁；没有高层次，则显示不出水平。因此任何层次都不能忽视。

第三，比例性，即各种知识在顾全大局时，数量和质量之间合理配比。比例的原则应根据培养目标来定，成才方向不同知识结构的组成就不一样。

第四，动态性，即所追求的知识结构绝不应当处于僵化状态，必须是能够不断进行自我调节的动态结构。这是为适应科技发展、知识更新、研究探索新的课题和领域、职业和工作变动等因素的需要。

2. 阅读能力的培养

（1）五步阅读法（SQ3R）。五步阅读法是英美等国流行的一种阅读方法，它包括浏览（Survey）、发问（Question）、阅读（Read）、复述（Recite）、复习（Review）五个步骤。这种阅读方法适用于需记忆的内容。

1）全面浏览。要求学生对书的序言、内容、提要、目录和大小标题、图表、注释等部分进行重点阅读，从而对书的总体有一个大体的印象。

2）设置问题。这一步骤要求略读用黑体字标出的内容、文前的提要、题示、结论及课后设置的问题，然后思考提出自己应该重点阅读理解的问题。

3）深入阅读。这一步骤主要包括两方面，一是细读，二是思考。首先是带着问题细读，着重留意关键词语和重点段落，做好笔记和批注；其次是联系阅读分析理解问题，既解决疑难，又加深对书的理解。

4）回忆复述。这一步骤的任务主要是通过复述，检查阅读效果，如发现尚未理解和掌握的问题，要及时弥补。

5）复习巩固。这一步骤主要任务是巩固掌握。可以采用重点复习或全面复习，对于需要熟记的内容要反复记诵。

（2）质疑阅读法。疑问是促进阅读理解的契机，读书善疑，则思维敏捷，思路开阔。质疑阅读法要求带着问题和带着一定目的去阅读文章或书本，这种先疑后读的方式，针对性强，有利于从解决疑问的角度出发，去展开阅读分析。具体的应该根据阅读目标来确定，可以专门针对某个特定的问题展开阅读，在系统地理解和掌握全书内容的基础上，着重解决那些已设疑的重点或难点问题，这样才能达到阅读目的，收到较好的阅读效果。

3. 实际操作能力的培养

实际操作能力主要是指专业学习中所必备的实践能力和动手能力。在一切社会活动中，尤其是教学、科研和生产第一线，没有熟练的实际操作能力，是很难胜任工作的。大学生在校期间必须注重培养实际操作能力。大学生在学习理论知识的同时，可以通过开展自主型、创新型、设计型的生产实习、课程设计、见习实习、毕业设计，还可以参加丰富多彩的学生社团活动和各类社会实践活动，激发学习的主动性和积极性，拓宽自己的基础知识面，增强自己的实际动手操作能力，培养和提高自己的综合素质和创新意识。

4. 信息素养的培养

随着网络的迅速发展、教育技术的深入应用，培养大学生的信息素养已成为网络教育的首要课题。学习者的信息素养，包括有效地确定信息、批判性地评价信息，以及创造性地利用信息的能力。在学习化社会中，与学会学习相关的能力有很多，但尤其重要的能力是处理信息的能力，亦即信息素养。一般认为，为了给人们提供最佳的学习和发展机会，使其成为出色的终身学习者与未来劳动者，就必然使其成为一个有信息素养的人，亦即能熟练运用计算机网络获取、传递和处理信息，这种素养已日渐成为未来从业者必备的素质。信息素养作为一种高级的认知技能，同批判性思维、解决问题的能力一起，构成了学生进行知识创新和学会如何学习的基础。

培养学生的信息素养，就是要充分发挥学生在学习过程中的主动性、积极性与创造性，使学生在学习过程中真正成为信息加工的主体和知识意义的主动建构者，而不是外部刺激的被动接收器和知识灌输的对象。

5. 表达能力的培养

表达能力是指以口头或书面的方式，准确、鲜明、生动地表达自己思想、认识和情感的能力，其中准确性是表达能力强弱的主要标志。大学生的学习活动、毕业后的职业生活都离不开与他人进行信息交流，所以表达能力的培养尤为重要。

总的来说，语言准确、简洁，文字精练，数字正确，图表严谨是对各种人才的基本要求。培养良好的表达能力，就要克服心理障碍，争取在各种公共场合中多发言，多参加各种有意义的如演讲比赛等活动；平时还应勤于苦练，提高文字、图表和数字的表达能力。

6.创造性学习能力的培养

创造性学习是指学生在学习过程中不拘泥于既有结论，有独特的思维过程，能提出独到新颖的观点、方法和途径，并能够通过自己的独立思考和探索得出科学的结论。创造性学习把学习建立在人的能动性上和独立性上，不仅能开发大学生的学习潜能，而且能培养大学生独立学习、积极思维、敢于质疑的学习精神。

大学生是具有较高的智力水平的人群，具有创造性学习的潜在优势。大学生创造性学习能力的培养可以从以下方面进行：

第一，要训练创造性思维。创造性思维是一种求新的、无序的、立体的思维，它是多种思维的综合表现。它既是直觉思维与分析思维的结合，也是发散思维与聚合思维的结合，也是抽象思维与逻辑思维的结合，同时又离不开创造性想象。

第二，要善于发现有价值的问题。亚里士多德曾说过："思维是从疑问和惊奇开始的。"因为"疑问"能使大学生心理上感到茫然，产生认知冲突，促使他们积极思考，在这个过程中才可能实现创新。创新始于"问题"，"问题"是大学生提高学习能力的基础，是创造性学习的关键。

第三，要善于开阔思路、集思广益。富有创造性的人具有观念的复合性、思维的冒险性和判断的独立性，善于通过各种途径汲取解决问题的设想。

第四，要勇于付诸行动。富有创造性的人有信心有勇气把自己的方案推向实践，他们有开放的心态，不墨守成规，勇于在实践中不断地培养和磨炼自己。

总之，学会求知、学会做事、学会生存、学会共处这四种基本学习作为教育的四大支柱，从根本上更新了学习的内涵。大学生在校期间，更重要的是学会学习，学会管理自己的学习，应对学习中的困难，调节心理冲突，在获得知识、培养能力的同时，达到心理上的和谐和统一，保持健康的心理状态，顺利完成大学学业。

第三节　大学生学习动机

心理学家研究认为，人类行为都具有一定的动机性，也就是说，人的任何活动都是由一定的动机激发并指向一定的目的。为培养全面发展的高级专门人才，对大学生学习动机及有效激发进行深入研究，意义非常重大。

一、学习动机概述

动机是人的心理结构的重要方面，是人的行为的直接动力。了解人的动机是掌握和控制人的行为产生、变化和发展的关键。因此，在高等教育中必须研究大学生学习动机，分析大学生学习行为的产生与发展的规律，从而促进大学生的学习。

（一）动机的含义

1. 动机的概念

动机是引起并维持人们从事某项活动，以达到一定目标的内部动力。动机是直接推动个体活动的动力，人的需要、兴趣、爱好、价值观等都要转化为动机后，才对活动产生动力作用。具体来说，动机包括两个方面的内容：其一，对人的行为发动、维持和促进的能量，直接影响行为的强度和效果；其二，具有某种动机的行为总是指向某一目标，而忽视其他方面，使行为表现出明显的选择性。

动机与需要有着密切的联系。其一，动机与需要是统一的。动机是在需要的基础上产生，是表现需要的形式。其二，动机与需要存在差异，动机是需要转化而来。当个体需要的目标存在并强烈企图实现时，需要转化为动机。

动机与行为更是联系紧密。在人的一切活动中，除了一些本能的无条件反射行为外，人的行为都是由动机所推动的，是人的行为的直接动力。因此，对人的动机的认识，就可以了解和预测其行为。当然，在现实活动中，动机与行为的关系并非只是简单地某一动机引起某一种行为，一种动机可以产生不同的行为；同样一种行为可以是出自不同的动机。

动机与活动的关系十分复杂。动机是个体活动的内部动力，由一定动机引起的活动应指向能满足个体动机的对象。从这种意义上来说，动机与活动具有一致性。正因为如此，我们可以通过观察个体的活动来推测其动机的性质和水平。根据个体活动的对象可以推测其动机的内容；根据其活动的显著性，推测其动机的强度。例如，个体有了学习动机，才会看书、思考；而学习动机越强，他看书、思考就越刻苦。但动机与活动的一致性并不意味着动机与活动是一一对应的。

首先，动机与活动的目的之间不是一一对应的关系。具有相同动机的人可能有不同的活动目的。例如，许多人具有"为国争光"这种动机，有的人通过刻苦训练，认真比赛，取得好的比赛成绩来为国争光；有的人则通过做好本职工作来为国争光。同时，具有相同目的的人则可能有不同的动机。许多人在为了取得好成绩而努力学习，其中，有人想将来出人头地、光宗耀祖，有的人想将来有个好工作，有的人只是为了让父母高兴。其次，动机与活动效果的关系也十分复杂。一般来说，动机与活动的效果是一致的。良好的动机一般能产生良好的效果；不良的动机则会产生不良的效果。但在现实生活中，动机与活动的效果往往不一致。例如，有的儿童想为父母做一点事，帮着洗碗，结果不小心把碗打破了。

2. 动机的形成

（1）需要是动机形成的内在基础。人的动机是在需要的基础上形成的。当人们感到生理上或心理上存在着某种缺失或不足时，就会产生需要。一旦有了需要，人们就会设法满足这个需要。只要外界环境中存在着能满足个体需要的对象，个体活动的动机就可能出现。例如，一个腹中空空行路的人，就会产生吃东西的需要。如果发现了食品店，其想吃东西的需要就会转化为购买食品的动机。但是，并非任何需要都可以转化为动机。只有需要达到一定的强度后，才会转化为相应的动机。当需要的强度较低时，人们只能模糊地意识到它的存在，这种需要叫意向。由于意向不能为人们清晰地意识到，因而难以推动人们的活动，形成活动的动机。当需要的强度达到一定的程度时，就能为人们清晰地意识到，这种需要叫愿望。只有当人们具有一定的愿望时，才能形成动机。当然，个体的愿望要转化为动机，还要有诱因的作用，否则就只能停留在大脑里。例如，一个人无论多么想读书，如果没有读书的必要条件，他读书的愿望就不能付诸行动，也就不能形成读书的动机了。

（2）诱因是动机形成的外部条件。诱因是指能满足个体需要的外部刺激物。想买衣服的人，看到商场陈列的服装，就可能产生购买的动机。商场里的服装就是购买活动的诱因。诱因使个体的需要指向具体的目标，从而引发个体的活动。因此，诱因是引起相应动机的外部条件。诱因分为正诱因和负诱因。正诱因是指能使个体因趋近它而满足需要的刺激物。例如，儿童被同伴群体接纳，可以满足其归属与爱的需要。在这里，同伴群体的作用就是一种正诱因。负诱因是指能使个体因回避它而满足需要的刺激物。例如，考试对一个成绩不好的学生往往意味着自尊心的伤害，因此，他们往往采取种种方式逃避考试，以维护自己的自尊心。在这里，考试就成了负诱因。已形成的动机推动了个体的活动，而活动的结果又反过来影响随后的动机。

（二）学习动机的功能与结构

学习活动是人们社会活动的重要组成部分。依据动机的定义，学习动机是学生学习的重要心理特点，它是在学习需要的基础上产生的、激发和维持学生学习活动，并力图促使学习活动趋向教师所设定的目标的心理过程或内部动力。

1. 学习动机的功能

由于人的一切活动都是由动机引起和推动的。同样，学生的学习活动也是由学习动机引起和推动的。具体来说，学习动机在学生的学习活动中具有激活、指向和强化的功能。

首先，激活功能。即唤起和引发学生学习行为。在学习需要的基础上，学习动机促使学生产生一定的学习活动。如学生为取得较好的成绩而在考试之前认真复习。其次，指向功能。指学生在学习动机的作用下，将自己的学习活动引导向某一特定目标。如在日常学习生活中，为巩固新学习的知识和探讨新的理论，学生会去教室自习，会到图书馆借书；又如，为将来更好地适应社会发展需要，大学生准备本科毕业后继续深造读研，在此学习动机作用下，将自己的学习活动与考研结合。最后，强化功能。强化是指人们的活动动机受其行为结果是否达到预期目标的影响。大致有两种情况：其一，人们的行为达到了预期的目标，其活动动机因为良好的行为结果而得到增强，行为反复发生；其二，人的行为达不到预期的目标，其活动动机因为不良好的行为结果而得到抑制，甚至消退。在学习活动中，学习动机的强化功能体现在学生往往根据自己的学习成绩，对自己后继的学习进行调整。当学习活动仍然指向既定的学习目标，学生的学习动机受到正强化，努力学习的行为就会持续下去；相反，当学生的学习活动偏离或背离既定的学习目标，学生的学习动机受到负强化，学生学习的积极性就会降低，甚至导致学习倦怠或不学习。

学习动机是学生学习活动的直接动力，是学生学习活动得以发动、维持、完成的重要条件，它必然影响学习效果。一般情况下，具有良好、强烈的学习动机的学生，在学习活动中能专心致志，学习热情深厚持久，遇到困难具有顽强的自制力和坚强的毅力，从而有效地达到学习目标；缺乏学习动机的学生，学习积极性低，在学习活动中表现出马虎、敷衍、不求上进的状态，学习目标难以或无法达到，学习动机直接制约学习积极性。在学习动机与学习效果的认识上，也还应当看到，学习动机是影响学习行为、提高学习效果的一个重要因素，但不是决定学习活动的唯一条件。研究表明，有些学生在学习过程中其学习动机强，学习积极性也高，但学习不认真，耍小聪明，学习效果往往不理想；而有些学生学习积极性并不高，但已养成做事认真、踏实的态度，这样的学生可能会取得较好的学习效果。

2. 学习动机的结构

学习动机是在学习需要基础上产生的，激发和维持学生学习活动，并力图达到社会和教育对学生的客观要求的心理特点。据此，可以将学习动机的基本结构大致分成两个方面，学习需要和学习期待，二者在学生学习过程中相互作用。

（1）学习需要与诱因。学习需要与诱因作为学习动机的必要条件而存在。学习需要是社会和教育对学生学习的客观要求在学生头脑中的反映，是个体在学习活动中感到某种欠缺，而力求获得满足的心理状态。它表现为学生学习的兴趣、爱好、信念等学习愿望或学习意向。这种愿望或意向是驱使学生进行学习的根本动力。学习需要是学习动机的基本成分。

诱因是引发个体行为的外界原因。按其内容，诱因大致分为三类：理智的诱因，如目标与反馈；情绪的诱因，如表扬与批评（奖励与惩罚）；社会的诱因，如人与人之间的竞赛等等。按其性质，诱因可以分为两种：其一，积极诱因，是驱使个体趋向或接近并可获得满足的目标物，即正诱因；其二，消极诱因，是驱使个体竭力避免或躲避的目标物，即负诱因。如果说，需要是引发动机的内部因素，那么，诱因可以看作是引发动机的外部因素，因而，诱因也是动机基本结构的组成部分。在现实生活中，人的行为及其动机离不开需要与诱因的相互作用。

在大学生学习过程中，学习的诱因对大学生学习动机产生影响。所谓学习诱因，是指能够激发大学生学习的定向行为，并能满足其学习需要的外部条件或刺激物。其中，学习的积极诱因，引起学生学习的积极行为，驱使大学生趋向或接近学习目标。例如，大学生在学习中信心不足时，老师、同学对其鼓励，老师生动透彻的教学，志同道合的同学、朋友在学习中的相互帮助等等。学习的消极诱因，会引起大学生学习的消极行为，是大学生竭力避免或躲避的。例如，在大学生学习过程中，学习困难，多门成绩挂"红灯"；由于种种原因，在学校中人际关系紧张，感到孤独等等。

学习需要与学习诱因是紧密联系的。一般来说，既没有无学习需要的学习诱因的存在，也没有无学习诱因的学习需要的存在。大学生在现实的大学学习中，其学习动机往往是由学习需要与学习诱因相互作用决定的。

（2）学习期待。期待是个体对于从事活动所要达到目标的主观估计，是客观的活动目标在头脑中的主观反映。

学习期待是学习动机的又一基本要素，在大学生学习活动中，大学生根据自己的能力和学校对学生的要求，对自己力图达到的学习目标的自我评价与判断，是个体对自己能力、经验、客观条件、目标难度等各方面加以权衡、考虑之后的综合预想水平。正确、积极的学习期待激发大学生积极进取的学习行为。为激发大学生的学习动机，应当分清学习目标与学习期待。学习目标是各个大学生通过自己的学习活动要达到的预期结果。例如，某门课程至少应获得"优秀"，某门课程只要通过就行，等等。而学习期待则是学生学习过程中体现出来的心理特点，它是学习目标在学生头脑中的反映。

在学生现实学习过程中，学习期待与学习目标可能相一致。这是因为学生通过自己的努力学习使自己的学习目标得以实现。但二者往往不相一致，它表明由于种种原因，设定的学习目标与学生的自我主观判断之间存在差距。研究表明，学习期待的强烈程度对于学生学习动机有着强化或抑制作用，因此，重视研究学习期待，帮助大学生确定合适的期待水平，对于激发大学生学习动机有着重要意义。

总之，学习需要与学习期待是学习动机的两个基本成分，紧密相连。学习需要是个体从事学习活动的根本动力，它引发学习期待。学习期待是指向学习需要的满足，促使学生努力达到学习目标。

(三)学习动机的种类

在高校学习的大学生来自社会的方方面面,他们的学习动机也千差万别。高校教师必须研究和把握大学生学习动机,因材施教,从而有利于高校的教学和人才的培养。

1. 主导学习动机与非主导学习动机

根据学习动机对行为作用的大小和地位,可以将动机分为主导学习动机和非主导学习动机。主导学习动机是个体最重要、最强烈的、对行为影响最大的动机。非主导学习动机是强度相对较弱、处于相对次要地位的动机。人的行为实际上由不同重要性的动机构成的动机系统决定。在这个动机系统中,主导动机可以抑制那些与其目标不一致的动机,对个体的行为起决定性作用;非主导动机则起辅助作用。主导学习动机表现在学生把学习与国家、社会的利益、发展集合在一起,明确自己身上担负的社会责任,认识到只有自己通过刻苦努力的学习,掌握现代科学文化知识,才能为国家的经济繁荣与发展做贡献。而非主导学习动机则是把努力学习只与个人的一己私利结合,认为努力学习是为了出人头地,是为了"治人"。不同的学习动机对于大学生健康成长、成才往往产生不同的结果。

2. 内部学习动机和外部学习动机

从学习动机的动力来源看,学习动机可分为内部学习动机和外部学习动机。内部学习动机是指个体内在学习需要所引发的学习动机,如大学生强烈的求知欲、浓厚的学习兴趣等。内部学习动机会使得学生自觉、主动地学习,并取得良好的学习效果。

外部学习动机是指由于奖惩等外部诱因所引起的学习动机。例如,一些学生往往为获得奖学金、三好学生称号、他人的赞赏,或避免受罚而尽力学习。他们进行学习活动的动机不在学习任务本身,而在学习活动之外。由外部学习动机支配的学生,可能也能取得一定的良好的学习效果,但是,由于学习的动力在于外部,学习的动力往往不能持久,遇到挫折可能气馁。在大学生学习活动中,两类学习动机可以相互转化。许多外部学习动机,如评优秀学生也是学生成就动机的当然目标。

在高校教育过程中,既要引导和培养大学生健康、强烈、持久的内部学习动机,同时也要重视外部学习动机的重大作用,积极创设和利用外部学习动机,如通过一定仪式表彰优秀学生,来满足当代大学生在被尊重、出成就等方面的需要。同时,应当有意识地促进外部学习动机向内部学习动机转化,使之有力地促进大学生努力学习和进取。

3. 直接性学习动机和间接性学习动机

根据学习动机与学习活动的相互关系,可将学习动机划分为直接性学习动机和间接性学习动机。直接性学习动机是指学生的学习活动是与学习动机直接相关的,是为获得高分、赞赏、奖励、避免受惩罚而努力学习的学习动机。这种动机往往稳定性较差,易受环境变化影响。例如，在学校里可能存在这样的现象：大学生往往因某老师专业知识扎实，教学效果良好而喜欢上该门课程，并努力学习。但在换了老师之后，许多学生总会出现对新老师有意或无意的心理排斥、对该门课程兴趣骤减、成绩下降的现象。

间接性学习动机是指学生的学习动力在于学生对学习的社会意义的认识和自己长远目标的价值。大学生努力学习除了为学习的求知欲和兴趣、获得赞赏等直接动机之外，还包括自己的学习应为祖国的发展、科技的进步、社会的繁荣承担社会责任。随着年级的升高，间接性的学习动机在大学生学习中日益得到加强。例如，在山东大学进行"你认为为什么要努力学习？"的问卷调查中，认为学科重要的占77%，学科吸引力占46%，毕业工作需要占44%。合肥工业大学在相类似的一项研究中也得出相近的结论，其中，认为应当多学习知识的占69%，知识的实用性占68%，对所学习课程感兴趣的占65%，等等。间接性的学习动机比较深刻，稳定而持久，它对于大学生的学习，乃至成才往往具有决定意义。

大学生的直接性和间接性学习动机是既相互区别，又相互联系、相互作用的。一个刻苦学习努力成才的大学生的背后往往是这两类动机相互作用的结果。因此，必须从两方面着手，因材施教。一方面培养大学生直接性学习动机，使大学生认真对待学习中的每一环节，在得到良好的评价中不断进取；另一方面引导大学生树立健康稳定的间接性学习动机，使直接性的学习动机深化，促进大学生努力学习的持久与发展。

4. 近景的学习动机和远景的学习动机

根据学习动机与学习活动内容的关系，可将学习动机划分为近景的学习动机和远景的学习动机。

一般来说，学生的学习动机与其在学校的学习任务直接相关。我们把学生为尽可能好地完成学校规定的教学内容、教学大纲，去争取较好成绩，称为近景的学习动机。而远景的学习动机是与近景的学习动机交织在一起的，学生在学校里的学习，其深层次的根本动力可能是目标在未来的社会发展，是争取未来的理想工作、优厚的待遇、较高的社会地位，为祖国的强盛而努力学习，等等。大学生远景的学习动机往往因其个体的经历、社会阶层等各个方面的原因而形成较大的差异。对大学生而言，近景的学习动机和远景的学习动机都是不可缺少的。

近景性学习动机与远景性学习动机的划分是相对的。与一种学习动机相比是近景性的学习动机，而与另一种学习动机相比则可能是远景学习动机。

（四）大学生学习动机的特点

学习是个体获得知识和技能的过程，在这个过程中有许多特点，如学习的迁移作用、学习（练习）中的高原现象等，它们都对学习产生着不同的影响。当代大学生学习动机因其生活阅历、教育实践和社会环境的影响而不断变化,在学习活动中表现出独特的特点。

1. 学习动机的多元性

动机是人们需要引起的达到一定目标的心理特点。因此可以说,人们的需要决定了人们的活动动机。学习动机是学习需要引起的,因此同样可以说,学习需要决定了学生的学习动机。

在校大学生需要的多样性,必然决定了其学习动机是极其多样的。比较中学生而言,大学生的学习动机显得复杂得多。其最主要的原因是大学生的学习不再像中学生那样只是为了升学。他们已经是成年人,他们中的一些人准备继续深造,但大部分人面对的是竞争日益激烈的社会,他们的学习动机各种各样。

2. 学习动机的复杂性

大学生学习动机不仅是多元的,而且相互渗透,呈现出复杂性的特点。大学生的学习动机十分多样,有人从内容上分为四大类:第一类是报答性学习动机,如或者为光宗耀祖、报答父母养育之恩,实现家庭亲人美好期望,或者为不辜负老师期望,或者为找一个出色伴侣组织家庭等;第二大类是属于谋求职业和生活保障的学习动机,如能在城市工作,获得一份好职业,得到较好的物质生活待遇;第三类是属于发展自我和自我实现的学习动机,如为满足自尊心和求知欲,发挥自己潜能等;第四类是具有社会意义的学习动机,如履行当代青年社会义务,为民族振兴、祖国富强和繁荣做出较大贡献等。上述大学生学习动机的区分不是绝对的,在大学生学习过程中可以在同一个大学生身上得到体现,也可能在某大学生群体中显现。而且在社会发展的不同的时期也存在差异。如有的大学生较多地考虑到个人生存和发展,对于祖国和社会的义务则较为淡薄;有的大学生有着强烈的学习兴趣和欲望,关注国家的发展和现代科学技术的进步,因此更专注于钻研专业知识,等等。

3. 学习动机的间接性

有人对不同年级大学生的学习动机进行研究,发现对所学知识的兴趣、对分数、赞赏的追求,避免受罚等而努力学习的大学生,在大学一年级占25%,二年级占24%,三年级为21%,到大学四年级只有16%。大学一年级占25%的比例说明有相当多的低年级大学生的学习动机仍然由直接性学习动机左右。这是因为刚入校的大学新生由于其心理尚未完全成熟,对高校学习不甚了解,长期应试教育的学习方式的定势仍然影响、左右着刚刚走进高校大门的大学生的头脑。直接性学习动机是由大学生学习的直接兴趣和直接结果所引起的,它在学生一定的学习阶段有积极意义,但毕竟所要达成的目标较近、较具体,所持续的时间相对较短,也较不稳定,所以很容易受到客观环境变化影响。大学生如果仅限于直接性、功利性的学习动机中,对其全面发展是不利的。

大学生直接性的学习动机随着年级的升高而逐年减弱。而间接性的学习动机逐渐成为大学生的主要学习动机。

4. 学习动机的社会性

随着大学生年级的升高，大学生当前的、功利性的学习动机呈现逐年减弱的趋势，而社会责任感的学习动机得到培养和提高。有人在研究大学生学习动机中，发现在一年级，有91.3%的大学生主要是为"争口气""报答父母恩情"，而到了三年级、四年级，"为社会多做贡献"、"有所建树"的大学生占到了89.5%。这说明高年级大学生学习动机较低年级学生表现出更强烈的社会责任感，其学习动机的社会性意义日益增强。

5. 学习动机的职业性

我国在校大学生进入高校学习，在所报学校和专业上，他们中的绝大多数是按所报志愿录取的，也有一部分是由于种种原因以服从分配方式入学的。不论哪种情况的大学生，在刚刚进校时往往可能都存在专业思想巩固问题。其中，服从分配入校的不必多说，即使是那些以所报志愿录取的大学生往往同样存在对所学专业的动摇，这是因为这些大学生进入某校某专业往往因为高考成绩、家长意见等影响，而并非出于自己的志愿，即使有些大学生虽然完全出于自己的志愿，也可能对所选专业不甚了解，深入学习后感到失望。

但随着年级的升高，学习不断深入，他们对所学专业的认识、感受日益加深。他们更加广泛接触社会，特别是他们直接面临就业的重大人生转折，他们较低年级大学生更关注现实，他们把学习的内容与大学生未来就业需要的知识日益紧密结合，逐步认识到所学专业与国家建设、发展的意义。同时也在学习中渐渐消除了对所学专业的某些偏见和逆反心理。高年级大学生这种职业定向性的学习动机不断增强与巩固，他们不仅认真努力地学习学校开设的与将来可能的工作相关的课程，而且主动通过各种方式、途径拓展这类课程知识并争取获得与专业相关的各种证书。

二、学习动机理论

严格地讲，心理学领域并没有专门的学习动机理论。心理学家们只是从不同学派角度提出关于一般动机的不同观点，借助这些相关成果，我们得以解释人的学习行为。

（一）需要层次理论

需要的层次理论是美国心理学家A.H. 马斯洛（Abraham.H.Maslow）提出来的。他认为，人的需要包括不同的层次，而且这些需要都由低层次向高层次发展的。层次越低的需要强度越大，人们优先满足较低层次的需要，再依次满足较高层次的需要。马斯洛把需要分为五个层次，即生理的需要、安全的需要、归属与爱的需要、尊重的需要和自我实现的需要。

1. 生理的需要

生理的需要是最基层的需要，是指维持个体生存与种族繁衍的需要。如个体对食物、空气、睡眠、性、母性等的需要。马斯洛指出，如果所有的需要都得不到满足，那么，有机体就会被生理需要所支配，其他需要简直变得不存在了，即被生理需要掩盖了。古人说"衣食足而知礼仪"，就是这个道理。

2. 安全的需要

安全的需要是指对安全的环境、恒定的秩序、避免伤害和威胁的需要。一般而言，当生理需要得到满足以后，安全的需要就随之产生了。但在面临危险或威胁时，人们会把安全看得比一切都重要。在现实生活中，一般人的安全需要是基本得到满足的。但我们依然能看到表现安全需要的现象。如在房子上安上防盗门窗；喜欢稳定的工作；避免从事危险的工作；参加各种社会保险；注意食品、药品卫生，等等。

3. 归属与爱的需要

归属与爱的需要就是指个体希望获得别人的爱和爱别人的需要，也就是希望与别人交往，并与别人建立亲密关系的需要。例如，儿童希望与小伙伴建立友谊，希望得到教师和父母的爱。归属与爱的需要是在前两种需要基本满足以后产生的。

4. 尊重的需要

个体在前三种需要基本满足后，就会产生尊重的需要。尊重的需要是指个体追求体现个人价值的需要。尊重的需要包括自尊和他尊两方面。自尊就是个体对自己的尊重。如自强、自信、自主、支配他人、胜任工作、取得成就等，都是自尊的具体表现。他尊是指别人对自己的尊重。如追求名誉、地位、尊严、威信、获得别人承认、引起别人注意和欣赏等，都是他尊的具体表现。

5. 自我实现的需要

自我实现的需要就是指个体希望最大限度地实现自己潜能的需要。艺术家要创作，科学家创造发明，每个人都想把自己的工作做得尽善尽美，这些都是自我实现需要的体现。自我实现的需要是在其他需要都基本满足以后才产生的最高层次的需要。

马斯洛认为，需要的产生由低级向高级的发展是波浪式地推进的，在低一级需要没有完全满足时，高一级的需要就产生了，而当低一级需要的高峰过去了但没有完全消失时，高一级的需要就逐步增强，直到占绝对优势。

马斯洛的需要层次理论系统地探讨了需要的实质、结构以及发生发展的规律。这不仅对建立科学的需要理论具有一定的积极意义，而且在实践上也产生了重要影响。许多企业家就是依据这个理论，制订满足职工需要的措施，以调动职工的工作积极性。但马斯洛的需要理论也存在一定的不足。首先，马斯洛把生理的需要、安全的需要、归属与爱的需要、尊重的需要都称为基本需要，并认为这些需要是与生俱来的，需要的发展是一种自然成熟的过程，这严重低估了环境和教育对需要发展的影响；其次，马斯洛强调个体优先满足低级需要，忽视了高级需要对低级需要的调节作用。连他自己也承认，他"并不完全了解殉道、英雄、爱国者、无私的人"。

（二）强化学习理论

1. 联结学习理论

以华生、斯金纳为代表的早期的行为主义心理学家在解释行为或学习产生的原因时，总是与刺激、惩罚、强化、接近、示范等概念相联系。他们倾向于把动机看作是由外部刺激引起的一种对行为的冲动力量，并特别重视用强化来说明动机的引起和作用。在他们看来，人的某种学习行为倾向完全取决于先前的这种学习行为与刺激之间因强化而建立的牢固联系。而强化就是指在条件反射作用中，影响刺激反应联结强度，或增强条件反应出现频率的程度。

这种以刺激与学习者反应（S—R）为中心概念的联结学习论认为，不断强化可以使联结得到加强和巩固，任何学习行为都是为了获得某种报偿。只要对个体表现的行为给以需求上的满足，就会保留强化该行为。因此，在学习活动中，采用各种外部手段如奖赏、赞扬、评分、竞赛等可以激发学生的学习动机，引起其相应的学习行为。

一般说来，强化有正强化和负强化之分。正负两种强化都具有加强行为的作用，都对学生的学习动机产生影响。

2. 社会学习理论

当代社会心理学家班杜拉（Albert.Bandura）创立的社会学习理论是行为理论和认知理论相互交叉、彼此渗透的产物。它在强调环境影响的同时，还强调个体内在认知也是构成学习的重要因素，将强化视为个体对环境认知的一种讯息，并把强化分为三种：一是外部强化，即通过外部因素对学习行为进行强化，如奖励和惩罚便是两种常用的外部强化方式。二是替代强化，即通过一定的榜样来强化相应的学习行为和学习行为倾向。三是自我强化，即学习者根据一定的评价标准进行自我评价和自我监督来强化相应的学习行为。在教学情境下，其他同学的优异表现，教师的德艺双全，都可引起学生的内心认同，而通过观察学习和模仿促进、提升学习动机，形成良好的学习效果。所谓"见贤思齐"便是这个道理。

强化动机理论对于学校教学产生很大影响，"二战"后的美国，甚至全世界的学校教育都广泛采用了斯金纳的操作条件反射作用的学习理论与方法，如编序教学（PI）、电脑辅助教学（CAI）与凯勒计划等。我国学校教育也广泛采用强化原则，通过表扬与批评来激发与维持学生学习动机。特别在中小学阶段，在升学压力下，教师、家长常用物质奖励、精神支持或其他惩罚措施来控制学生学习，有时效果也确实比较明显。但进入大学阶段，由于大学生学习的特点，这种重视外在学习动机而忽视内在学习动机的教学方式，日渐失效。由于强化学习动机理论是外控性的，表现在教学上就是强调分数、排名，并根据分数和排名给予激励、控制学生学习的目标，而忽视学生内在学习动机的培养。在强大的外部学习诱因环境中，学生很容易为追求奖励而读书，为追求分数而求知，被动地应付读书考试，原有的好奇和求知的兴趣、自身的学习热忱日渐被压制下去。同时，对于不受重视的学科和不举行考试也不计算分数的活动不再积极参与，造成求知兴趣窄化。学业以学科分数定排名，分数变成了读书的唯一目的。致使学生体会不到学习的乐趣，求知欲受到抑制，影响学习积极性。

（三）认知学习理论

认知派的观点强调的是内部动机作用，如学习的满足或成就感。人们被看作是主动地、千方百计地探寻信息去解决与他个人有关的问题，为了专注于自己选择的目标，甚至可以忍受饥饿、承受苦难。人们喜欢某项工作本身，就会十分努力地工作，完成任务。

1. 归因理论

最早提出归因理论的是海德（F.Heider），他认为，人们的大部分行为由两种需要驱动，一是理解世界的需要，二是控制世界的需要。受这两种需要驱动，人们开始试图预测将来的行为。在海德看来，行为的原因或者在于环境，或者在于个人。环境的原因有他人影响、奖惩、运气、工作难易等，如果将行为原因归于外在环境因素，即情境归因，则个人对其行为结果可以不负什么责任。个人原因有人格、动机、情绪、态度和能力等，如果将行为原因归于个人性格等，即性格归因，则个人应当对行为结果承担责任。一般而言，当个体作为观察者解释他人行为时，倾向于采取性格归因；在对自身行为活动进行归因时，则倾向于采取情境归因。

韦纳的归因理论是考察人们对任务成功与失败的情感和认知的一种理论模式。根据实证研究的结果，韦纳对行为结果的归因进行了系统探讨，提出六因素三向度归因理论。六个因素分别是能力高低、努力程度、工作难易、运气好坏、身心状况和其他因素。三个向度是：因素来源（内部归因和外部归因），稳定性（稳定性归因和非稳定性归因），可控制性（可控制性归因和不可控制性归因）。

韦纳认为，根据三个向度可将成败做八类归因。内部稳定的可控因素，如自控水平。这类人认为学习成功是因为自控及时和有力的结果，而自控水平低则易致学习失败，所以他们比较注意提高自己的自控水平，以争取获得好成绩。内部稳定的不可控因素，如能力高低。此类学生认为学习好是由于能力强，他就会信心十足；学习差是由于能力低，他就会丧失信心，听任失败。内部不稳定的可控因素，如努力程度。这类人如果学习成功，就会鼓励自己继续努力，并预期自己再次获胜；如果学习失败，就会相信只要自己努力，就一定会获得成功。内部不稳定的不可控因素，如身心状况。如果一个学生认为只有身体健康、精力充沛才能取得好成绩，他就会注意锻炼身体，重视心理卫生，以保持和促进身心健康。外部稳定的可控因素，如学习方法。这类学生会自觉改进学习方法，逐步学会学习。外部稳定的不可控因素，如任务难易。这类学生把学习不好归因于任务困难，倾向于埋怨客观，满意感较少。外部不稳定的可控因素，如他助多少。这类人如果学习不好，就会认为是因为未能得到他人的帮助，并因此注意协调人际关系，争取他人帮助。外部不稳定的不可控因素，如运气好坏。

韦纳认为：第一，当个人将成功归于能力和努力等内部因素时，他就会满意，信心增加，而将成功归于任务容易和运气好等外部因素时，产生的满意感就较少。如将失败归于缺少能力或努力，就会产生羞愧和内疚，而将失败归于任务太难和运气不好时，产生的羞愧感则较少。第二，在付出同样努力时，能力低的人应得到更多的奖励。第三，能力低而努力的人受到最高评价，能力高而不努力的人受到最低评价。

韦纳发现，在师生交互作用的教学过程中，学生对自己成败的归因并非完全以自己的考试分数的高低为基础，还受到教师对他成绩表现所做反馈的影响。

2. 自我效能理论

自我效能论由社会学习论的创始人班杜拉所提出。其基本观点是，当面对一项挑战性工作时（如竞争性考试），个人是否主动地全力以赴，将决定于他对自身自我效能的评估。所谓自我效能，指个人根据以往经验，对某一特定工作或任务，经多次成功体验后，确信自己有能力成功处理的主观判断。班杜拉研究表明，个体对自我效能的评估取决于四个方面经验：一是直接经验，即自身以往从事同类工作时的成败经验；二是间接经验，由观察学习间接的别人的经验；三是书本知识或别人意见，指由阅读或与他人交往获得的经验；四是身心状况、情感的激发等。一个人高兴、悲伤、恐惧、愤怒等情绪都可能改变行为及自我效能感，过去成功或失败的情绪体验都可能影响自我效能感的判断。

班杜拉指出，这四类影响因素中最主要的为个体直接经验，即由自身行为直接体验的成败经验。一般说来，成功经验会提升自我效能感，而失败经验则会挫伤自我效能感。当然，若将成功因素归于外部不可控因素，如运气，他人帮助等，则不会增强效能感；而将失败归于内部可控因素时就不一定会降低效能感。

班杜拉等人的研究还指出，自我效能感在学习活动中具有以下功能：第一，决定人们对学习活动的选择及对该活动的坚持性；第二，影响人们在困难面前的态度；第三，影响新行为的获得和习得行为的表现；第四，影响学习时的情绪。

自我效能感理论克服了传统心理学（行为主义和认知学派）重行轻欲、重知轻情的倾向，日益把学生个体的需要、认知和情感结合起来研究人的动机，重视学生个体自我效能感的培养。对于在培养学习动机这一内在心理过程中，要注意发挥受教育者本身作用方面具有的重要启示。在教学中，应着力培养学生建立稳定的自我效能感，以提高正确看待自身能力的判断。当个体确信任务的价值、性质，并确信自己有足够能力去实现时，个体的动机才能被最大限度地激活。在教学过程中，应注意让学生体验到成功的、自我肯定的愉悦感，培养学生稳定的自我效能感和长期的自我价值感；而不应一味地使学生觉得自己能力有限、无法成功，影响教学任务的完成和教育质量的提高。

3. 自我价值理论

自我价值论由美国教育心理学家卡芬顿（Covington）提出，主要从学习动机的负面着眼，试图探讨"有些学生为什么不肯努力学习？"的问题。

他认为：首先，自我价值感是人们追求成功的内在动力。社会上一向看重成功，儿童从小就知道，努力学习能取得优秀成绩，进而感到满足、自尊心提高、自我价值感增强。在多次经历之后，"能力—成功—自我价值感"三者之间就形成前因后果的链锁关系，而追求自我价值感就成为个人追求成功的内在动机。而事实上，大学生努力学习，除了为获得良好成绩和奖学金之外，更多是为了获得更高的自我价值感。

其次，区别对待成功与失败，采取不同的应对策略以维护自我价值感。卡芬顿通过研究发现，成功的学生倾向于将成功的原因解释为自己的能力，而非自身努力的结果。因为成功归因于自己能力，能获得更强的自我价值感，因为努力人人可为，但能力却唯我仅有。而在长期追求成功却无法获得的情况下，学生们为逃避失败后的痛苦，维持自我价值，他们既不承认自己能力不足，又不认同努力学习就可获得成功的看法。因此，常会看到有学生能力不差但总不努力学习的情况。

再次，学生对能力与努力的归因随年级而变化。卡芬顿研究发现，随着学生年级的升高，学生们的学习动机强度降低。低年级学生最看重努力，而高年级学生则认同能力而非努力。当今大学受到社会浮躁风气影响，家庭背景、人际关系、交际手段等潜规则对于取得成功的巨大影响不断在大学生心中得以强化，部分大学生对努力学习的作用产生不同程度的怀疑，并由此极大地影响学习动机。

学校教育中存在两个严重问题：其一是有能力的学生不肯读书；其二是学生们接受教育时间越久，读书机会越多，反而越不喜欢读书。它启示我们应反思学校教育中存在的这些反常现象，促使学生产生持久的学习动机。我们日常所强调的教育目的，如发展品格、启迪心智、强健体魄，实现德智体美的全面发展，只是教育者的目的，是远景目标。而作为受教育者的学生最直接的目的就是要在每一门科目上获得成功的学习，因为学习动机原本就是"因知而进一步求知的内在动力"，学生只有连续地在课程科目上取得成功学习，学习动机才能不断强化。所以，辅导学生认识近期学习目的，培养学习动机，应该被视为教育的重要方面。

（四）成就动机理论

1. 默里理论

在成就动机领域中，最早的研究来自默里（H.A.Muray）。他认为，成就需要是一种普遍的需要，是"克服障碍、施展才能、力求尽快尽好地解决某一难题"。而成就动机是在人的成就需要基础上产生的，是激励个体乐于从事自己认为重要的或有价值的工作，并力求获得成功的一种内在内驱力。作为一种主要的学习动机，成就动机是人类独有的、后天获得的具有社会意义的动机。

默里及其同事是在主题统觉测验中和关于人类动机假设中提出成就动机的，还以实验的方式测量成就动机，对提高人们成就动机水平做出尝试。研究证明，尽管成就动机是相当稳定的因素，但可以通过学习和经验加以改变。人们对新任务的最初尝试经验对于成就动机是十分关键的，因此教师应尽量提高一年级新生考试通过率，以避免挫伤其学习积极性和自信心。此外，研究者还指出，人们成就动机的差异性部分是由于早期抚育方式不同所造成的，如家长对孩子进行的早期独立性训练，家长对孩子成就的高期望和高奖赏等。

2. 麦克里兰理论

20世纪50年代末60年代初，麦克里兰（D.C.McClelland）在各种实验条件下对不同年龄、不同特征的被试的成就动机做了大量的研究。有一个让5岁的儿童当被试的实验。让这些孩子走进一间屋子，手里拿着许多绳圈，让他用绳圈去套房间中间的一个木桩。孩子们可以自由选择自己站立的位置，并且让他们预测能够套中多少绳圈。结果发现：追求成功的孩子选择了距离木桩适中的位置，然而避免失败的孩子却选择了要么距离木桩非常近，要么距离木桩非常远的地方。研究表明：成就需要高的人，喜欢对问题承担自己的责任，能从完成任务中获得满足感。实验中追求成功的孩子选择了与木桩距离适中的位置，就是选择了具有一定挑战性的任务，但同时也保证了具有一定的成功可能性。而成就动机低的人，因为要尽力地避免失败及消极情绪，所以要么距离木桩很近，以轻易成功；要么距离木桩很远，几乎没有成功的可能，这是任何人都达不到的，因此也不会带来消极情绪。同时，麦克里兰还发现，成就动机的水平与完成学业任务的质与量紧密相关。高成就动机者在没有外力控制的环境下仍能保持好的表现，在经历失败的过程中，高成就动机者在任务的坚持性上比低成就动机者强。因为他们在归因时倾向于内部归因，成功的经验使他们更相信自己的能力，一旦失败，他们会更加努力地去完成任务。避免失败的学生正相反，他们自信心不强，倾向于外部归因，由于他们认为自己的能力有限，他们往往设置一些不切合实际的目标，同时又不付出足够的努力，而不断地失败导致了他们对自己能力不足的固定看法。他们将失败归于缺乏能力，而将成功归于运气、机遇、任务简单，这样无论成功还是失败对他们都没有积极的影响。

3. 阿特金森理论

阿特金森对成就动机理论的主要贡献是，他提炼并明确区分了成就动机中的两种不同倾向：其一是力求成功的需要；其二是力求避免失败的需要。人在这两种特征的相对强度方面各不相同，可以分为力求成功或力求避免失败这两种类型的人。阿特金森认为，生活使人面临难度不同的任务，他们必然会评估自己成功的可能性。力求成功的人旨在获取成就，并选择能有所成就的任务，成功概率为50%的任务是他们最有可能选择的，因为这给他们提供了最大的现实挑战。如果他们认为成功完全不可能，或胜券在握，动机水平反而会下降。避免失败的需要强于力求成功愿望的人，在预计自己成功的机会大约有50%时，则会采取回避态度。他们往往选择更易获得成功的任务，以便自己免遭失败；或者选择极其困难的任务，这样即使失败，也可为自己找到合适的借口。

阿特金森还列举两个公示以表示不同成就动机倾向：①求成动机倾向 $TS=MS \times PS \times IS$；②避败动机倾向 $TF=MF \times PF \times IF$。其中 T 代表成就期望，其强度取决于 M（个人对取得成功或避免失败的稳定长久的兴趣，属人格特质方面），P（对在任务上取得成功或失败可能性的估计，它受到当事人过去经验，对别人经验的观察及当时竞争程度等），I（对目的和任务价值的主观评价）。由此可见，阿特金森认为无论是追求成功的动机或避免失败的成功都基于这三个因素，而由于追求成功和避免失败的动机在活动中同时起作用，因此实际上完成某项活动的动机强度 TA 等于二者之和，即 $TA=TS+TF$。值得注意的是，这一理论的特殊假定是 $IS=1-PS$，即如果成功的可能性低，那么成功的激励值就大。如报考某名牌大学对某生来说是较难实现的目标，但正因如此，对于某生的主观价值也更有所提高；对于较易考上的学校，其主观价值也有可能因此下降。他指出，在考察人的成就动机水平时必须将这两方面结合起来加以综合考虑。

4. 奥苏伯尔理论

奥苏伯尔（D.P.Ausubel）是美国纽约州大学研究院的教育心理学教授，是认知派的代表人物之一。他认为成就动机组成因素有三方面的内驱力，一是认知内驱力，即个体力求获得知识、技能，善于发现并解决问题的能力的需要，如好奇心、求知欲等；二是自我提高的内驱力，即个体把学业成就看成为自己赢得相应地位的需要，如自尊心、自信心、胜任感等；三是附属内驱力，即个体力求成功是为了获得他人，如父母、老师等长辈和同辈群体的赞许、喜欢和认可的需要。这三种内驱力在学习活动中的作用不是固定不变的，通常随着学生年龄、性别、个性特征及所处的社会历史和文化背景的变化而变化。

成就动机理论把动机的情感方面与认知方面结合起来，并用数学模式简明地表述出来，揭示出了影响成就动机的某些变量和规律，并用实验检验和证实了其理论假设的合理性和客观性，这对于动机理论的建立和发展有着深远的意义与巨大的贡献。但同时由于其不完善性，它还不能很好地说明成就动机的本质和发生、发展的条件以及影响成就动机的各种变量，所以也还存在一些缺陷。

三、大学生学习动机的激发

学生的行为要受到动机的支配，如有的学生是为了振兴中华而发奋学习，有的是为了能考上好学校而努力学习，有的是为了能获得父母、老师的赞扬而学习，有的则是因为有兴趣而乐于学习等。

动机的激发是指通过某些刺激使人发奋起来。动机的激发也称"激励"。通俗地说，调动人的积极性。心理学家研究认为，人类行为都具有一定的动机性，也就是说，不存在无目标导向的人类行为。而人的动机多起源于人的需求欲望，没有得到满足的需求是激发动机的起点，也是引起行为的关键。因为，未得到满足的需求会造成个人的内心紧张，从而导致个人采取某种行为来满足需求以解除或减轻其紧张程度。动机激发过程，实际上就是人的需求满足的过程，它以未能得到满足的需求开始，以得到满足的需求而告终。因为，人的需求是多种多样、无穷无尽的，所以激发的过程也是循环往复、持续不断的。当人的一种需求得到满足之后，新的需求将会反馈到下一个激发循环过程中去。

动机的激发对人的活动具有非常大的意义。哈佛大学威廉·詹姆士（William James）教授发现，在没有动机激发的情形下，人通常只发挥出20%~30%的个人能力，而如果给予充分的激发，其能力可以发挥出80%~90%。在人的活动中对人的动机的激发不可或缺。

大学生学习动机起源于大学生的学习需求，大学生的学习需求是社会和教育对学生学习的客观要求在学生头脑中的反映，是大学生学习活动中感到某种欠缺和未得到满足的学习需求形成的内心紧张的心理状态。学习动机驱使大学生采取学习活动来满足学习需求，以解除或降低其紧张程度，力求获得满足的心理状态。

为了促进大学生的学习效果，需要采取一定的方式，把已形成的学习需求，由潜伏状态转入活动状态，使之成为实际而持续地推动其努力学习的内在动力，朝着成才的目标前进。这就是对大学生学习动机的激发，以充分调动大学生学习的积极性。在对大学生学习动机激发中，大学生得到满足的需求是激发大学生学习动机的起点，也是引起（激发）大学生学习积极努力行为的关键和最根本的动力。

（一）创设问题情境，实施启发式教学

所谓问题情境，指的是具有一定难度，需要学生努力克服，而又是力所能及的学习情境。简单地说，问题情境就是一种适度的疑难情境。在学习过程中，难度过小或

难度过高的东西，学生都不会感兴趣。只有在学习那些"半生不熟""似会非会"的东西时，学生才感兴趣而迫切希望掌握它。因此，能否成为问题情境，主要看学习任务与学生已有知识经验的适合度如何。研究表明，问题情境的难度在50%左右，最有利于激发学习动机。创设问题情境，要求教师熟悉教材内容，掌握教材内容的结构，了解新旧知识之间的内在联系，并且充分了解学生已有的认知结构状态，使新的学习内容与学生已有水平构成一个适当的跨度。这样，才能创设问题情境。具体创设问题情境的方式可以多样，既可以用教师设问的方式提出，也可用作业的方式提出；既可以从新旧教材内容的联系方面引进，也可以从学生的日常经验引进。问题情境的创设既可以是在教学的开始阶段，也可以在教学中和教学结束时进行。

（二）增强学习材料的科学性与趣味性

学习材料的科学性不仅是指材料内容要正确，符合客观规律，逻辑结构严谨，它还包括材料内容要适合学生已有的知识背景，符合学生的年龄特征和心理发展水平。材料的趣味性是指材料的内容要生动活泼，富有趣味，同生活经验联系紧密，实用性较强。

（三）利用学习结果的反馈作用

让学生及时了解自己的学习结果，会产生相当大的激励作用。因为学生知道自己的进度、成绩以及在实践中应用知识的成效等，可以激起进一步学习的愿望。同时，通过反馈的作用又可以及时看到自己的缺点和错误，及时改正，并激起上进心。因此，在教学过程中，教师应注意：①及时批改和发还学生的作业、测验和试卷。"及时"是利用学生刚刚留下的鲜明的记忆表象，满足其进一步提高学习的愿望，增强学习信心；②眉批、评语要写得具体，有针对性、启发性和教育性，使学生受到鼓舞和激励。

（四）进行正确的评价和适当的表扬与批评

正确的评价和适当的表扬与批评所起的作用，主要是对学生的学习活动予以肯定或否定的强化，从而巩固和发展正确的学习动机。一般说来，表扬、鼓励比批评、指责能更有效地激励学生的学习动机。因为前者能使学生产生成就感，后者则会挫伤学生的自尊心和自信心。进行有效的评价和适当的表扬与批评，应注意以下几点：第一，要使学生对评价有一个正确的态度。只有对分数持正确的观点，分数才能起到积极的激发学习的作用。第二，评价必须客观、公正和及时。如若评价不公正，则会使评价产生相反的结果。第三，评价必须注意学生的年龄特征与性格特征等。如对学龄初期的学生，教师的评价起的作用更大些，对学龄中、晚期的学生，通过集体舆论来进行表扬或批评，效果更好。对自信心差的学生更应多一些鼓励与表扬，对过于自信的学生，则应更多地提出要求，在表扬的同时还应指出其不足之处。

（五）组织学习竞赛，激发学生的成功感

竞赛是指个体在群体中由于相互比较、竞争而激发自己的内在潜力与能力。在学生学习过程中适当组织学习竞赛，对于激发学生学习动机是必要的，它有利于提高学生学习的积极性，培养学生的学习兴趣，使大学生内在的潜力与能力获得有益的开发。

当代大学生竞争意识强烈，争强好胜之心强烈，他们希望自己比别人强，超过他人，希望能充分展示自己的能力和风采。这一特点对于处于成绩中上等的学生尤其显得突出。因此，高校教师应积极而妥善地组织学习竞赛，以激发学生学习动机。值得注意的是，由于学习竞赛对于不同水平的学生影响不同，因此需要在组织学习竞赛的实践中，科学设计学习竞赛的内容，积极探索新的竞赛的形式，最大限度地调动和发挥每个大学生的潜力与能力、特长和优势，在学习竞赛中激发学生的成功感，提高他们的自尊心和自信心。组织学习竞赛也应讲究适度与方式方法。如果在大学生中过于频繁地组织学习竞赛，则会造成不利于学习的紧张气氛，影响学习动机；如果有学生在竞赛中成功与失败过于频繁，或者造成目空一切的娇气，或者对自己丧失信心。这些都不利于大学生学习动机的激发。

（六）正确指导结果归因，促使学生继续努力

成败归因理论的研究表明，学生对学习结果的归因，不仅解释了以往学习结果产生的原因，更重要的是会对以后的学习行为产生影响。不同的归因方式对学生今后的行为所产生的影响不同，因此可以通过改变学生的归因方式来改变其今后的行为。在学生完成某一学习任务后，教师应指导学生进行成败归因。一方面，要引导学生找出成功或失败的真正原因；另一方面，教师也应根据每个学生过去一贯的成绩优劣差异，从有利于今后学习的角度进行归因，哪怕这时的归因并不真实。一般而言，无论对优生还是差生，归因于主观努力的方面均是有利的。因为归因于努力，可以使优等生不至于过分自傲，能继续努力，以便今后能继续成功；使差等生不至于过分自卑，也能进一步努力学习，以争取今后的成功。

（七）科学设计任务难度，适当控制动机水平

生活中经常会发生这样的情境：一名平时学习努力、成绩优秀的学生面临重大的考试时，期待能考出高分，但结果出现在考试中"大脑空白"，连极其容易的问题也回答不出；有的学生平时学习不努力，对大考小考持无所谓态度，考试成绩也不可能理想。前者学习动机过强，后者学习动机过弱，学习效果都不理想。

美国心理学家耶克斯（Yerks）、多德逊（Dodson）研究发现，动机的激活水平和行为效率之间的关系是一种呈现倒 U 形的函数关系：激活水平太低，影响行为效率；激活水平过高，行为发生紊乱，同样缺乏行为效率；而当激活水平适当时，其行为效率高。由此提出了著名的耶克斯—多德逊定律。研究还发现，动机激活水平与任务难

度之间的关系，认为最佳的动机激发水平与任务难度有关：任务越容易，动机激发的水平较高；任务越困难，动机激发的水平越低；而任务难度中等时，动机激发水平适当。

根据耶克斯—多德逊定律，科学设计大学生学习任务难度，适当控制大学生学习动机的激活水平，从而实现提高大学生学习积极性，取得优良成绩目的。可以在大学生学习的各个方面，科学设计学习任务难度。例如，在高校中，适当引导大学生根据自己的实际情况，恰当地树立对自己成绩的期望，既不过高，也不过低；作业难度适中，激发大学生学习动机效果最佳，有利于大学生学习。因此，教师在安排作业时，使作业难度控制在中等难度水平上，让大学生在完成作业时，必须要付出一定的努力，才能加以解决。使他们在作业完成时有一种辛劳后的收获感、成就感、喜悦感。当然，学生在学习中也不可避免地会遭遇难度较大的问题，此类问题可能对一些大学生学习动机的激发产生消极的影响。在此情况下，教师应尽量创设较为轻松愉悦的气氛，慢慢引导学生平心静气、有条不紊地学习，避免学生过于紧张、焦虑。

总之，激发学生学习动机的方式和手段多种多样，只要教师有效地利用上述手段来调动学生学习的积极性，学生就有可能学得积极主动，并学有成效。

第四节　大学生知识与技能的学习

现代心理学认为，知识和技能有广义和狭义之分。广义知识指个体所获得的学习结果，包括陈述性知识、程序性知识和策略性知识三种类型；狭义的知识即陈述性知识，也称为言语信息，即个体所获得的信息及其意义。广义技能包括程序性知识和策略性知识，其心理机制是产生式或产生式系统的运用，包括认知技能与动作技能的综合；狭义技能就是指程序性知识，其心理机制是产生式或产生式系统的自动化运用。本节所讲的知识和技能是狭义的知识和技能，即陈述性知识和程序性知识。

一、大学生知识学习与技能学习概述

掌握知识与技能是大学生的主要学习任务，也是高等教育的重要目标，如何根据大学生学习知识与技能的特点，进行知识与技能教学是高校教师关注的问题。

（一）知识的表征

知识即陈述性知识（declarative knowledge）是指有关人所知道的事物状况及事物之间关系的、能够被人陈述和描述的知识，或者说是关于"是什么"的知识，包括名称、事实、事件、态度等。在某种程度上讲，知识所反映的是一种静态的（不变的）事实信息，信息的组织对人们来说是显而易见的，也就是说个体大脑中有明显的提取线索。例如，我们平时在文章中所陈述的某些事实或现象、所描述的某些事件和人物、所阐明的某些观点和事理即运用此类知识的结果。

知识在学生的头脑中是如何储存和运作的呢？要解决这个问题，就要进一步研究知识的表征（representation）。认知心理学家认为，表征是信息在人脑中呈现和储存的方式。不同类型的知识，其表征方式是不同的。现代认知心理学研究结果表明，陈述性知识是以表象、命题和命题网络为表征的，这些表征形式整合起来构成一种综合的表征形式——图式。下面，我们就对各类表征形式逐一做具体的研究。

1. 表象

表象（image）也称意象或心象（mentality），是外界事物与空间有关的连续信息在人的大脑中的表征。人们对曾经体验过的事物的形态或经历过的情景多少有所记忆，例如，有关儿时某个伙伴的记忆，有关几年前见过的某个玩具的记忆，有关故乡的记忆，有关母校的记忆，有关去年游玩过的某处景点的记忆等等。我们在描写事物或记叙事件时，往往要回忆或想象这些不在眼前的人物、事物或情景，这些人物、事物和情景浮现在我们的脑海之中，我们感到"好像在头脑中看到它们似的"。这种关于人物、事物或情景的知觉特征的记忆便是表象。

（1）表象的一般特征：综合现代心理学家的研究成果，我们可以归纳出表象所具有的如下一些特征：①表象能够表征空间上的立体信息和时间上连续的且不断变化的信息。表象的结构具有与其所表征的对象（客体）相类似的结构特征，因而，表象不仅能够具体地表征客观对象的三维空间上的立体特征，而且能够表征各个维度上连续的细节特征及其变化的形态特征。表象的这一特点是构成个体形象思维的基石，是学生进行想象的心理基础。②表象能够进行多种形式的心理运作。认知心理学家对个体运用表象进行心理运作做过很多实验，如心理的"三维旋转"实验、"心理行走"实验等。这些实验的结果揭示，个体可以对自己心目中的表象进行旋转、扫视或有层次的组织与分割等多种形式的心理运作。多种形式的心理运作就可以使个体在大脑中通过想象不断改变与一定的客观事物相类似的结构，这种心理上对客体结构形态的改变即我们通常所说的创造性想象，是学生学习过程中常常涉及的心理过程。③与实际知觉相比，表象所表征的信息往往具有一定的模糊性和概括性。表象是大脑对客体的反映，它与真实的事物和事件毕竟有一定的区别。心理学家尼克森和亚当斯（Nickerson & Adams）曾经做过相关调查：他们要求被试对15张一便士硬币的图案（其中只有1张是正确的）进行再认，以了解人们对视觉细节保持的完整性和精确性。调查结果表明，绝大多数被试都做出了错误的选择，也就是说，尽管人们已无数次地认知过一便士硬币，可是，绝大多数人平时并不去留意它的图案细节，人们所记忆的只是它的模糊大概的结构特征。从上述调查中可以看出，个体可以运用视觉表象进行记忆，但这种记忆不一定是知觉对象的细节。因此，与实际事物相比，人的视觉表象通常是比较模糊、比较概括的，往往不够完整、不够精确。④对复杂的物象或图像所形成的视觉表象具有一定的结构层次，这种结构层次的存在往往会对人的心理表象造成一定程度上的歪曲。心理学家史蒂文斯和库珀（Stevens & Coupe）曾用实验证明：人们的大脑已经储存的"高层结构"的表象信息会影响与之相关的低层结构的表象信息，从而导致人们产生回忆的混淆和歪曲。这同时又说明，人的大脑中的表象并非对客体进行如实的反映，有时甚至是错误的反映。

（2）工作记忆中的表象。认知心理学家研究结果表明，人的工作记忆的容量是有一定限度的，一般为7个加或减2个单位，或者说在5个到9个单位之间。由于工作记忆容量的限制，进入工作记忆的信息单位量便有限，是一个常量；但是，每个单位本身所包含的信息量是有一定变化的，是一个变量。在同样的单位量中，一个单位的表象能够表征的信息比一个单位的命题所能够表征的信息更多更丰富，所以在工作记忆有限的容量之中，表象比命题包含的信息量要大得多。例如，如果采用命题来表征某座建筑物的外形结构方面的信息，那么，所需要的命题数量可能非常多，这将大大超过人的工作记忆的容量；然而，如果用表象来表征，则一幢大楼可能只需要一个信息单元，这对工作记忆来说仅仅使用了很小部分的容量。所以，运用表象来表征事物，不仅能够在短时记忆中储存大量的信息，而且能够大大减轻工作记忆的负担。

人在工作记忆中应用表象，这已被各种各样的心理实验所证实。最有影响的实验是罗杰·谢泼德（Roger Shepard）及其同事所做的有关心理旋转的一系列实验。他们每次让被试看一张字母R的卡片。字母R按正反两种方向呈现，而且每次呈现时其角度发生程度不同的旋转，被试的任务是确定每次出现的刺激字母是正面还是反面。实验结果表明，刺激字母旋转的角度越大，被试判断的反应时间越长。因为被试在做出判断时，总是先要在心里把呈现的刺激字母旋转为正的方向，然后才能检验它的方向是正的还是反的。被试的内省报告也表明，他们在做判断时，的确在心里对表象做旋转式的运作。谢泼德等人的实验告诉了我们如下道理：第一，当人们在完成以空间信息或视觉信息为主的心理加工任务时，往往在工作记忆中要使用心理表象。这不仅说明工作记忆中的确存在表象，而且说明工作记忆与表象有密切的关系。第二，人们在工作记忆中对心理表象进行加工的过程，类似对事物进行加工的过程，即被试在工作记忆中进行心理操作（在此为心理旋转）所需要的时间，与类似的实际操作所需要的时间相等。这在一定程度上揭示了工作记忆中表象的运作特征。

（3）长时记忆中的表象。短时记忆（工作记忆）中的表征一般用于操作和转换过程，因此短时记忆中的表象通常用于加工和转换空间信息；而长时记忆中的表征往往用于储存，所以长时记忆中的表象通常用于存储空间信息。关于长时记忆中的表象问题，近30年来有多种观点。以A.佩维奥（Paivio）为代表的一些心理学家提出了双重编码理论，主张长时记忆中的信息既以语义网络为编码，也以表象为编码。有人设计

· 67 ·

了这样的实验：要求被试学习一套杂志的图片，一次学习一张。被试学完以后，实验者向他们呈现成对的图片，每对中都有一张是未曾学过的，要求被试辨认出哪一张是学过的。另外，让被试学习若干成对的句子，然后向被试呈现成对的句子，其中每一对都有一句是未曾学过的，要求被试说出学过的句子。结果表明，被试在句子条件下进行回忆，他们的出现错误的比率为11.8%，而在图片条件下回忆，错误率仅为1.5%。这一实验告诉我们，人们在长时记忆中不仅运用表象进行编码，而且，与语义编码相比，表象编码的效果更好，巩固性更高。

2. 命题

认知心理学家一般都认为陈述性知识所反映的是事物的意义（通常是语言信息），在人的记忆中关于事物意义的知识通常是以命题的形式来表征的。

（1）命题的性质和功能。"命题"（proposition）这一概念原本来自逻辑学和语言学，一般以句子为其表现形式，指一个独立的断言，通过它可以使我们了解某个判断的真假。在认知心理学中，命题是指词语表达意义的最小单元。一个命题与我们头脑中的一个概念相当。例如，"这（那）个学生写好了论文"就是通过把几个概念（学生、写、论文等）联系起来表达了一个比较完整的概念。这则短语便是一个命题。在大多数情况下，一个句子可含有一个以上的概念，所以一个句子通常包含几个命题。例如，"这（那）个学生写好了论文交给了老师离开了教室"就含有三个概念：一个概念是，"这（那）个学生写好了论文"，另一个概念是"他把论文交给了老师"，还有一个概念是"他离开了教室"。这就意味着在这个句子中含有三个命题。

认知心理学家的研究表明，人脑归根结底是一个信息加工系统，也是命题操纵的机器，因此命题是知识的基本存在形式。词、短语和句子虽然是知识的物质载体，但是在人脑中储存的是以命题所反映的句子或短语的意义，而非某一特殊的词或句子。他们把命题看作陈述性知识的最小单元，认为它是一种陈述，可以是一个语句，可以是一个方程式，或其他任何一种符号的有意义的组合。认知心理学家在研究陈述性知识的表征时，将词、短语、句子和命题进行了有效的区分。在他们看来，词、短语、句子是概念的形式，而命题则代表了概念的本身。无论安德森和鲍尔还是其他一些心理学家的研究都从不同侧面表明，个体是用命题而不是用句子来贮存言语信息的。

换句话说，在个体运用语言进行学习或交流时，词、短语或句子这些语言单位只是学习和交流思想的工具，是思想观念的物质外壳或载体；而人的思想观念在头脑内不是用词语而是用命题记录下来的。人记忆和思考的对象不是词语，而是命题；命题是思想的单元。

（2）命题的特征和构成。根据J.R.安德森的观点，命题具有三个特征：一个命题有点像一个句子，但其形式更为抽象，更像一个句子所表达的意义。一个命题有一个"真值"（truth value），其值量可以是真也可以是假。例如"小孩"一词无从判断为真假，但是,"小孩哭"和"小孩闹"则可以判断为真假。一个命题通常是依照某种规则而构成的。

认知心理学家通过分析命题或观念的构成发现,命题是一种由一定的成分组成的形式化的结构。一个命题一般含有这样两个成分:一个关系(relation)和一个以上的论题(arguments)。论题是命题中的主体、客体、目标、工具和接受者,一般由句子的主语和宾语担当;关系是用来限定论题之间的联系的,多由动词、形容词、副词、介词等担当。例如,在"小明走了"这一命题中,"小明"是论题,它是命题表述的话题或主题;而"走了"则是这一命题的关系,它对我们所知道的有关小明的全部情况这一主题做了某种限制。通过这种限制使我们在此时只注意"小明走了"这一情况,而不管其他的情况(如"小明留下了""小明说话了"等)。由此可见,关系缩小了我们注意的范围,是命题中信息量最丰富的成分。

在以上这种以动词作为关系的命题中,关系仅有一个,但是命题所涉及的论题可以不止一个。例如,在"小明写作文"这一命题中,命题的关系仅有一个,即"写";但涉及的论题有两个,即"小明"和"作文"。"写"这一关系对"小明"和"作文"这两个论题进行了限制。它告诉我们:在"小明"和"作文"之间出现的情况是"写"而不是"读""展示"及其他情况。由于一个命题往往包含着许多论题,因此,我们可根据论题在命题中所扮演的角色,给予论题以不同的名称或称谓:它们可以是执行某一行动的主体(subject),也可以是行动、作用的对象或客体(object);可以是行动的目的(goal),也可以是行动时的使用工具和手段(instrument),还可以是客体的接受者(recipient)。

由此可见,如果我们要知道一个句子中含有多少个命题,最好的办法是找出句子中有多少个动词、形容词、副词和介词,因为只有动词、形容词、副词和介词才表示关系,而一个命题只有一个关系。一旦我们知道句子中有几个关系,就知道该句中含有多少命题。

3. 命题网络

现代认知心理学家认为,在人的长时记忆中贮存的任何信息单位,并不是孤立地存放在那里,各个信息单位之间往往有千丝万缕的联系,特别是那些分享着同一主题的若干命题相互之间会存在这样或那样的联系。正是命题与命题之间的这种相互联系,使人们大脑中储存的知识才能有效地提取利用。R.M.加涅的女儿E.D.加涅指出,信息组合之间的关系是智力的关键方面。这种关系的知识支配着我们进行类比推理和洞察其他类型的联系能力,而这些能力对于解决新情境中的问题是十分重要的。

那么,命题与命题是如何联系起来的呢?多年来,认知心理学家们一直尝试着用恰当的描述方式来揭示这种联系,其中一种被大家广泛采用的描述方式称为"命题网络(propositional network)结构"。认知心理学家认为,命题与命题之间有共同成分,这种共同成分通过一定的动词、名词或介词等关联词语连接起来便构成命题网络。事件的抽象意义信息就是以命题网络形式储存在人的记忆之中，人们运用语言表达自己的思想观念就是对记忆中已有的命题网络的组合和提取，听话和阅读也是通过对句子中所包含的命题及其组合关系的分析来理解话语中的思想。那么，命题与命题之间是如何联系的呢？现代心理学主张，命题之间有三种基本的联系方式：①并列，通过并列连词表示两个或两个以上命题间的关系；②关联，表示一个命题对另一个命题的限制或修饰；③补充，表示用一个命题填补另一个命题的空位。

认知心理学家科林斯和奎利恩（Collins & Quillian）认为，命题网络的结构是存在一定的层次性的，处于结构低层的单位与处于上位的高层单位以一定的方式联结起来。一定单位所具有的某一特征与该单位的属性及其属性值（value）相联结。例如，"一只小麻雀停在树枝上"。在此，下位概念"麻雀"与上位概念单位"鸟"相联结，"鸟"又与其更高层的概念"动物"相联结。有关这些概念所具有的属性，有可能分别贮存在不同的概括水平上。"小"储存在"麻雀"这一水平上；"有翅膀""有羽毛"等属性贮存在"鸟"这一水平上；而"有皮肤"和"能呼吸"等属性则储存在"动物"这一水平上。虽然"有皮肤"和"能呼吸"不贮存在"鸟"这一水平上，但是，由于鸟是动物的一个下位观念，所以我们可以从动物具备"有皮肤""能呼吸"这些属性推论出鸟也具备"有皮肤"和"能呼吸"的属性。科林斯和奎利恩还进一步假设，如果我们头脑中的陈述性知识果真是按照上述层级贮存的，那么当我们要人证明"黄鱼有皮肤"这一句子的真伪时，搜寻工作将从"黄鱼"这一水平开始；若在这一水平未发现该属性，搜寻工作将上升到"鱼"这一水平；如果在这一水平仍然未搜寻到该属性，就进一步上升到"动物"这一水平搜寻。据此，科林斯和奎利恩提出，证实这些句子为真所需要的时间，可能取决于句中所涉及的两个概念在这一层级中的距离的远近，距离越远，所需要的时间越长；反之，则越短。例如，证明"金丝雀有皮肤"所花的时间，比证明"金丝雀是黄色的"所花的时间要长。因为从"金丝雀"搜寻到"皮肤"涉及两个水平，而从"金丝雀"搜寻到"黄色"仅涉及一个水平。为了证实自己的上述假设，他们做了如下实验：向被试呈现下面一些句子，要求被试做出是非判断，主试记录从句子呈现到被试反应之间的时间距离（反应时），再根据被试的反应来推测被试内心活动的状况：

真句——（特征句）：

①金丝雀会唱歌。

②金丝雀有翅膀。

③金丝雀有皮肤。

④金丝雀是金丝雀。

⑤金丝雀是一种鸟。

⑥金丝雀是动物。

对于①②③三个句子来说，一个主语与其谓语的关系是单位与属性的关系，但是这些属性有些是直接联结的属性，有些是其高层单位所具有的属性；对于④⑤⑥三个句子来说，一个主语与其谓语的关系可能是一个、两个或三个类别层次的关系。实验结果是：反应时既随谓语类别层次的提高而增长，也随谓语属性层次的提高而增长。这说明，人们对语句的加工主要是通过搜索。当提出一个语句要求验证时，人们就从主项名词和宾项名词进入命题网络，并寻找这两个结点联结起来的通道，核对通道上的标记与句中所断言的关系是否一致。由于搜索的过程存在差别，因而验证一个句子所需要的时间可能不同。如果两个单位之间只有一个联结，所需要的时间相对来说比较短，这两个单位之间的子集关系是直接储存在语义记忆之中的。如果两个单位之间有两个联结，验证该句子所需要的时间就要长一些，人们必须从已经储存的两个单位之间的关系中进行推断。这充分表明，人大脑中的各种观念（命题）不是杂乱无章地存放着，而是根据一定的线索、按照一定的层次严密地组织在一起。人们可能是根据不同的概括水平来贮存事实或概念，也可能是按照一种最能区分有关事实和概念的标准来贮存它们的属性。需要指出的是，人们可以将"有皮肤"这一属性贮存在"鸟"这一水平上，但是，如果人们将这一属性贮存在"动物"这一水平将更加有益，因为按照这种办法进行贮存，我们可以利用对观念上下位关系的理解来减少某一水平上需要直接贮存的知识量。这样，不仅大大减轻了记忆的负担，而且便于提取，还使推理成为可能。

4. 图式

在人的长时记忆中，表象与命题、情节知识和语义知识并不是彼此孤立地分别进行储存，相反，它们往往是围绕一定的主题组成具有一定结构层次的大的知识单元。早先，在奥苏伯尔的理论中，这种知识单元称为认知结构。现代图式理论对此做了具体的描述和解释，从而丰富和发展了奥氏的认知结构说。

J.R.安德森认为："对于表征小的意义单元，命题是适合的，但是对于表征有关一些特殊概念的较大的有组织的信息组合，命题是不适合的。"在人的大脑中，这种较大的有组织的信息组合是用图式表征的。图式（schema）这个概念最早由巴特莱特提出，他认为，图式是一个人用于加工新信息和引起对信息回忆的已有知识。后来，皮亚杰根据认知发展论的观点对图式做了进一步阐释，他用图式来描述儿童认知发展的阶段特征，不同发展阶段的儿童对外部世界的认知有着特定的加工图式。在此基础上，安德森、鲁梅哈特和梅耶等人从信息加工的角度对图式进行了系统研究，使图式理论日趋完善和成熟。这些心理学家对图式的理解有所不同，尽管如此，大家普遍认为，图式是由信息组成的单元，是大的知识结构，它能够运用于广泛的情境之中，是加工信息的基本框架。虽然图式的形式多种多样，但是图式一般都具有以下特点：

（1）图式由恒定部分和可变部分组成。恒定部分是图式的主题，是比较固定的；可变部分的一个重要特性就是有许多空位——"槽"（slots），它们可以与环境的不同方面相联系，即可以被新的学习填补，使图式能够在具体化的时候千变万化。如人过铁路的图式中，人和铁路就是恒定部分，谁过、在哪过、怎样过则是可变部分。朱自清的散文《背影》里关于父亲过铁路为"我"买橘子的细节描写中，身体肥胖的父亲、高于地面的铁路以及父亲过铁路时笨拙的动作等与图式的可变部分有关，可以作为"值"填入可变部分的"槽"中。

（2）图式具有层次性。这里有两层意思，一是指一个图式是由一组亚图式（subschema）组成的。例如，关于人物形象的图式就由头部、四肢、身体等亚图式组成；而头部图式又由头发、眼睛、鼻子、眉毛、嘴巴、耳朵等不能再分的亚图式组成。二是指图式具有不同的抽象水平，可以表征各级水平的知识。就人物形象的图式而言，存在不同抽象水平的图式。例如，关于少女形象的图式，既包括一般的或笼统的相对于儿童、中老年来讲的年轻女性的形象，也包括某种职业的如女大学生、某个地区的如南方姑娘或某个民族的如维吾尔族少女等特定的形象，还包括某种性格、相貌、修养、地位等具体的形象，如《红楼梦》中的薛宝钗、林黛玉、晴雯、袭人之类的形象。

（3）图式包含着多种信息。图式是一个大的知识单元或者说是一个信息包，在图式中即包括命题类的语义知识，也包括表象类的情节性知识。可以这么说：我们所具有的围绕某一主题的全部知识都可以包括在图式当中，与写作相关的图式也是如此。例如，与写一篇介绍建筑物的说明文有关的图式既包括命题知识，如字词句语法修辞等语言方面的知识，说明文的文体结构、特点、写法等方面的知识，建筑物的特征、功能等方面的知识；也包括人们关于各类具体建筑物的外形、色彩、高矮、大小、位置、构造等表象方面的知识。

（4）图式不仅储存信息的静态结构，而且是加工信息的动态过程。当我们阅读一篇课文时，图式既是评价我们的知识与课文中的信息是否具有适合性的过程，又是对自身的可变部分赋予一定的值的过程。因而，在人们运用语言符号信息的过程中，图式不是静止不动的，而是总处于运动变化状态。如，当我们在阅读朱自清的散文《春》时，一方面，图式要和课文中的文字信息进行比较，找出自身储存的有关春天的信息与课文中所提供的信息之间存在哪些相同点、有哪些不同之处；另一方面，要不断填充自己的"缺失值"（default values），使文中具体描写的花味之香、花色之艳、花类之多、花间之闹等信息依次进入图式的可变部分之中。可见，图式不只是一幅幅图画，而且是一座座加工厂，其加工的产品，就是对课文的记忆、理解和评价。

（二）技能的表征

认知心理学家主张，程序性知识（procedural knowledge）是一种以操作步骤为基础的知识，是一种倾向于动态的（变化的）的知识，人们对其组织是无法用语言来描述的。在人的头脑中，程序性知识是以"产生式（production）"和"产生式系统（productive system）"这种动态的表征形式来储存或记载的。产生式和产生式系统原来为计算机科学的术语，后被认知心理学家引入信息加工理论，用以说明人类对操作性知识的程序表征。在认知心理学家看来，个体对操作性知识的信息加工是靠产生式和产生式系统来实现的。

产生式表征与表象、命题和命题网络表征有很大区别。表象、命题和命题网络是有明确的提取线索并可以用语言加以表述的，而产生式则是难以用语言加以描述的表征。

（1）一个产生式由两个基本因素构成。两个基本因素分别是"条件"（IF、如果）因素和"行动"（THEN、那么）因素。"条件"因素即对执行一套特定的操作步骤必须满足或必须符合的条件所作的规定；"行动"因素列出了在符合这些条件时将要执行或激活的操作行动。"条件"因素中的语句数目代表了必须满足的条件数目；而"行动"因素中的语句数目代表了将要发生的行动数目。产生式中含有的语句数量越多，意味着操作步骤越多、越复杂，所以要想弄清某个产生式是否复杂，主要是看其条件因素和行动因素中含有的语句的数量。

（2）产生式是描述个体内部认知活动过程的重要手段。对于个体来说，产生式的条件因素和行动因素也分别有两种类型。在产生式中的条件因素有两种：一种属于外在条件，一种属于内在条件。例如"使用强化"这一产生式中，第一个条件为个人目的，它属于个体内在条件，其他人无法看到或认同；但第二个条件则存在于个体的外部，别人既可观察到也可认同。同样，产生式中的行动因素也有这种区别。

二、大学生知识学习与技能学习的一般过程

在现代科学心理学里，广义的技能可以分为两类：一是动作技能（又称心因动作技能）；二是心智技能（又称智慧技能或智力技能）。前者需要身体的肌肉协调才能完成；后者则在头脑内部完成。加涅区分了智慧技能的四个成分，即辨别、概念、规则和高级规则。这四个成分都是知识，它们从低到高构成一个层次关系。两类技能的共同心理实质是程序性知识（procedural knowledge），或者是"如果……那么……"的产生式规则系统。其行为表现是回答"怎么办"的问题，所以其测量方法是提供问题或做事的情境，观察学习者的行为表现，或根据被测者的行为表现，对其办事能力做出推测和评判。

（一）知识学习的过程与条件

写作内容知识本质上是陈述性知识，是由表象、命题和命题网络及它们的综合表

征形式图式表征的。因而，写作内容知识的学习过程，就是这些表征的获得和完善的过程。由于在中小学作文教学中，能够体现学生写作能力的标志是文本——作文，而作文又是学生思想感情的外化形式，其内在本质是语言文字所包含的意义，这种意义在大脑中即为命题或图式。所以，对研究写作内容知识的学习来说，其主要任务是解决命题和图式的习得问题。

1. 命题的学习

在一些认知心理学家看来，人们在学习新命题的时候，将要激活与所学命题有关的旧命题，人是通过旧命题来理解新命题的意义的，学习的最终结果是将新命题与知识网络中已有命题的有关单元贮存在一起，整合成为一个新的命题网络。因此，命题意义的习得过程是新旧知识相互作用的过程，也是新的知识结构或命题网络的建构与形成的过程。关于命题意义的习得过程，有代表性的理论有两个：一个是奥苏伯尔的同化论，一个是安德森的激活论。

（1）同化论的命题学习。同化论主张，命题意义习得的实质是新信息与学生已有的认知结构（命题网络）中的适当观念建立一种实质性的和非人为的联系。所谓实质性的联系，指新信息与学生原有的命题网络中的符号、命题、表象等建立联系。假如学生大脑中缺乏相应的知识储备，就不可能获得新信息的意义，只能导致机械学习。所谓新旧命题建立非人为的联系，指新信息与原有命题网络中的相关观念建立一种合理的或合乎逻辑的联系。

奥苏伯尔认为，学生运用原有命题网络同化新信息从而获得命题意义有三种形式：①下位同化。学生已有的命题网络中的适当观念在包摄性和概括性上高于新学习的命题，从而使新信息与原有知识之间构成了一种类属关系或下位关系。这种同化方式又可以分为两种形式：一种是派生类属同化，指新学习的命题作为原有命题的证据或例证加以理解。在这种关系中，所要学习的新命题完全可以直接从上位命题中推演出来，属于原有命题的派生物。这种类属同化的结果，不仅使新的命题获得了意义，而且使原有的命题得到了充实或证实。另一种是相关类属同化。当新命题类属于原有命题网络中的具有较高概括水平的适当观念之后，使原有的观念得到扩展、精确化、限制或修饰，这种同化形式便成为相关类属同化。在这种形式的同化中，新命题与原有命题不是一种派生关系，而是一种相关关系。②上位同化。当学生大脑储存的命题网络中已经具备了若干观念，现在要在原有观念的基础上学习一个概括性和抽象水平更高的命题，便形成了上位同化性学习。③并列同化。当所学习的新命题与原有命题网络中的已有观念既不属于类属关系，也不属于总括关系，而是一种并列联合的关系时，便形成了并列同化性学习。新学习的意义虽然不能类属于原有知识之中，也不能总括原有的知识，可是它们之间因为具有某些共同的特性而呈现一种并列联合的关系，新信息可以通过与原有知识的并列结合而获得意义。同化论主张，命题学习需要如下条件：

第一，要学习的材料本身要有逻辑意义。这里的逻辑意义是对人类而言的。也就是说，学习材料对教师和其他受过教育的成人是有意义的。第二，学生原有认知识结构中要具有同化新材料的原有知识，即新材料能在学生原有认知结构中找到固定点。第三，学生要具备有意义学习的心向，即学生在新的学习任务面前能主动激活自己的原有知识，使新旧知识发生相互作用。在这三个条件中奥苏伯尔特别强调学生原有上位知识的作用。因此当遇到新的学习任务而学生认知结构中又缺乏相应的上位同化点时，可以设计先行组织者，从外部向学生头脑中输入一个一般上位观念，以便同化新知识。

（2）激活论的命题学习。激活论认为，储存在个体大脑里的命题网络之中的命题，其活动水平是有一定差别的。在某一特定时刻，有相当数量的命题处于静止状态，只有少量的命题处于激活状态；一定的命题一旦被激活，它的活动可以扩散或传播到与它有一定关联的命题之上，引起这些命题也处于不同水平的激活状态。例如，假如在T1时刻，你想到"我去年暑假乘飞机到海南岛旅游"，那就是说"我乘飞机"和"我旅游"这两个命题处于激活状态。与此同时，这两个命题的活动沿着与它们有关联的命题扩散。如在T2时刻扩散到"飞机的机型是波音757"和"飞机上的乘客大多与我是一个单位的"等命题；在T3时刻扩散到"海南岛的景色很美丽""海南岛的阳光很强烈"等命题；在T4时刻扩散到"游人大多戴着太阳镜"和"海边的姑娘在皮肤上涂上防晒霜"等命题之上。激活论能够在一定程度上解释学生的构思和表达过程，尤其是能够揭示作者在写作时的想象和联想过程。根据激活论的观点，学生学习新命题的整个过程包括如下几个环节：

由外部环境（包括教师的讲述和板书，语文课本及其他文字材料教学媒体，如幻灯、投影、图片、录音机、挂图、电视电影屏幕等）向学生呈现新的命题；学生把知觉到的声音符号、文字符号、图像符号或其他形式的符号等具体的信息转换成意义表征的命题；外界输入的新命题通过激活的扩散或传播，使学生命题网络中原有的相关命题被激活，为提取先前已经获得的相关命题提供了线索。新呈现的命题和由它激活的先前获得的相关命题同时处于工作记忆之中，它们形成网络联系，新的命题被习得，或者促使学生生成一些新的命题（所谓对信息所作的精致加工）。由外界提供的新命题将同学生自己通过精致加工生成的新命题都同在学习过程中被激活的先前的相关命题紧密联系，贮存在长时记忆之中，构成新的命题网络。

根据激活论的观点，我们可以得出命题意义获得必须具备如下条件：第一，外界环境向学生提供的信息本身必须具备潜在的逻辑意义；第二，学生原有的命题网络之中必须具备与新信息相关的命题；第三，学生必须把新信息与大脑中已有的观念联系起来，使之生成新的命题网络或生成新的命题意义。

2.图式的学习

如前所述，图式是一种大的知识单元，它将一些小的知识单元如命题、表象组织起来，使个体形成对一定的客体范畴、事件范畴及一类文本的一种定型或定格的知识表征，是一种学习结果。那么，其学习过程和条件如何呢？

（1）图式学习的一般过程。认知心理学家大量有关图式形成的研究结果表明，图式是在例子的基础上形成的。学生要在头脑中形成一定图式，必须学习两个以上的例子，并且有意识地寻找和抽象出不同例子之间的相同和相似之处。下面，以学生形成有关锯子的图式的经过为例具体说明图式的形成过程。

假定某个小学生在不同场合下看到工人用不同形态的锯子锯不同材料，他可能会将自己体验到的一系列情形通过一系列的命题和表象来予以表征。在该学生形成一系列表征时，可能会形成有关锯子的图式，该过程包括如下几个环节：①发现不同例子（不同形态的锯子）之间的相同和相似之处；②对这些相同和相似之处做出编码表征；③摒弃不同例子之间的一些无关紧要的差异；④对两个以上的实体之间存在的相似功能（能锯木头、钢条等材料）与相似的结构（有手柄、锯条、锯齿）用命题的形式予以表征，而将它们之间存在的差异，如手柄是用钢铁制作的还是用木头制作的，锯条的宽窄长短等，作为无关特征而予以排除。

心理学家吉克和霍利奥克（Gick & Holyoak）认为图式学习主要包含着三个过程：一是排除过程，从例子的表层描述中排除了不重要的细节，使得储存的信息量减少；二是概括过程，概括也会减少储存的信息，同时又会对信息进行改造；三是建构过程，建构不再是减少信息而是增加信息，包含了对未直接表述的蕴含的信息的推断。在认知心理学家看来，尽管图式的种类各不相同（如自然范畴图式、角色图式、事件图式和文本图式等），但所有图式形成均经过上述基本过程。换言之，尽管形成的图式各不相同，但个体的心理运作过程基本上是一致的——都是抽取出某一范畴中最为典型的特征并加以组合。

（2）图式形成的条件。综合上面的研究，我们可以得出如下认识：要使学生形成某种图式，必须具备以下几方面的条件。

第一，要让学生同时或相继接触至少两个的图式例子，使这些不同的图式例子同时处于学生的意识之中。为此，对于有视觉成分的图式例子而言，应当同时或者尽可能同时呈现图式的例子。对于那些有时序特征而不能同时呈现的图式例子，最好的呈现方式是一个接着一个地迅速呈现。或者在呈现新的图式例子时提醒他们回忆出以前接触过的图式例子，从而将新旧例子同时放置在意识之中。

第二，要引导学生对图式例子进行比较，找出不同例子之间所存在的相同和相似之处，抽取出他们的共同特征。可以通过提供线索或提示的方式，让学生对处于意识之中的图式例子加以分析比较，指出（说出或写出）它们的相同或相似点。

第三，呈现给学生的图式例子要经过精心的设计和选择。如果学生所比较的图式例子中有一些相同或相似之处不是所要形成的图式中的构成成分，那么，学生形成的图式就会过于狭隘。例如，在帮助学生形成建筑工人图式时，如果所呈现的建筑工人例子全部是男性的中年人，那么，学生就会把中年和男性作为建筑工人图式的常量。实际上，年龄和性别仅仅是建筑工人图式中的变量。为了防止这种倾向的出现，所呈现的图式例子在无关特征方面要有变化。在上例中，不仅要出现男性中年建筑工人的例子，还要呈现青年男性、青年女性、中年女性等不同性别、不同年龄建筑工人的例子。

（二）技能学习的过程与条件

现代认知心理学通过专家和新手的对比研究发现，人的许多技能不是天生的，而是通过后天的学习获得的；从某方面技能的新手到专家往往需要经过很长时间的和大量的练习。卡内基·梅隆大学研究专家行为的威廉·蔡斯（W.Chase）曾经用两句格言来概括认知技能的形成及其发展的规律："一分耕耘，一分收获"，"行走使人健壮，健壮使人更善于行走"。所以，大学生要想具备一定的技能，练习是前提和必由途径。那么，为什么技能的形成需要经过一定时间的练习呢？究竟需要多少时间练习才能形成技能呢？怎样练习才能形成呢？下面我们就探讨这些问题。

1. 技能学习的过程

认知心理学研究结果表明，学生要获得一种特殊领域的自动化技能一般要经过以下三个阶段：认知阶段（cognitive stage）、联系阶段（associative stage）或转化阶段和自动化阶段（autonomous stage）。下面我们就分别讨论在各个阶段里发生的情况。

（1）技能学习的认知阶段。在技能获得的认知阶段，学生对技能的执行还相当生疏，当他们面临新情境时往往只会使用自己已经掌握的、用于达到一般目的的产生式来对新输入的操作步骤（即规则）做出自己的解释。他们要对当时的情境（在环境或问题中提供的种种条件或信息）进行考察，对问题形成最初的表征，然后提出解决的办法。例如，就大学生学习写作技能而言，当教师呈现"根据材料写一篇评论"时，对于刚开始学习评论的学生来说，在他们的记忆之中尚无解决写评论这类问题的产生式，因而可能要激活以下这种用于达到一般目的的产生式：

如果 目的是要达到 X 状态

且 M 是达到 X 状态的方法

那么 设定使用 M 方法的这一子目标

本阶段的一个明显特征是：学生在执行技能过程中，每操作某一步骤时都需要说出一步或想到一步，然后才操作一步。例如，大学生初学写作评论时通常要一个词一个词地想，写了上句想下句，甚至一边写一边说。由于他们对每一步骤都有相当清晰的意识，因而，在用错了词语或写错了字时，能够马上看出来并及时纠正。但是要想最终得出正确的结果，写出满意的文章来，还必须付出大量努力和对整个表达过程作有意识的监控。这是一种亦步亦趋、循序渐进的思考和表达相结合的过程，没有达到对语言运用自如的地步。

（2）技能学习的转化阶段。在基本认知技能获得的第二阶段，学生逐步从需要在陈述性知识指导下执行一系列行动步骤的操作，转变为不再需要陈述性知识的指导，而自动采取一定的行动步骤。在此阶段之初，在个体头脑中会形成一连串条件与行动的产生式步骤。但正如安德森所指出的：随着一系列步骤被不断地重复执行，操作中的错误会逐渐被排除，这种指导行动的知识将有效地得到"编辑"（compilation）。安德森使用"编辑"这一术语旨在表示，此阶段的运作与计算机编程人员的操作有类似之处。正如计算机编程人员必须事先对输入计算机的程序做出编辑才能使程序快速地运行一样，对知识的编辑也需要建立一种程序性的表征过程，使一系列的条件与行动能够快速地、流畅地执行。

在这期间将出现两个子过程：一个是"合成"，一个是"程序化"。所谓合成，就是将一系列个别的产生式汇编成一个程序。通过合成，若干个的产生式将按照一定的顺序有机地组合在一起。这样，其中一个部分的产生式一旦被激活，就能为激活程序中的下一个部分的产生式创造条件，而后者的激活又能为激活再下一个部分的产生式创造条件。如此进行下去，结果会形成一个前后连贯的操作程序。在成功地执行了这样一种行动序列之后，各个产生式之间的联系便会得到进一步增强，整个技能也会逐渐具有程序化的特征；所谓程序化，就是指在执行程序时逐渐摆脱对陈述性知识的依赖，而出现自动执行一定操作步骤的状况。一旦技能具有程序化的特征，执行时就不再需要停下来考虑下一步该做什么。相反，自动的匹配过程将取代对下一个执行步骤的有意识的搜索过程。所有这些转化及各子成分之间联系的逐渐加强，最终导致操作步骤的执行更为迅速、更加精确，也更少需要有意识的努力。

既然执行这种经过预先编辑的大程序可以获得如此有效的结果，那么写作新手为何不能在学习技能之初，就直接根据陈述性知识来形成这种产生式呢？认知心理学家提出了三点理由对此予以解释：第一，人的工作记忆容量是有限的，而产生式是在人的工作记忆中构造起来的。当依照命题构造产生式时，在人的工作记忆中充斥着构成这一产生式的大量命题或陈述性知识，学习者必须将陈述性的表征转换为程序性的表征。因此在学习之初，工作记忆不可能提供这么多空间来形成大的产生式，而只能形成一些小的产生式；只是在随后的合成与程序化阶段，才有可能将小的产生式合成为一个较大的产生式，使各个部分的产生式之间的联系得以增强，由此逐渐摆脱对陈述性知识的依赖。第二，人对编辑某一程序有个逐步适应的过程。安德森曾指出，正是在操作过程中有意识的陈述性提示大大减少之后，人的技能才趋于驾轻就熟的自动化水平。换言之，只有在技能达到程序化、个体没有必要时刻有意识地努力控制整个过程的时候，才算获得了熟练的技能。对行为减少监控是以程序在多种情况下试用成功作为前提的，过早地减少监控有可能使许多错误的产生式形成程序化。因为若不对每一行动步骤保持意识监控，要想修正错误的步骤会变得更加困难。第三，在学习新技能之初，人还缺乏必要的前提技能。认知心理学家指出，程序之中所包含的几乎所有的条件与行动部分都是以学生已具备的另一些程序为前提的，都要得到这些子程序的支持才能发生作用。这种情况跟计算机程序必须得到程序库中另一些子程序的支持才能运行似乎是一样的。如果没有这些子程序，新的复杂的程序便不可能运行。

（3）技能学习的自动化阶段。在认知心理学家看来，学生在从技能学习的第二阶段向技能学习的第三阶段过渡的过程中，似乎不存在一个明显的转折点。自动化阶段是联系阶段的延伸，在第二阶段得以程序化的与书面表达相关的程序，在第三阶段只是变得更加流畅和协调。随着学生对技能掌握的进一步熟练，对表达行为的有意识控制就会越来越少，他们的写作技能逐渐达到娴熟运用的境地，遣词造句变得信手拈来，起承转合变得随心所欲。不过，达到这种境地依然是件有得有失的事情。当人不再需要对自己的行动作缜密的思考时，常常也随之丧失了清楚地解释自己为什么会做出这般举动的能力。生活中我们常常看到，当写作新手向熟练的作者请教为什么要这样写的时候，作者时常反而道不明其中的缘由，个中原因就在于此。

在认知心理学家看来，第三阶段实际上会变成一种辨别过程，也就是说，写作领域的专家在熟练掌握写作技能的过程中，会变得越来越善于识别各种条件以及它们之间的细微差别，从而使行动变得越发适宜和精确。他们指出，技能之所以能在自动化阶段变得越发适当和精致，是因为在这种程序的条件句中，有关条件的图式或模式与行动句中适当的反应或子目标形成了联系。也就是说，阶段二使前一阶段条件句中具体阐明的陈述性知识跟某些特定的行为形成联系，并使该联系程序化。阶段三则使有关的条件图式与一系列的适当反应趋于自动化。人只要识别一定的条件模式，便能执行相应的行为。但建立这种程序化，有可能使人的反应变得刻板。某种程序一旦在误解的基础上得以自动化，造成刻板反应的危险就会增加。因此对某些程序保持有意识的控制依然十分重要。

2. 技能学习的条件

心理学家根据技能执行时主要是在大脑内完成还是通过肌肉的协调运作完成将其分为智慧技能和动作技能两类。这两类技能虽然都是运用概念和规则办事，且都是通过产生式或产生式系统表征，但两者还是有很大区别的。这种区别不仅体现在技能的执行上，也体现在学习条件上。

（1）动作技能的学习条件。心理学家认为，动作技能的执行体现了肌肉活动的速度、准确性、力量和流畅性等，因此，动作技能的学习最好是通过重复练习而完成。进行练习需要如下两个方面的条件：①内部条件。动作技能由一系列操作步骤构成，这些步骤心理学上也称为"执行性子程序"。学习某项动作技能必须先获得构成该技能的"执行性子程序",然后还要能够顺利地从记忆中提取出来。例如,学开车技能,"倒车""转弯"等的部分技能必须事先获得,并被提取出来合并入"在马路上将汽车掉头"的技能中去。②外部条件。为了便于学生学习"执行性子程序",教师首先应向学生提供有关"子程序"的知识——有哪些子程序、这些程序的关系是怎样的;其次,要正确演示操作步骤的执行过程,为学生学习提供示范;再次,要为学生创设练习情境,让他们进行重复练习,重复在每种情况下达到理想结果所需要的动作;最后,对练习的结果要提供信息反馈。

（2）智慧技能的学习条件。加涅认为,智慧技能根据心理过程的不同复杂程度作层级划分,其中低级技能是高级技能的学习条件,即辨别是概念的学习条件,概念是规则的学习条件,规则是高级规则的学习条件等;而辨别的学习条件则是更为低级的刺激反应学习。此外,加涅还对每个层级智慧技能学习的外在条件进行了研究,辨别学习的外部条件有"接近""强化"和"重复练习";概念学习的外部条件是提供概念的例证,包括正例和反例;规则和高级规则学习的外部条件是提供正确的言语指导,以提醒学生回忆构成规则的有关概念,同时使学生用恰当的顺序组织有关概念;为学生创设运用规则的练习情境,让学生进行练习或变式练习,并对练习的结果提供反馈;向学生提供规则的使用例证,为学生提供运用规则的情境和线索,促进规则学习的保持和迁移等。

三、大学生知识学习与技能学习的指导

学生的知识技能主要是在教学活动中获取与形成的。教师在教学中对学生知识的获取、技能形成的培养,应考虑知识学习与智力学习的过程和条件,采取多种教学措施,有意识地进行。

（一）大学生知识学习的指导

根据陈述性知识学习的一般条件,可以利用以下教学策略来促进大学生学习知识:

1. 激发学生学习动机

学习心理学研究表明,对信息的注意是学习的前提,所以,教师在教学过程中要运用各种手段去激发学生的学习动机,使其明确新知识的意义和价值。在知识的学习中,如果学生没有主动积极地去学习、注意新知识的愿望,很容易出现机械学习或只是对命题做表层联结;相反,学习动机强的学生更能积极主动地完成新知识的表征、转化、精加工等心理过程,知识保持得也更为牢固、持久,提取也更加便利。

因此,高校教师在课堂教学中要以组织学生注意的策略来调动学生的学习动机。例如,在讲授理论的同时,可以运用新颖变化的实物、模型、挂图、幻灯、多媒体等教学手段,也可以使用生动形象的比喻和讲述、恰当的手势以及教材中的插图、漫画

等来引起大学生的注意。此外，在大学生学习新的理论知识之前，要通过告知其学习目标、意义等方式唤起学生对知识的关注和重视。

2. 引导学生建构意义

知识学习关键在于建构命题的意义，而意义建构的实质就是运用已有知识对新的信息进行适当的解释。因此，教师讲课时，要让学生顺利激活和合理利用旧知识。比如，讲授新课前可以通过使用提问的方式引导学生回忆相关已学知识；在讲解过程中也可以随时引导大学生提取有关的旧知识来理解新知识。新学习的知识也需要复述，在讲述新知识之后引导学生复述新知识的含义，不仅可以巩固学生所学的新知识，也是检验学生是否真正掌握了新知识、精加工程度如何的有效测查工具。但这种复述以鼓励学生以自己的方式阐述为佳，以防止学生养成机械照搬、死记硬背的不良习惯。

此外，当大学生不具备一定的先前知识时，教师可以应用先行组织者来促进学生对陈述性知识的掌握。比较性组织者能帮助学生区分新、旧知识之间区别，说明性组织者能为学生学习新知识提供合适的可供利用的观念。这不仅有利于学生准确发现和建立新、旧知识间的联系，促进精加工的进行，也有利于对新知识进行组织和系统化。

3. 促进学生应用知识

知识学习的最终目的是使学生根据任务情境需要顺利提取知识，解决实际问题。要达到这个目的，在教学过程中必须注意：第一，要引导学生尽可能多地建立通往新知识的途径和通道，使学生具有更多提取新知识的线索。如可以让学生在学习中尽可能用多种感觉器官协同活动展开学习，做到"口到、眼到、耳到、手到、心到"，而不能总是用单一的视觉器官获取信息。第二，要引导学生用不同的具体语言形式来表达同一个命题。这样做，不仅使学生能灵活地从各种角度来理解新知识，进行精加工，也能使学生真正掌握新知识的深层含义，而不是停留在字面的、机械的、固定的理解上，在运用的时候更加灵活，易于迁移。第三，要指导学生合理安排复习时间和内容、挖掘复习的深度是获得良好复习效果的关键。让大学生明确，复习不是简单重复，而是对所学新知识的再加工、再组织和再系统化。知识能否有效运用依赖于命题网络的良好组织和结构，因此，教师要有计划地引导学生对所学知识进行归类、组织和系统化，才能使新旧知识融会贯通，构建出最优化的命题网络。

（二）大学生技能学习的指导

认知心理学认为，人要想成为任何领域的专家，就必须使自己的某些有关技能得以程序化和自动化，只有这样才能做到行动准确、思维敏捷。实现技能的程序化和自动化必须满足如下三个方面的条件：

1. 使学生掌握子技能或前提技能

现代学习心理学研究表明，要掌握某项复杂的认知操作技能，其前提条件是熟练掌握构成技能的各个部分技能，即所谓子技能，使之达到自动化运用的程度。

加涅的学习层次论提出，一种技能的学习以相关的先前技能的获得为条件。安德森曾经指出："加涅从需要传授的技能中分解出它的子技能，从这些子技能中又再次分解出它们的子技能。例如，可以将代数看作微积分的子技能，而算术又是代数的子技能，基本的计算技能又是算术的子技能。在加涅看来，成功的教学设计关键在于确定这类子技能的层级，教学的宗旨就是分别传授这些层级中的各种子技能。"

布卢姆的"掌握学习法"也渗透了这一思想。在运用"掌握学习法"进行教学时，教师让学生按各自的学习速度展开学习活动，并针对学生在各个教学目标上的掌握情况提供测验。如果在教学之后学生尚未达到目标，便提供另外的教学时间，直到学生能够掌握该目标为止。这种教学同样旨在保证让每个学生学会必要的前提知识，并为掌握新的复杂的技能提供所需的子技能。

2. 帮助学生实现子技能的组合

教师帮助学生实现基本技能自动化的第二种方式是：给学生提供机会，让他们将一些小程序合成为大程序。如前所述，在实现技能程序化的第二阶段，最初形成的仅是一些小的产生式，因为工作记忆尚不能提供足够的空间来直接形成大的产生式。但是，若干小的产生式一旦形成，它们之间的组合将有可能出现。为了促进这种组合的产生，认知心理学家们指出，必须使两个小的产生式能够在工作记忆中同时或连续地处于激活状态。这样，人的信息加工系统就有可能注意到前一产生式的行动为后一产生式的启动创造了什么样的条件，并由此获得了一个新的产生式，它既含有前一个产生式的条件，又含有前后两个产生式的行动；而后一产生式的条件则作为多余的信息被删除掉。

在引导学生将基本技能合成起来的过程中，练习和反馈是两个十分重要的因素。因为每次练习和尝试都给两个具有潜在联系的产生式在工作记忆中同时被激活提供了机会，因而也就给它们的合成提供了机会。那么，应该如何练习呢？

大量关于间隔练习和集中练习谁更有利于技能的形成的研究发现，间隔练习似乎比集中练习更能够促进技能的学习。关于反馈对技能形成的作用存在不同的研究结果。有人研究证明：及时反馈相当重要，因为，它有助于学生及时纠正学习中出现的错误，避免把错误变成编辑好的自动化程序中的一个成分。所以，对学生的练习结果要及时反馈，及时指导学生纠正错误；当然，也有一些研究结果表明，及时反馈可能会导致学生过分依赖反馈，在一定程度上对技能的获得起到干扰作用。

3. 帮助学生实现技能执行的程序化

当学生在一些构成技能的小的产生式上达到了自动化，并开始将一些小的产生式组合成大的产生式时，为了促进学生实现整个技能的自动化，教师应该引导学生对整个程序中所包含的一系列产生式步骤进行整体练习，而不是对各个部分的产生式单独地进行练习。学生随着一次次成功地执行这些动作序列,整个程序中各个步骤之间的联系也就会更多地依赖前后步骤的匹配,而不需要有意识地进行思考和搜索。

在进行程序化的整体练习过程中,往往存在如下突出问题:首先,学生可能会对过多单调的练习感到厌烦。如何解决这一问题?心理学家施奈德曾经建议:教师可以使用达标式反馈技术,即在学生每完成一组练习之后就提供外部强化。如在进行写作技能练习时,在学生审题、构思、表达、修改各个环节的任务之后,都要及时地对学生予以强化。其次,学生虽然学习了各个部分技能的合成,但是对各部分技能的关系以及何时适当地使用往往并不了解。例如,经过一定的练习之后,学生对写作过程基本上可以实现自动化了,一旦老师要求学生写作文,学生便知道运用叙述、描写的方式,根据时间、地点、人物、事件等要素来构思行文;然而,当学生遇到具体的题目如"爸爸的生日""与好朋友的一次误会""童年记事"等时,却又不知道如何着手。要解决这一问题,就需要教师在引导学生实现某一组合的写作技能的程序化的同时,还要引导学生识别与特定的行动相联系的条件图式,了解各子技能的关系及合成的技能与总目标的关系。教师在教学过程中,要向学生提供适用于一定写作技能的,并且在无关特征上有一定变化的例文,使学生在多种条件下练习合成的技能。

第五节 大学生学习迁移策略

大学生的学习包括知识、技能、策略和情感态度等多种类型的学习,一定类型的学习总是在原有学习基础上进行的;同时,不同类型学习之间也相互影响,原有的学习和不同类型的学习对一定学习活动的展开有促进作用,也可能会产生干扰作用。那么,大学生如何根据学习理论的有关原理使同一类型学习之间或不同类型的学习之间产生积极的促进作用而克服其消极影响呢?这就需要学习教育心理学领域中的一个重要理论即学习的迁移理论。

一、学习迁移概述

学习迁移是普遍存在的,可以说凡是有学习的地方,就有可能产生迁移。例如,日常生活中,我们发现学会骑自行车有助于学习驾驶摩托车,学会投铅球有助于学会投铁饼,学会写毛笔字有助于学会写粉笔字,学会写实验报告有助于学习写学术论文等等。那么,什么是学习迁移呢?下面将对此进行具体探讨。

(一)学习迁移的含义

学习迁移是指在一种情境中获得的技能、知识或形成的态度对另一种情境中技能、知识的获得或态度的形成的影响。学习迁移的本质就是一种学习对另一种学习的影响，它是一种普遍的现象，贯穿于整个教学系统。它不仅存在于知识和技能的学习之中，而且还存在于认知策略和态度品德的学习之中。因此，学习迁移无论对于大学生还是对于高校教师来说都是十分重要的。

对于大学生来说，学习迁移一方面可以促进理论知识的学习和运用，使知识和技能的学习变得事半功倍。因为知识和技能的学习是先前经验对新的学习影响即迁移的结果，离开了迁移、知识、技能，学习将变成机械的记忆。另一方面学习迁移也将对毕业后的工作和学习产生积极的影响，做到学以致用。因为只有通过学习迁移、知识和技能才能转化为解决实际问题的能力。对于大学教师来说，学习迁移有助于提高教学效率。"为迁移而教"已经成为当今教育工作者的共识。按照学习迁移的规律展开教学活动，可以有效促使学生将知识、技能顺利转化为能力，促使学生将道德规范知识转化为稳定的态度和品德心理结构，这对大学生以后的工作、学习和生活都将产生深远的影响。

学习迁移不仅具有重要的实践意义，而且具有重要的理论意义。学习迁移问题是学习论和教学论研究中的一个十分重要的课题，历来受到中外学者的关注。因为对这一问题的探讨牵涉到学习和教学理论诸多实质性的问题，如不同类型学习结果的关系问题、学习的心理机制问题、学习过程和学习条件问题以及教学目标的设置问题、教学内容的确定问题、教学过程的安排问题和教学方式方法的运用问题等等。可以说，学习迁移的问题是整个学习和教学理论研究的核心和突破口，对这一问题的探讨有助于对整个学习规律的揭示，从而有助于推动整个学习和教学理论研究的发展。

总而言之，学习迁移是整个学校教育领域乃至整个学习领域中最为重要的问题。它既有助于促进大学生知识结构甚至整个素质的不断完善和发展，又有助于揭示学习和教学规律，促进科学学习和教学理论体系的构建。

（二）学习迁移的类型

关于学习迁移的分类，除了上面所提到的顺向和逆向、正和负的分类方法之外，还有以下几种流行的分类方法。

1. 普遍迁移与特殊迁移

美国教育心理学家布鲁纳根据迁移范围的大小将学习迁移分为特殊迁移和普遍迁移。前者是指"通过学习对同原先学习去做的工作十分相似的那些工作的特殊适用性……应该把这种现象称作习惯或联想的延伸。它的效率好像大体上限于我们通常所讲的技能"。这种具体知识与技能的迁移范围较小；后者是指"……原理和态度的迁移。本质上，一开始是学习一个普遍的观念，而不是学习技能，然后这个普遍的观念可以用作认识原先所掌握观念的一些特例的后继问题的基础。这一种类型的迁移应该是教育过程的核心——用基本的和普遍的观念来不断扩大和加深知识"。这种观念或态度的迁移范围较大。

2. 顺向迁移和逆向迁移

前者是指先前学习对后继学习的影响，后者是指后继学习对先前学习的影响。例如，当学生面临一个新的问题情境如学习骑摩托车，能够利用以前所学的知识和技能如骑自行车技能来促进学习，这便是顺向迁移；相反，如果学生所掌握的知识技能存在缺陷或不够稳固，不足以解决新情境中的问题，需要学习新的知识技能对原有的知识技能进行改组或修正，这种因为整合了新知识技能的原有知识结构，其功能和结构会发生一定程度上的变化。这种新的知识技能对原有知识技能的影响便是逆向迁移。

3. 侧向迁移和纵向迁移

美国当代著名学习理论家罗伯特·加涅根据已经获得的学习结果在新情境中运用的难度将学习迁移分为侧向迁移和纵向迁移，前者是指习得的概念或一般规则在新情境中的简单运用，一般不会产生新的概念或规则。如学生学习了"红灯停，绿灯行"的交通规则后，用这一规则在十字路口过马路便是侧向迁移；后者是指习得概念或规则在新情境中运用之后产生新的高级规则，例如，大学生将所学的数学知识运用于解决经济学方面的问题，这便是一种纵向迁移。由此可见，侧向迁移是概念和规则的简单运用，相当于"结构良好问题"的解决，一般不会产生新的概念或规则；而纵向迁移则是概念和规则在变化情境中的灵活运用，相当于"结构不良问题"的解决，需要解决新的问题并得出新的规则即高级规则。

4. 低路迁移与高路迁移

这是由所罗门（G.Salomon）和帕金斯（D.Perkins）于1969年所作的划分。前者是指经过充分的变式练习之后，技能运用达到了自动化境地，这样技能就可以产生自动迁移，不需要反省认知的参与。如钢笔字写得很流利的大学生可以很顺利地使用粉笔进行书写。这种迁移的关键是原先的技能经过了充分的练习，而且练习是在变化的情境中进行的。高路迁移是指在新的情境中有意识地运用先前学习的抽象知识解决问题。这种先前知识的有意识运用可分两种情况：其一，在当前的学习中联想到今后的应用。例如，大学生在学习心理学理论时想到将所学的理论用于将来的工作、学习和生活之中去；其二，面对新的情境时，想到用以前所学的知识解决眼前的现实问题。例如，学习经济学时，考虑用以前学过的数学知识分析经济生活中的有关现象，解决有关经济问题。低路迁移与高路迁移的根本区别在于：一个是先前知识和技能的自动化运用，一个是在反省认知监控之下对先前知识技能的运用，即在新情境中运用知识技能时要考虑为什么用、怎么用以及用什么知识和技能等。

5. 两类知识迁移

认知心理学家辛格利与安德森（M.K.Singley & R.Anderson）把学习迁移看成是先

前学习的知识在后继学习中的运用。他们把知识分为陈述性的和程序性的两大类，由此而将学习迁移分为四种类型：

（1）程序性知识向程序性知识迁移。当先前习得的程序性知识直接运用于迁移任务时，便出现了此类迁移。比如大学生在中学时习得了书面表达技能，到大学后要求写一篇论文，可以直接运用已有的表达技能进行论文写作，这种迁移可以自动产生。

（2）陈述性知识向程序性知识迁移。当先前习得的陈述性知识有助于迁移任务中程序性知识的学习时便出现了这类迁移。这里有两层含义，一层含义是指在技能习得的过程中，知识的陈述性形式通过练习和变式练习转化为程序性形式，这本身就反映了陈述性知识向程序性知识的迁移；另一层含义是，陈述性知识有助于一些技能的学习。比如，丰富的日常生活知识，有助于写作技能的习得。

（3）程序性知识向陈述性知识迁移。当原有的技能促进新的陈述性知识的学习时就出现了这类迁移。例如，大学生在中小学掌握了一定的阅读技能，进入大学后大大促进了对专业理论知识的学习，这就是程序性知识向陈述性知识迁移。

（4）陈述性知识向陈述性知识迁移。当已经习得的陈述性知识有助于（或干扰）新的陈述性知识的学习时，便出现了这类迁移。例如，大学生在中学学过中国现代史知识，进入大学学习中共党史时，已有的历史知识能够促进他们理解所学的党史知识，这就是陈述性知识向陈述性知识迁移的表现。

（三）学习迁移的过程

现代认知心理学对迁移的研究不是局限于外部情境，而是把研究的视角深入到人的大脑——"黑箱"的内部，对迁移的整个心理过程进行了系统的研究。研究结果表明：迁移与人的信息加工过程有密切关系。迁移涉及信息加工的整个过程——与信息的编码、储存和提取都有关，同时，在整个加工过程中起重要作用的监控系统中的主要因素——心向，也对迁移的产生起着关键作用。这一研究成果在一定程度上为我们揭示了学习迁移的内在心理过程，为教育实践特别是对教学改革提供了有益的启示。

1. 编码

学生能否将在一种情境中学习的知识有效地运用到另外一种学习情境之中去，在很大程度上与他们在学习知识时怎样对信息进行编码有密切关系。也就是说，学生对所获取的信息用什么方式进行编码、编码的水平如何、效果怎样等将直接影响到后来在新情境中的学习。对此，巴斯奥克（Bassok）和霍里奥克（Holyoak）通过实验予以说明：他们让两组学习能力相当的被试分别在代数课和物理课中学习一条完全相同的定理；然后再交换学习一条相关的定理——先学习代数定理的小组再学习物理定理，先学习物理定理的小组再学习代数定理。学习完成后，分别对两个小组进行测试，结果两个小组的学习成绩有很大差别：先学习代数定理再学习物理定理小组的学生表现出较高的由代数知识向物理知识迁移的水平，而先学习物理定理后学习代数定理小组的学生却表现出较低的由物理知识向代数知识迁移的水平。为什么会出现这种差异呢？这与两个小组在学习过程中所进行的编码的不同有直接关系：代数被认为是一门能够将其原理广泛运用于其他学科的工具课，教师教代数时，把它的原理和物理学科的有关原理有机地结合起来，这就使得先学习代数定理的学生在接受信息过程中对信息进行了比较性、概括性编码，后来学习物理定理就能将代数相关定理有效地提取出来；而物理则被视为具有较强的自我封闭性，教师教物理定理也是采取就事论事的态度和办法，没有和代数结合起来。这就使得先学习物理定理的学生对所接受的信息进行单一性、闭锁性编码，后来再学习代数定理迁移就会出现困难。由此可见，有效迁移的形成是建立在对信息正确合理编码的基础之上的。

2. 组织

迁移的产生与人对所接受的信息所进行的组织与重组呈正相关：进行合理的组织，迁移的效果就好，没有进行组织或组织得不合理，就不能形成迁移或出现负迁移。图尔文（Tulving）的词语配对联想实验证实了这个假设：实验人员先向被试呈现一列词语（A），经过多次自由回忆练习之后，再向被试呈现两列词语，一列词语与前列截然不同（BC），一列词语则与前列词语有一半相同（AC），让被试进行自由回忆练习。一段时间之后，对被试进行回忆测试。测试结果是：被试回忆 AC 列词语的成绩低于回忆 BC 列词语的成绩。按照传统的记忆频率理论：回忆的强度依赖于练习的频率，AC 列中的词语有一半在先前已经练习过了，这就意味着被试对该列词语练习的频率要高于对 BC 列词语的练习频率，因而，被试回忆 AC 列词语的成绩应该优于回忆 BC 列词语的成绩。实验的结果为何恰恰相反呢？这与被试在学习过程中对知识的组织有密切关系：学习 A 列词语时被试对这些词语进行了一定的组织，再学习 AC 列词语，先前的组织对新知识的组织起着干扰作用，使重新建构新组织遇到一定的障碍；而学习 BC 列词语则没有这种干扰，建构新组织就很顺利。也就是说，学习者在两种学习情境中学习，他对先前所学习的知识的组织将影响或制约对后来所学习的知识的组织，使迁移的产生相应受到干扰或促进的影响。后来，弗兰斯基（Frensch）所做的一系列实验证明了知识的组织和重组对迁移产生的影响——对知识有较高水平的组织和重组的被试，在迁移的速度和效率等方面均优于对知识的组织和重组水平比较低的被试。这就进一步说明了组织与迁移的关系。

3. 辨别

有效的迁移是以有效的辨别为前提和基础的。心理学中有关前摄抑制的实验充分说明：学习者在两种学习情境中学习，如果对先前所学习的知识辨别不清，在后来学习中，先前知识会干扰新知识的掌握，这样，就会产生负迁移。著名的认知心理学家安德森（Anderson）曾经做过一个有关辨别对迁移影响的实验：他首先让被试学习 26

列如下类型的语句："医生在银行里""消防队员在公园里""律师在超市里"等。学习一段时间后即进行自由回忆测试，这时，被试的回忆成绩是不错的。接着，实验人员对各句的人物或地点进行变换，按照一个人（如律师）有可能出现在不同的地点（如超市、教堂、公园、银行等），或者按照几个人（如医生、律师、消防队员、司机等）有可能出现在同一地点（如公园）来组成若干新句子，再让被试学习，然后对被试进行第二次自由回忆测试。结果，被试的回忆成绩与第一次相比大大下降了。原因何在呢？第一次测试之前，被试学习的内容和结构比较单一，易于辨别；第二次测试之前，不仅学习的内容和结构比较复杂，而且要受到先前学习的干扰，被试对学习情境辨别的难度大大增加。这就表明：人们对学习情境的辨别是否清晰和方便将直接影响迁移的效果——良好的迁移效果得益于学习者对学习情境清晰而便利的辨别。这种辨别对迁移影响的例子在我们日常生活中也是不胜枚举的。例如，一个在甲公司工作非常出色的管理者调入乙公司做同样的工作后，工作成绩往往不能达到在甲公司所达到的水平。原因就在于：这个管理者把适合于甲公司的管理方法视为也是适合乙公司，而没有分清两者的区别，结果出现负迁移。如果他能够对两家公司进行一番比较辨别，认识到它们的相同点和不同点，这样就会避免负迁移的出现，并能产生正迁移，使之在乙公司的工作成绩更为出色。

4. 心向

现代认知心理学认为，迁移的产生不仅与人的认识过程相关，与人的动机态度也有关系。信息加工心理学对此进行了更为深入的研究，进而做出更为明确的解释：认为迁移与心向密切相关。心向也称定势，是指先于一定活动而指向这种活动的心理准备状态。它对于学习迁移既有可能产生积极影响，也可能起阻碍作用。当后面的任务是前面任务的同类课题或它的特例时，心向能对后来课题的学习起积极的促进作用。但是，当新的学习任务与先前任务不是同类或者是需要灵活变通的相似任务时，心向就可能干扰新的学习，对学习迁移起阻碍作用。陆钦斯（Luchins）的"量杯实验"证明了这一现象。在这一实验中，研究者要求被试解决一些要求用给定的量杯（A、B、C）量出一定水量的数学问题。陆钦斯把被试分成两组，在同时做完练习题（第1题）后，对第一组被试（控制组）事先提出"不要盲目进行"的警告，而对第二组（实验组）则不予警告。然后要求被试独立解决其他10个问题。由于被试在2～6题上可以找到一个解决问题的公式：B-A-2C，于是实验组81%的被试（无论是中小学生还是大学生）具有强烈的"三杯量法"的定式，坚持使用B-A-2C的方法来解决7～11题，而忽视更简单的可能解法。这就是心向对学习迁移产生的消极影响。控制组被试则能随机应变，用较简单的"两杯量法"解决其他问题，说明他们没有受到心理定式的干扰。迈耶（Maier）也曾经做过一个实验，说明心向对新知识的学习或新技能的获得的影响：实验人员在一间屋子里放两根木棍和一个夹子，要求被试制作一副帽架。面对这些材料和将要完成的任务，被试感到非常棘手，认为用所给的材料无法做成一副帽架。安德森指出，这一结果说明，被试在日常生活中所常见的帽架形状已经在他大脑里形成了一种心向，这个心向对他解决现在的问题起着控制作用：由于常见帽架的制作材料与眼前的材料有出入，所以被试认为这些材料是无法制作成帽架的（其实，只要将夹子夹住两根木棍，然后将其楔入墙内或天花板上，一副帽架也就做成了）。这也说明，心向驱使被试在新的学习情境中出现功能固着现象——产生了负迁移，影响了问题的解决，阻碍了新知识的学习。心向促使正迁移产生的例子也是有很多的。例如，大学生在阅读学术论文过程中，如果对学术论文的一般结构形态——引论（提出问题）、本论（分析问题）、结论（解决问题）非常熟悉并能够形成一种心向，那么，以后再让他们写学术论文，他们就会按照这种结构形态来布局谋篇、构思行文，写作的速度会大大提高，写作的质量也会有保证。根据心向对迁移影响的双重性，要求学习者在学习过程中必须扬长避短，注意建立和有效运用积极的心向，克服消极心理定式对知识和技能学习所产生的制约作用。

二、学习迁移理论

学习迁移问题是学习理论的一个核心问题。科学教育心理学诞生以来，关于学习迁移理论很多，这里主要探讨有关导致学习迁移形成的原因，探讨学习迁移是如何发生的。长期以来，各派学习心理学家从不同的角度对导致学习迁移形成的原因进行了比较系统的研究，提出了一些很有影响的观点或学说。

（一）共同要素说

行为主义心理学之集大成者、美国早期的教育心理学家桑代克，最早系统地研究了学习迁移问题。他和伍德沃斯于1901年进行了形状知觉方面的迁移训练实验研究。他们以大学生为被试，训练他们判断形状和大小各异的图形的面积。先用90个面积在10平方厘米至100平方厘米之间的平行四边形对被试进行判断训练，然后再对被试进行两种测验：一种测验是让被试判断13个与训练图形相似、面积在150平方厘米至300平方厘米之间的长方形图形的面积；另一种是让被试判断27个三角形、圆形和不规则图形的面积，这27个图形是前测中使用过的。实验结果表明：通过平行四边形对被试进行面积判断训练，对被试长方形面积判断成绩的提高有显著影响，而没能使被试对三角形、圆形和不规则图形面积判断成绩有所提高。在此基础上，桑代克还做了估计物体长度和重量的训练实验，得出相似的结果，即估计长度训练或估计重量训练不会对后来重量或长度的判断成绩提高产生影响。

由此，桑代克得出这样的结论："只有当两种心理机能具有共同成分作为因素时，一种心理机能的改进才能引起另一种心理机能的改进。"他认为两种学习中迁移产生的原因在于两种学习情境之间即先前的学习情境和后来的学习情境之间存在着某种共同的要素。在学习过程中，这种共同要素会导致先前学习向后来学习迁移；而且，迁移的程度往往是由两种学习情境中共同要素的多少来决定的，共同要素越多，迁移的程度越高，共同要素越少，迁移的程度越低。

（二）概括说

学习迁移的概括理论最早是由心理学家贾德（C.H.Judd）提出的，他1908年做了一个经典的学习迁移实验——"水下打靶"训练实验。他将被试分为两个训练小组。在训练之前先向一个小组的被试讲解光的折射原理，而对另一个小组的被试则不做这方面知识的讲解。实验分两次进行，第一次将靶子放在距离水面12英寸（30.48厘米）处，让两个小组的被试进行打靶练习，结果两个小组的成绩几乎一样；第二次将靶子放在距离水面4英寸（10.16厘米）处，让两个小组的被试进行打靶练习，结果两个小组的成绩出现明显差异：学过光的折射原理的小组的成绩明显好于另外一个小组的成绩。贾德对此结果做了如下解释："理论（光的折射原理）曾经把有关的全部经验——水外的、深水的、浅水的经验——组成了整个思想体系……他们（指学习了光的折射原理的被试）在理论知识的背景上理解了实际情况之后，就利用概括了的经验去迅速地解决需要按照实际情况做分析和调整的新问题。"也就是说，造成学习迁移的原因不是两种学习之间存在共同的因素，而是两种学习遵循着共同的原理。

在学习理论研究上做出杰出贡献的美国另一位行为主义心理学家斯金纳根据其操作条件理论对学习迁移形成的概括说做了进一步的发展。他认为，迁移产生的一个重要条件是学习者能够对先前学习情境（刺激）进行辨别，并把在这种学习情境中获得的经验加以综合，形成概括的认识，这样，在后来相关的学习情境中学习，迁移就有可能自发地产生。在他看来，概括是迁移产生的前提，概括的水平直接影响迁移的效果。

（三）关系转换说

这是格式塔心理学家提出的学习迁移观点。他们认为"顿悟"关系是学习迁移的一个决定性因素。主张迁移不是由两个学习情境具有共同成分、原理而自动产生的某种东西，而是学习者突然发现两种学习情境之中存在的某种关系的结果，学习者对学习情境中关系的"顿悟"是迁移产生的决定因素。因此，迁移的实质是一种关系的转换；学习情境中手段——目的的整体关系是迁移的基础，换句话说，造成迁移产生的根本原因，并不是两种学习情境之中存在着零零散散的共同要素，而是两种学习情境之间存在某种相同的关系。

该学说强调个体在学习迁移中的重要作用，认为只有学习者主动发现两个学习情境之间的关系，学习迁移才可能产生。支持该学说的经典实验是苛勒（K.Kohler）的"雏鸡觅食"实验。他让小鸡在两种深、浅不同的灰色纸下寻找食物。通过条件反射学习,小鸡学会了只有在深灰色纸下寻找食物才能获得奖赏。随后,实验者变换实验情境,用黑色的纸取代浅灰色的纸。如果小鸡仍然在深灰色纸下寻找食物,那就证明是相同要素导致学习迁移的产生。实验的结果却是这样的:小鸡对新刺激(黑色纸)的反应为70%,而对原来刺激(深灰色纸)的反应为30%。这一结果表明,学习迁移是学习者对情境关系反应(顿悟)的结果。

(四)同化说

该学说是教育心理学家奥苏伯尔(D.P.Ausubel)根据其同化论发展而来的。奥苏伯尔认为,知识学习过程是认知结构中的已有知识同化新知识的过程,因此,已有知识对新知识的学习将产生一定的影响;换句话说,学习迁移是认识结构中的已有知识同化新知识的结果。奥苏伯尔认为,新知识与认知结构可以利用的原有知识可以构成三种关系:原有知识是上位的,新知识是下位的;原有知识是下位的,新知识是上位的;原有知识和新知识是并列的关系。这三种关系就导致了学习迁移的三种形式:

其一,下位同化迁移。学生的已有知识在包摄性和概括性上高于新学习的知识,从而使新知识与原有知识之间构成了一种类属关系或下位关系。这种同化方式又可以分为两种形式:①派生类属同化,指新学习的知识作为原有知识的证据或例证加以理解。在这种关系中,所要学习的新知识完全可以直接从已有上位知识中推演出来,属于原有知识的派生物。这种类属同化的结果,不仅使新知识获得了意义,而且使原有知识得到了充实或证实。②相关类属同化。当新知识类属于认知结构中的具有较高概括水平的已有知识之后,使认知结构得到扩展、精确化、限制或修饰,这种同化形式便成为相关类属同化。在这种形式的同化中,新知识与原有知识不是一种派生关系,而是一种相关关系。

其二,上位同化迁移。当大学生大脑储存的认知结构中已经具备了若干知识后,现在要在原有知识的基础上学习一个概括性和抽象水平更高的知识,便形成了上位同化性学习。例如,大学生已经学习了记忆力、思维力、想象力等概念,再来学习智力这个新的总括性概念时,新概念通过归纳、总括原有下位知识的属性而获得意义,即形成一种上位知识。

其三,并列同化迁移。当所学习的新知识与认知结构中的已有知识既不属于类属关系,也不属于总括关系,而是一种并列联合的关系时,便形成了并列同化性学习迁移。例如,假设大学生已经知道了"读后感""学术笔记""读书笔记""书札"等概念的意义,现在要获得"札记"这一知识的意义。新学习的意义虽然不能类属于原有知识之中,也不能总括原有的知识,可是它们之间因为具有某些共同的特性而呈现一种并列联合的关系。新知识可以通过与原有知识的并列结合而获得意义。

(五)产生式说

产生式说是认知心理学家安德森(J.R.Anderson)根据其思维监控理论(adaptive control of theory,简称 ACT)提出的一种学习迁移理论。该学说的基本思想是:在前后两种程序性知识学习之间发生迁移的原因,是两种程序性知识的表征——产生式之间出现了重叠现象;重叠得越多,迁移量就越大。所谓产生式,就是有关条件和行动的规则,简称 C-A 规则,其中 C 代表一种行为产生所需要的条件;A 代表的是行动,它既可能是外在的动作,也可能是内在的思维运作。为了验证这一理论,安德森等人设计了许多实验,例如,他和辛格利(M.K.Singley)设计了用不同计算机文本编辑程序的学习实验。他们将被试分为三组:A 组在练习 EMACS 程序编辑之前,先根据已经做好标记的文本练习打字;B 组先练习一种程序编辑,再练习 EMACS 程序编辑。C 组为控制组,自始至终练习 EMACS 程序编辑。每组都练习 6 天。实验结果是:控制组每天练习 3 小时 EMACS 程序编辑,前四天成绩显著提高,而到第五、第六天则维持在相对稳定的水平;A 组前 4 天练习打字,后 2 天练习 EMACS 程序编辑,成绩与控制组前 2 天相似,这说明练习打字对程序编辑未产生迁移。B 组前 4 天练习一种文本程序编辑,每天练习 3 小时,后两天练习 EMACS 程序编辑时,结果成绩明显好于 A 组。这说明第一种文本程序编辑的练习对第二种文本程序编辑的练习产生了显著的迁移。安德森对此做了这样的解释:在打字和文本程序编辑这两种技能之间没有共同的产生式,而在两种文本程序编辑技能之间则存在许多共同的产生式,这是导致两组学习迁移效果不同的最重要原因。

(六)意义建构说

意义建构说是皮亚杰、维果斯基等建构主义心理学家所提出的一种学习迁移理论。该理论认为,学习迁移的过程就是一个意义或经验的建构过程。该过程是学习者通过将外界输入的信息与原有的知识经验相互作用,在建构信息符号意义的基础上,形成层次化或网络化的心理结构,这一过程是通过同化和顺应两种基本途径来实现的。同化指已有的知识结构吸收新的经验成分或把新的经验成分纳入已有的知识结构之中去的过程。同化性迁移的根本特点是"自上而下"的迁移。已有的知识结构是一种上位层次的结构,新获得的经验成分属于下位层次的结构,已有上位的知识结构可以把新建构的下位经验成分整合到自身组织之中,新习得的下位经验成分也可以被归入已有上位的知识结构中去。这种建构性迁移的过程,是已有知识对新经验的具体化,也是新经验对已有知识的类化;顺应指已有知识结构不能把新的经验成分吸收和纳入自身组织之中时,个体调整原有知识结构,从而形成能包含新、旧经验的更高一级的知识结构,以适应外界变化的过程。这其实也是一个构建新的上位知识结构,使之能够整合新的和旧的下位经验结构的过程。这种建构性迁移通常在学习既有联系又有区别的并列教材或在日常概念的基础上学习科学概念时发生。如在学习了"树木""花卉"等植物概念后再学习有关的动物概念，在日常概念"鸟会飞，有羽毛"的基础上学习"前肢为翼、无齿有喙"的鸟的科学概念，都属于顺应性迁移。

（七）经验整合说

经验整合说是我国心理学家冯忠良教授在吸收前人研究成果的基础上，创造性地提出的一种学习迁移理论。他认为，学习迁移的过程就是一个经验整合的过程，经验整合的实质就是要构建一种一体化、网络化的心理结构。而整合的基础是概括，是通过对不同学习中的经验成分的分析与抽象以及对不同学习中的共同经验成分的综合及概括实现的。因此，整合是在概括的基础上实现的一种经验网络化现象。经验的整合是指通过概括所获得的经验与原有经验的相互作用，从而形成在结构上一体化、系统化，在功能上能稳定调节活动的一个完整的心理系统。整合是一个过程，是通过同化、顺应和重组三种基本途径来实现的。

同化指已有经验结构吸收新的经验成分或把新的经验成分纳入已有的经验结构之中去的过程。同化性迁移的根本特点是"自上而下"的迁移。已有经验结构处于一种上位结构，新获得的经验成分属于下位结构。已有上位结构可以把新建立的下位经验成分吸收到自身里来，新习得的下位经验成分也可以被纳入已有上位的经验结构中去。这种迁移过程，是旧经验对新经验的具体化，也是新经验对旧经验的类化。

顺应指已有经验结构不能把新的经验成分吸收和纳入自身之中时，个体调整原有经验结构，从而形成能包含有新、旧经验的更高一级的经验结构，以适应外界变化的过程。也就是建立一个新的上位经验结构，以包容几个旧有的下位经验结构的过程。它通常在学习既有联系又有区别的并列教材或在日常概念的基础上学习科学概念时发生。

重组也称结构重组，是指习得的经验组成成分在新的组合中，仅仅在结合关系上（如程序或位置）进行了调整或重新组合，而经验的构成成分不变。重组性迁移主要适用于迁移分类中的特殊迁移，结构重组在教学过程中非常重要。作为教师，首先必须教给学生进行结构重组的基本要素，即基础教材。在学生掌握了进行结构重组所必需的基础教材后，要善于利用这些基础教材的机构重组性迁移，大幅度促进有关的派生性教材的掌握，以提高教学效率。

三、大学生学习迁移的促进

当今社会已进入了一个信息激增的时代，知识更新周期正急剧缩短，甚至有人说，大学生在学校学的知识一走出校门就过时了。这种情况给人们的学习活动带来了前所未有的挑战。"为迁移而教"已经成为当前教育界比较流行的口号，而且是一个很有吸引力的口号。各类高等学校的教学活动把促进大学生学习迁移的实现作为衡量教学效果的一个重要标准。虽然有学习就有学习的迁移，但正如前所述，积极的、高水平的学习迁移通常不是自动发生的，而是需要一定条件、受到一些因素影响的。为了促使大学生积极、高效学习迁移的有效展开，大学教师必须了解影响学习迁移的条件，掌握促进大学生学习迁移的有效方法，根据学习迁移的规律有的放矢地指导大学生进行学习。

（一）学习迁移的形成条件

研究表明，有效学习迁移的发生需要具备许多条件，这些条件既有外在环境因素，也有内在心理因素。其中最主要的条件因素有学习对象的共同因素、已有知识的概括水平、认知技能与策略以及心理定式的作用等。

1. 存在相同成分的学习内容

有关学习迁移理论表明，两种学习内容在客观上存在一定的相同点是实现迁移的必要条件。通过运用学习内容中存在的相同成分促进学习迁移一般都能收到良好的效果。例如心理学家华虚朋（M.V.Osburn）采用林斯兰（Rinslan）词汇表研究了词汇之中存在相同成分对学习迁移产生的效用问题。在林斯兰词汇表中共有9000个多音节词，其中的单音节约为2300个。他选出了其中的45个关键音节（在林斯兰词汇表中出现频率较高的音节）教给学生。结果表明，如果学生在教师指导下掌握了这些音节，概括出它们的发音特点，并且认识到这些音节是不同词汇中存在的相同成分之后，就能对整个词汇表中其余有关词的学习起积极的促进作用。例如学会了"going"的"ing"，就会拼出"morning""playing"与"counting"。儿童概括出最后一个音节（或字尾）总拼作"ing"，他便能拼出林斯兰词汇表中带有"ing"词尾的其他877个词。现代科学心理学家们也对学习内容中的相同成分对学习迁移的促进问题进行了研究，他们从分析学习对象的构成成分入手来研究相同的成分对学习迁移形成的影响。他们把学习对象的构成成分区分为结构成分和表面成分两大类。所谓结构成分是指学习任务中与最终所要达到的目标或结果有关的成分；而表面成分是指学习任务中与最终目标的获得无关的成分。研究表明，两种情境的结构相似性则决定迁移的正或负。如果学习内容之中具有共同的结构成分，就会产生正迁移；结构成分不同则不能促进正迁移，甚至会产生负迁移。所以，要想促进学生的学习迁移的形成，必须使学习内容之中存在相同的结构性成分。

2. 较高概括程度的已有知识

已有知识具有一定的概括性或结构性是学习迁移产生的最重要条件，教育心理学史上有许多心理学家对这一点做过论述。布鲁纳在阐明原理和态度的迁移时指出，学生所掌握的知识越基本、越概括，对新学习、新问题的适应性就越广泛，也就越能产生广泛的迁移。因此，他特别强调对学科基本原理、基本结构的掌握，即对学科中的概括水平较高的知识的掌握。诺维克（L.R.Novick）通过对专家和新手的对比研究发现，具有较高概括性知识结构的专家比知识概括程度较低的新手更能够解决新的问题。新手在解决问题时往往应用情境表面特征作为提取线索，对表面特征具有相似性的问题用相似的方式解决，难以抛开不起作用的原有具体解题程序或方法，结果产生负迁移。专家则能在抽象的结构水平上注意到问题之间的相似性，较少受到表面特征的干扰。即使产生负迁移，在尝试使用错误程序后，他们能较快地根据结构特征的相似性作为提取线索，以分析和加工任务之间的关系，这样很容易摆脱负迁移。这说明，已有知识的概括水平越高，则越容易产生较多的正迁移。

3. 一定的技能和策略

现代认知心理学研究结果表明，学习迁移是通过复杂的认知活动实现的。在迁移过程中，长时记忆中储存的已有知识发挥着重要的作用。这种已有知识即指陈述性知识，也包括通常称之为技能的程序性知识，还包括作为特殊程序性知识的认知策略。本章前面所述及的安德森的两类知识之间的迁移，在一定程度上也说明了技能和策略对学习迁移形成的影响。这也意味着学习者已有技能和策略的掌握水平必然要影响到迁移的实现。在实际教学中，我们常常发现：学习内容具有相同成分，已有知识经验的概括水平也比较高，可是学生对新的学习内容仍不能产生有效的迁移。这里的原因就在于，学生尽管掌握了一定的知识，但缺乏一定的认知活动中所需要的模式识别能力和操作步骤的执行能力，或者缺乏认知活动中必要的自我监控能力和自我反省能力，也就是没有掌握解决这些问题所需要的技能和策略。根据加涅的学习层级理论，基本技能是解决问题的基础和条件，有效地解决问题依赖于基本技能执行的自动化；此外，认知策略也是影响问题解决的重要因素。因此，大学生在掌握知识的同时，还要掌握一定的解决问题的技能和策略，以促进学习迁移的实现。

（二）学习迁移的促进

1. 根据迁移产生的心理机制促进学习迁移

在实际教学中，要有效地促进学生形成积极的迁移，教师必须按照迁移产生的规律来确定教学内容、安排教学过程、选用教学的方式方法，也就是要依据迁移产生的心理机制来组织教学活动。

（1）指导学生进行合理的信息编码。教师在进行教学设计和课堂教学活动中必须充分考虑如何让学生进行合理的信息编码，要运用有利于学生以后能够更加灵活地提取信息的方法来传授知识、组织教学。教师在讲授新知识时，要引导学生将新知识和已经掌握的知识以及生活经验有机地联系起来，使新知识能够纳入学生的认知结构之中。例如，数学教学中教一条新规则，教师要联系学生已经掌握的有关规则或者结合学生在日常生活中所积累的经验来教。如教乘法规则 3×2，教师可以联系加法规则 $3+3$，并且列举实际生活中的有关的问题，诸如：学校操场两侧各有3棵树，操场两边共有几棵树？这样进行教学，就可使学生把乘法规则放在广泛的知识背景之下来编码，实现语意编码与情节编码密切配合，使新知识在认知机构中能够找到一个恰当的固着点。这种编码的结果使获取的信息不仅具有稳定性，而且具有清晰性和可辨别性，学生日后提取也就准确而方便了。

（2）引导学生对知识进行科学的组织。无组织的知识不但阻碍学生学习活动的顺利展开，更能影响学生的学习迁移，因而，在教学设计中，教师要对教学内容进行精心的组织和安排——先教什么，后教什么；哪些该教，哪些不必教；何处需要多教，何处需要少教甚至不需要教等等，都应该做到心中有数，不可芝麻西瓜一起抓。课堂教学在遵循教学方案的前提下，要按照知识本身的内在逻辑顺序依次展开，既要有教学的灵活性，又要体现知识的系统性，切忌把零零散散、支离破碎的知识教给学生。例如，大学语文教学中的课文教学，不能把一篇血肉丰满的文章肢解成孤立的字词句段，或者变成几根缺乏联系的"筋骨"——几条段落大意、中心思想和写作特点；而应把课文看作一个有机整体，字词句段的教学、中心思想和写作特点的分析都围绕整体进行，这样，学生获得的信息就不是单个的字词句，而是具有严密组织性的知识。

（3）帮助学生对所学的知识进行辨别。教师在讲授新知识时，既要引导学生认识新旧知识之间的联系，更要帮助学生弄清新旧知识之间的区别；既引导学生掌握一般的原理，也要指导学生明确每个知识点的意义、特点和归属、认清其类别，确定其使用范围，使学生能够把知识的概括和知识的分类有机结合起来。要达到这个目的，教师可以运用比较法进行教学。例如，教一篇记一件事的记叙文，可以把它和说明文或议论文进行比较，使学生认识它在表达方式和结构、语言上的特点；把它和记几件事的记叙文进行比较，使学生认识其在选材、组材上的特色；把它和其他记一件事的记叙文进行比较，使学生认识这篇文章和其他同类文章的不同之处。通过这种比较，学生不仅能够掌握记叙文的一般特点，而且能掌握不同类别的记叙文的读写规律，为读写能力的迁移创造有利条件。

（4）帮助学生建构迁移的心向。心向使人们倾向于以一种特定的方式进行反应，这种倾向性本身就是一种活动经验。这种经验对学习和解决新问题既有积极作用，又有消极作用。在教学中，既要注意利用心向的积极作用，帮助学生掌握解决同类问题的方法，又要培养学生积极动脑，养成对问题认真分析的态度，根据问题的特点采取灵活的解决方法，防止心向对学习的干扰。心理学研究结果表明：学科之间的联系、学科和社会生活之间的联系、学习和应用之间的联系是学生形成迁移心向的重要条件。因此，在教学过程中，无论什么学科的教学都不能封闭式进行，而要和其他学科教学密切结合起来——不仅自然科学的各学科教学或社会科学的各学科教学之间要结合，自然科学和社会科学之间也要结合。例如文学教学中就可以渗透数学、化学、天文学等学科的知识，同样，数学教学中也可渗透政治、历史等学科的知识；同时，任何学科的教学都不能脱离社会生活实际——在确定教学内容时，要充分考虑是否与现实生活相适应，在选择教学的方式方法时，要充分考虑是否与现实客观教学条件相符合，以达到理论教学和实际生活的高度统一；此外，每个学科的教师都要引导大学生把学科的学习和实际应用结合起来。如果学习只是为了考试，迁移的心向很难形成；相反学习为了某种实际需要学生就能产生迁移的心向。因而，要实现"为迁移而教"，必须从"为考试而教"转变到"为应用而教"之上，真正做到学用结合、学以致用。

2. 根据迁移的形成条件促进学习迁移

现代教学论主张，教学的基本功能是为学习创设适宜的外在条件；而外在条件的创设应该依据学习的内在条件。"为迁移而教"就是要依据学习迁移产生的条件创设一定的教学环境，促使积极学习迁移的顺利实现。

（1）科学确定教学目标。教学目标是一切教学工作的出发点和最终归宿，一切教学工作都是为教学目标服务的。因此，确立系统、明确而具体的教学目标是促进学习迁移的重要前提。

首先，确定教学目标要遵循系统性原则。由于任何学习都是在原有学习基础上的连续、分步构建的过程，而最终形成的心理结构也是具有一定层次关系的网络结构，因此，不仅对某门课程教学目标的确定要有全局观念，要充分反映大学生良好心理结构的形成，而且对某一单元或某一堂课的教学目标的确立也必须从所要构建的心理结构的整体出发来考虑，把一个单元或一堂课的教学目标作为整个课程目标的组成部分。

其次，确定教学目标要遵循序列性原则。相同要素说认为，根据两种学习之间的迁移是因为两个学习中存在共同成分，特别是共同的原理造成的情况，那么，知识之间、技能之间的共同因素和相同的原理是产生迁移的重要条件。学生掌握了扎实的基本知识和基本技能，就为进一步学习新知识和技能创造了条件。只有这样，前面的学习才能为后继的学习提供适当的基础，后继的学习也能够进一步巩固和加深前面学习的结果。因此，各个单元之间、各个课题之间或每堂课之间的教学目标既要有区别，又要有联系，是一种螺旋上升的关系。

此外，教学目标的表述应明确而具体，不能含糊笼统，应让学生确切把握其含义，以发挥它对学习材料的指导和沟通作用。

（2）精心选择和组织教学内容。一定的教学目标要依靠一定的教学内容才能达成，教学内容是实现教学目标的保障。确定什么样的教学内容才能促进学习迁移的实现呢？根据学习迁移规律的要求，应把各门学科中具有广泛迁移价值的科学成果作为教材的主要内容。所谓具有广泛迁移价值的材料，就是学科的基本概念、基本原理、基本规则、基本方法、基本态度等。为此，布鲁纳特别强调对学科基本结构的掌握。他认为："不论我们选教什么学科，务必使学生理解该学科的基本结构。"所谓学科的基本结构就是学科的基本原理和基本规则，"懂得基本原理就可以使得学科更容易理解"，也就可以得到广泛的迁移。当然，在选择学科的基本概念、基本规则作为教学内容的同时，还必须选用一些典型的例子作为基本的事实材料。因为，现代心理学认为，概念和规则都是通过具体的实例习得的，脱离具体的事实材料空讲概念和规则，就成了无源之水、无本之木。同时，教材内容要随科学的发展而不断变化更新。虽然学科的基本概念与基本规则具有一定的稳定性，但随着当代科技更新速度的加快，原来作为学科基本内容的教材就会失去其原有的地位，而被新的更重要的、迁移范围更广的概念和规则所代替。因此，精选教学内容，必须注意用科学研究的新成就代替过时的材料，不断充实新的内容，特别要将本学科的前沿理论吸收到大学教材之中，使之符合科学技术和文化的发展水平。

依据学习迁移的要求，把作为教学内容的基本学习材料精选出来以后，如何组织这些材料就成为重要的任务了。因为同样的内容，如果编排得好，迁移的作用就能得到充分的发挥，教学就省时省力；如果编排得不合理，则迁移的效果就不理想。怎样才能合理编排教材呢？基本标准就是要使教材结构化、一体化、网络化。结构化指教材内容的各构成要素应具有科学、合理的逻辑关系，能体现出事物的上下、并列、交叉等内在关系。一体化指教材的各构成要素应能整合成为具有内在联系的整体，既要防止相互割裂、支离破碎，又要防止互相干扰或机械重复。教材的网络化是一体化的引申，指教材各要素之间上下左右，纵横交叉的联系要沟通，要突出各种知识、技能与道德规范的联结点与联系线（联结线索），这样不仅利于教学过程中充分发挥整合作用，而且便于教师与学生了解以往学习中的断裂带及断裂点和今后学习中的发展带及发展点。

（3）合理安排教学程序。教学内容为学习迁移的实现提供了可能，但有了教学内容不一定就能够产生学习迁移；同样的学习材料，由不同的教师去教迁移的效果往往大相径庭。这说明，在教学内容确定之后，要想使一定的教学内容为产生有效的学习迁移服务，教师还必须认真考虑如何利用这些内容展开教学。在此，设计合理的教学程序就是首先要考虑的问题。教学程序既包括宏观方面的整体安排即学习的先后顺序安排，也包括微观方面的每一节课的教学程序设计。宏观教学程序的设计既指整个学科教学过程的整体安排，也包括各个单元、各个课题或各个章节知识的关系处理。在设计学科的宏观教学程序时，要把本学科中那些具有最大迁移价值的基本知识、基本技能、基本道德规范（上位结构）的学习放在首位，作为教材的主干。在此基础上，再遵循从一般到个别、从整体到部分的"不断分化"的原则组织下位结构知识的教学。同时，应加强单元与单元之间、课题与课题之间乃至章节与章节之间的概念和规则的横向联系，以达到"综合贯通"的目的。为此，教师在教学中应引导学生努力探讨观念之间的联系，找出它们之间的异同，消除学生认知的矛盾。如果教学程序设计不合理，不能使学生做到横向联系和融会贯通，就会出现不良后果。如学生不知道许多表面上不同的术语实际上代表着本质上相同的概念，从而造成认识上的许多混乱。在设计微观教学程序的时候，要根据概念生成和规则习得的原理安排教学过程。概念生成包括概念形成和概念同化两种形式，据此，可以将概念教学的程序设计为"从例子到概念"和"从相关概念到新的概念"两种模式。规则习得有规则接受和规则发现两种方式，前者是先弄清规则的含义再学习规则的例证；后者是先学习规则的例证再归纳出规则的含义。据此，可以将规则教学的程序设计为"从规则到例子"和"从例子到规则"两种教学模式。

（4）恰当运用教学方法。要依照学习迁移的规律选用一定的教学方法。为了促进基本概念和规则的顺利迁移，教学中应该倡导运用自主学习和探究学习的方式，引导大学生通过自主探究或合作探究自己在事实材料中发现规则，概括总结出基本原理。这样，可以使大学生更准确地理解和掌握学科的基本原理，培养和提高其概括能力，充分利用原理或规则的迁移，这是迁移训练的最有效方法。因为学习迁移是对已有知识经验的利用或改造过程，而学生已有知识经验的概括化水平高低对学习迁移效果有直接影响。概括化水平越高的知识就越能够反映同类事物间的共同特点和规律性联系，与具体事物的联系就越广，因此适用性就越大，也就越能够顺利迁移。此外，让大学生独立分析概括学习材料，可以提高他们发现问题、分析问题和整合问题的能力，这些能力也是影响迁移的重要因素。分析概括能力越高，就越容易觉察出事物之间的联系，就能够掌握新旧课题的共同特点，从而有利于迁移。因此，教师在教学过程中应该做到以下几点：第一，提供适当的学习材料和练习题，使大学生充分掌握本学科的基本原理；第二，引导大学生广泛占有相关的学习材料，并对材料进行分析归纳；第三，通过练习使大学生在充分理解原理的基础上，运用原理去解决实际问题；第四，鼓励和引导大学生自己进行总结和归类，归纳概括本学科的学习内容，进而达到最有效的迁移。

（5）引导大学生学会学习。在当今信息社会，终身学习已是一种生存方式。这就要求大学教学不只是要让大学生掌握一门学科或几门学科的具体知识与技能，更重要的是让大学生学会如何学习，即掌握一定的学习策略或方法。学习策略是认知策略的重要组成部分，它可以对后继学习产生一种比较广泛的一般性迁移。学习策略中不仅包含有关知识，而且还包括有关学习的技能。因此，掌握学习策略不仅仅是知晓一些知识性的东西，还必须通过一定的练习掌握必要的心智技能，如阅读技能、写作技能、实验技能、观察技能、研究技能等等。在西方心理学中把有关学习策略的学习叫作"学会学习"（learning to learn）。现代有关认知策略和元认知策略的研究，是教育心理学研究的一个热点领域，其实质就是学习策略的研究。在教学中，给予学生适当的学习指导对迁移有重要影响，向学生提供适当的指导，可以明显地提高学习迁移的效果。这是因为指导有利于发现并掌握更有效的解题与学习方法，使学生"学会如何进行学习"。但是，并不是所有的指导都对学习迁移有促进作用，只有指导得法才能对学习有益。在传统的学校教材中并没有把学习方法和学习策略作为学校教育的独立目标，教师也没有受过这方面的专门训练。因此，为了促进学习的迁移，教师必须重视对学习方法的指导，把认知策略作为一项重要的教学内容，并掌握认知策略教学的有效方法，使策略教学达到持久迁移的目的。布朗等人在关于阅读理解的实验中，用矫正反馈训练法教给学生元认知策略，结果不仅使学生对阅读理解问题正确反应的百分数明显升高，而且使其学到的元认知策略迁移到了他们的常规课堂的其他学习中。因此，教师要善于把对学生的指导与学生自己的总结结合起来，这样既可以减少学生探索的盲目性，提高效率，又可以让学生根据自己的体验达到对学习方法的真正掌握，从而使学习方法产生最好的迁移效果。

第三章 高校教师及教学心理

第一节 高校教师心理

一、教师与教师角色

(一)教师的一般含义

"教师"一词在现实生活中一般有双重含义:其一是指一种社会职业角色;其二是指教师角色的担任者。很显然,这两者有严格区分,同时又有密切联系。

1. 作为社会职业的"教师"

作为一种社会职业,教师和其他社会职业一样是一种由社会劳动分工关系所形成的职业。这一职业的本质特征就是承担教育学生、培养人才的劳动任务。教师职业的其他活动和心理要求,如权利、义务、责任及行为方式和行为规范都要与该职业相适应。

社会职业"教师"只是社会关系体系中的一种地位与身份,是抽象群体意义上的而非具体个体的,是社会对该职业的一般要求与规定,不以个体的意志为转移。"教师是人类灵魂的工程师"或将教师喻为"园丁""红烛"等,不是指具体的某一个体,而是针对该社会职业而言的。

教师作为专门的职业是社会发展到一定历史时期的必然产物。只要人类存在,这一职业就肯定存在。因此,只要人类社会永恒,这一职业也就永恒,它不会因某一个体的主观意志而存在或消亡。从这个意义上说,教师职业的存在是永恒的。

2. 作为个体的"教师"

个体的"教师"是指从事教师职业的人或充当教师角色的人。我们习惯于不论在什么场合都称他们为"教师"。其实,严格意义上说,只是在职业范围内才是教师。他们也同时从事其他职业活动,或承担其他社会角色,如承担医生职业(医学院的教师往往既是大学生的教师,又是医院的医生)和承担丈夫或妻子的社会角色等。因此,作为职业的教师含义与个体的教师含义有根本的区别。即个体教师体现出个性差异,而且也是全部心理活动的现实载体,而教师职业是一般理论意义上的规定,不能成为教师个体的心理活动的现实载体,更谈不上个体的差异性,只是一种身份和地位的标志。

3. 教师双重含义的联系

首先,教师职业或角色总是由具体的、实在的个体担任。任何脱离具体个人的教师职业和教师角色以及任何脱离教师职业和教师角色的教师都没有实际意义。

其次,教师职业和角色对其承担个体的全部生活有重要影响。具体的个人,从事的职业可能不多,承担的角色却是多样的。而他所从事的职业和与其相适应的角色在他承担的诸多社会角色中的影响更是主要的。因为要在社会上安身立命就要参加社会劳动、从事某种职业,而能否胜任其所承担的职业角色就显得尤为重要。职业角色与个体完美统一是适应社会生活的表现。

再次,教师职业角色是个体教师心理形成的客观条件。人的心理实质,是在社会实践中人脑对客观现实的主观能动的反映。教师职业活动是教师主要的实践活动,因此就要对个体教师的心理产生全方位的甚至是根本性的影响。我们知道,心理过程是个性形成的前提,而心理过程的发生、发展自然离不开人的活动,尤其是他的职业活动。作为个体教师的个性心理的形成自然与其教师职业活动密不可分。我们平常说某位教师的"书卷气"就是他长期职业活动的结果。总之,教师双重含义的联系是十分密切的。作为教师的个体,把握这一点对自身心理品质的铸造无疑是有益的。

(二)教师角色

1. 教师角色的含义

角色,简而言之,就是个体在特定的社会关系中的身份以及由此而确定的行为规范和行为模式的总和,是个体的社会职能、权利和义务的集合体。

教师角色是指教师自身和社会包括国家、学校、家长和学生等对教师群体行为模式的一系列期望。一位合格的教师,不仅需要在课堂上传授知识,还需要做许多看起来与课堂教学无直接关系的事情,如疏导学生情绪,塑造学生人格,组织班级活动等,因此,教师的社会角色是多重角色的组合。同时教师的社会角色还随着时代的发展而变化着。

(1)"知识的传播者"和"学习的促进者"角色。"师者,传道、授业、解惑也",这是我国古代对教师角色的精确概括。随着人类文明的发展和社会的进步,教师这一角色也发生了一些新的变化,被赋予了更多的内容和意义。教师除了要向学生传授知识外,还要懂得如何高效率地传授知识,成为学科教学法与学科知识的双重专家。同时由于科学技术的发展,多媒体和网络技术的广泛运用也拓展了人们(包括学生)获取知识的途径,教师作为唯一信息源的作用日益减少。因此,教师不能仅仅把知识的传授作为教学的主要任务,还应把形成学生正确的学习态度、学习方法以及灵活的知识迁移能力作为教学的主要任务,承担起"学习促进者"的角色。

（2）榜样和模范公民角色。教师是教书育人的人，一个成功的教师应该成为学生崇拜与模仿的榜样。在学生心目中，教师是知识的源泉，是智慧的化身与行为的典范，是道德的楷模，教师的言行举止无不影响着学生的方方面面，因此，教师也承担着榜样和模范公民的角色，每个教师都要通过自己的榜样、模范和表率作用去感染每一个学生，教育每一个学生，对学生施以潜移默化的良性影响。

（3）纪律执行者和活动组织者角色。大部分学生的活动都是以集体方式进行的，因此教师需要扮演纪律执行者角色来领导和管理这个集体，其具体表现为：从集体中选拔学生干部，分配集体职务，形成班组、团队和小组，营造良好的集体氛围，安排学习情境，制定学习规则和程序，评价学生行为的正误，并实施奖励和惩罚。

另外，平时加强以"法"治校，强化学校的规章制度和国家的有关法律的学习，养成学生遵纪守法的习惯和自律自控能力。教师扮演纪律执行者角色时，要顾及学生身心发展的群体特征和个体差异。学校社会是一个开放系统，学生之间的交往形成了各种正式或非正式的群体。对于诸多的群体，尤其对于非正式群体而言，教师应以高度的责任心来充当他们的领导和顾问，尤其对于落后的非正式小群体，教师要充分利用其领导权威督促其好转，以达到改造它的目的。同时由于社会多元化的发展带来学生个性的多样性，时代的发展使学生的主体意识进一步被唤醒，这就使学生平等、民主意识增强，导致师生关系更多地向平等的方向发展，因此，在师生关系中，教师将更多地引导学生进行活动，除了扮演纪律执行者角色外，还扮演着活动组织者的角色。

（4）朋友和知己的角色。教师要热心、诚心、耐心和平等待人，学生将非常情愿地把自己的困难、忧虑、苦闷、牢骚、过失和个人问题和盘托出，甚至于会倾吐连父母也不告诉的内心秘密。但作为教师时刻不要忘记，和学生的"朋友"与"知己"的关系不是学生之间的哥们义气，也不是由个人情感所支配、无原则地迁就学生，建立一种表面和气友好实际却低级庸俗的关系。树立"交心意识"而不是"交易意识"，这是教师在充当朋友与知己角色时应尤其注意的问题。

（5）人际关系艺术家的角色。现代教育是开放式教育，即使在物理环境上封闭的学校，在心理氛围上也是开放的系统。人们之间的交往、沟通的机动性很大，那么这种学校人员之间全方位地交往自然对教师教学和学生学习都产生多方面的影响。因此，在学校社会教育的情境下，教师有责任帮助集体中的学生彼此了解、信任，乐于一起学习、生活，使每个学生都得到集体的关心与爱护，使每个学生具有集体意识，与集体共荣辱，共同分享集体成员的成功喜悦，分担失败的痛苦，进而使学生之间、师生之间、教师之间及教师与家长之间、教师与"邻里"（周围单位人员）之间建立有效的交往和沟通关系，形成有利于学校教育的小环境、小气候。这样的教师就是一个善于处理人际关系的艺术家。因此，强化"公关意识""培养公关能力"，这也是现代教师的一项重要素质要求。

（6）心理健康保健者角色。我们这里所指的"保健"不仅仅是身体生理上的保健卫生，更重要的是学生心理健康的维护。现代社会是一个竞争激烈的社会，谁落后谁就将被淘汰，一个国家是这样，一个民族是这样，一个人也是这样。大学生们当然也不例外。学习节奏的加快，就业压力的加重，竞争性的加强，导致了大学生们情绪的巨大波动，有的郁郁寡欢，有的多疑抑郁，有的自怨自艾，有的喜怒无常，有的意志消沉，有的胆怯退缩，有的悲观失望，甚至厌世轻生，这些都使得整个学校人际关系十分紧张。

作为教师应树立保健意识，有责任充当起学生心理健康的护卫者，使学生从恐惧、自卑、悲观的泥坑里解脱出来，正视困难与压力，勇敢地接受挑战，锻炼培养承受失败挫折的能力；鼓励学生自我激励、自我约束和进行创造性的努力，树立正确的人生观，营造宽松、健康的人际氛围，使我们的学生成为能战胜自我、意志顽强、情绪健康、理想远大的一代。

（7）教学和科研人员的角色。教师要从事教学活动，向学生传授知识和技能，但同时还要积极探索和研究教学与学习中出现的问题，成为一个科学研究者。特别是对自己教学的研究，要掌握一定的教育科研方法，并注重运用所掌握的方法解决自己在教育教学实践中遇到的问题，从而使自己不仅成为一名教育实践者，还要成为一名教育理论者。

2. 教师角色对学生的影响和作用

（1）教师领导方式对学生的影响。教师领导方式对班集体的社会风气有决定性的影响，对课堂教学气氛、学生的社会学习、态度和价值观、个性发展以及师生关系均有不同程度的影响。教师的领导方式可以分为四种：强硬专制型、仁慈专断型、放任自流型和民主型。民主型的领导方式是最理想的，它有利于营造良好的课堂气氛，促进学生形成正确的学习态度、人生观、价值观、良好个性及师生关系。

（2）教学风格对学生的影响。教学风格是指在计划相同的教学目的的前提下，教师根据各自的特长，经常所采用的教学方式方法的特点。典型的教学风格有两种形式：以学生为中心的教学风格和以教师为中心的教学风格。具有以学生为中心的风格的教师，强调学生的活动、学习的积极性和创造精神，强调让学生自己参与确定教学目标、教学内容与评价学习效果，自己则是一个不直接出面的领导者。具有以教师为中心的教学风格的教师是直接出面指导学生。

（3）教师期望对学生的影响。教师对学生的期望、期待、热情关注是影响学生学业成绩和人格品质的一个重要因素。如果教师喜欢某个学生，对他抱有较高的期望，经过一段时间，这些学生容易取得教师所期望的效果。学生会以一种消极的态度来对待老师，不理会或拒绝教师的要求。这种师生态度产生的相互交流与反馈在心理学上称为"罗森塔尔效应"或"教师期望效应"。教师期望是一种巨大的教育力量，它告诉人们，教师要关心每个学生，对每个学生都应寄予合理的期望和要求，给他们以足够的支持与鼓励。

（4）教师的言谈举止对学生的影响。教师对学生的影响，主要是通过两条途径来实现的，一条是有声的言教，另一条是无声的身教。在对学生产生有意识、有系统影响的各种有目的的教育、教学活动中，教师主要采用"言教"的方式；而在大量的师生之间无意识的交往中，除言教外，经常起作用的是"身教"。"身教重于言教"，因为身教对学生起着潜移默化的影响。教师对学生的影响是全面的，是以全部行为和整个个性来影响学生的。积极的影响是如此，消极的影响也是如此。"以身立教，为人师表"是教师职业道德的主要特征。

3. 教师职业角色的形成

在现实生活中，当某个成员在特定的职业岗位上工作时，便充当着特定的职业角色。职业角色期待反映了社会对从事某一职业的人的行为要求。从事这一职业的人会逐步认识到自己的职业角色，产生相应的职业角色意识，形成从事某种职业的能力。教师职业角色的形成有时间、程度等差异，这些差异将影响一个教师的成熟和成长，将最直接地影响教育教学工作。

（1）教师职业角色意识的形成过程

1）角色认知阶段。这一阶段指角色扮演者对某一角色行为规范的认识和了解，知道哪些行为是正确的，哪些行为是不合适的。为了解教师角色所承担的社会职责，教师能够将其所充当的角色与社会上其他职业角色区别开来。

2）角色认同阶段。这一阶段是指教师通过亲身体验接受教师角色所承担的社会职责，并用来控制和衡量自己的行为。对角色的认同不仅是在认识上了解了教师角色的行为规范，而且在情感上有所体验。对教师角色的认同，是在一个人正式充当这一角色，有了教育实践后才真正开始的。

3）角色信念阶段。这一阶段是指教师角色中的社会期望与要求转化为个体的心理需要，这时教师坚信自己对教师职业的认识是正确的，并视其为自己行动的指南，形成了教师职业特有的自尊心和荣誉感。

（2）促进教师角色形成的主要条件

1）正确认识教师职业。使从事教师职业的人在正式成为教师前对教师职业及相应的角色有一个较为全面而正确的认识。对于未来的教师，可以通过讲授有关知识，请优秀教师做报告的形式，有意识地传授有关教师角色的知识。只要方法得当，就会收到良好的效果。

2）树立学习榜样。通过榜样的行为示范，人们能够掌握社会对教师的角色期待，学会在不同的情境中从事角色活动，处理角色冲突。树立榜样时要注意：首先，榜样的示范要特点突出，生动鲜明，能引起学习者的关注，榜样的示范行为是可学习的，可模仿的，不宜标准太高或难以学习；其次，榜样的示范行为要具有可信任性且真实有效；再次，榜样的行为要感人，使学习者产生心理上的共鸣。

3）积极参与教育实践。在将角色的认识转化为信念的过程中，实践活动非常重要。一个社会是否尊师重教，一个学校能否人尽其才，是影响教师在教育实践活动中形成角色意识的客观因素，而教师的心理需要则是其主观因素。长期的教育实践会使大部分教师认识到教师职业的社会价值，从而将社会角色期望转化为自己的心理需要。教师与其他人一样，具有各级各类的需要，但每种需要的强度及相互关系在各个教师身上的反应是不同的。在教育实践活动中，随着知识经验的增长，从而将社会需要转化为心理需要。

二、高校教师心理素养

高校教师的心理素养一般包括教师的教育观念、教学能力、教师人格等方面的特点。

（一）教师的教育观念

教师的教育观念涵盖教师观、学生观、教学观和学习观。

1. 教师观

当代教师必须努力成为学生学习的激发者、辅导者、组织者，促进学生学习能力和个性的和谐发展，更多地关注学生的学习态度、学习方法、身心素质和全面发展。

2. 学生观

教师的学生观是教师对自己的教育对象的基本看法。这种基本看法是教师教学的基础，会自觉不自觉地全方位影响教师的教育态度、方式和行为。教师的学生观主要表现在以下三个方面：①正确认识学生的向师性和独立性。既要珍惜学生的向师性，又要尊重学生的独立性。在此基础上，建立教学相长、尊师爱生的师生关系。②正确认识学生的能动性和可塑性。要用发展的眼光看待学生，这是激励学生成长进步的根本动力，是教师留给学生的宝贵精神财富，是教师正确的学生观的核心内容。③正确认识学生的个别差异和发展潜力。要侧重于从因材施教的角度看待学生的个别差异，从提高基本素质的角度为学生创造全面发展的机会，使学生的自身潜能得到有效挖掘。

3. 教学观

作为一名当代大学教师，必须具有新的教育思想。既要懂得新的教育理论，遵循新的教学规律，特别是，要掌握所授学科教学的系统设计；又要懂得教育心理，掌握学习理论，尊重学生的人格，坚持以人为本，尊重学生身心发展规律和教育规律，重视培养学生的创新精神和实践能力，为学生全面发展奠定基础。

4.学习观

学习对个体来说是一种不可缺少的需要，对于教师而言，由其职业性质所决定也是教师生活不可分割的一部分。可以说，学习意识是教师最基本的一种意识，在信息时代的今天，学习就显得尤其紧迫。一般来说，教师应具备以下几种学习意识：

（1）专业学习意识。专业学习是教师"授业"的基础，应当摆在根本位置。凡是与教师有关的专业知识、技能，教师都应有强烈的学习意识、求知欲望，应当有做专家和学者的勇气。

（2）社会生活规范学习意识。教师生活在社会之中，他是一个社会的人，自然要受到社会形态、人口、思想、政治、道德和法律等方面的约束。他要立足于社会，就要学习这方面的各种知识，掌握相应的行为规范，正人先正己，然后才"传道"。

（3）教育和心理科学学习意识。教师是教书育人者。怎样教、怎样育是有科学规律的，而这些科学的教育理论和原则、方法都包含在教育科学和心理科学之中，因而要加强该学科的学习意识。

（4）其他一般科学文化学习意识。作为教师具有上述学习意识，可以使其知识结构趋于完整。但知识多多益善，古今中外，上至天文，下至地理，自然科学、社会科学各方面的知识一般都有利于教师文化素质和教育能力的提高。因而，教师不应该把自己束缚在专业领域之内，不能过分强调专业的区分而疏于学习其他专业的知识。

（5）"活的学习意识"。教师不应止于坐以论道，仅学习书本知识，还应具有活的学习意识，包括：向他人学习的意识、向自己学习的意识和向生活学习的意识。"三人行，必有我师焉"，贤者为师；向自己学习的意识，自己作为一名教师一定有一些优势，要意识到自己的优势，进而发挥它，激励自己做得更好；向生活学习的意识，在生活中学习，在与人交往中学习，在与物交往（劳动、工作等）中学习，在与环境交往中学习。

（6）终身学习的意识。终身学习已成为当今世界的共同理念，对于教师而言更有其特别的意义，教师只有不断反省，不断学习才能不断提高发展，因此，教师应把学习当成一种生活方式。教师职业是永恒的，而教师个体生命是有限的，因此"活到老，学到老"应成为我们每一位忠诚教育事业的教师的共识。

（二）教师教学能力

教师的教学方面的能力主要包括认知能力、组织管理能力、教学能力等。

1.教师的认知能力

教师的认知能力包括观察能力、记忆能力、想象能力和思维能力。人们常以为教师的智力水平与教学关系十分密切，即教师智力水平越高，教学效果越好。但近期的许多研究却证明，教师的智力水平与教学效果的相关性并不高，甚至还非常低。当然并非教师智力水平与教学效果毫无关系，智力低下是肯定承担不了教师角色的。又有研究表明，教师智力水平超过了某一个临界点以后，教学效果并不会继续随教师智力水平的提高而变得更好。可见，教学效果的好坏不仅是认知能力在起作用，同样教师认知能力的另一反应形式——知识水平，与教师的智力水平一样，只有当它低于某一关键值时，才会影响教学的有效进行。一旦教师的知识水准达到或超过了教学所必需的知识水准时，他的教学效果也不一定会随其水平高涨而增长。

另外，知识量多固然重要，但知识质的组织更为重要，因为只有教师把握了所教知识的整个体系及其在知识体系中的地位和意义时，才能促进学生的学习。教师的特殊认知能力主要有：

（1）敏锐的观察力。即对学生生活和学习中的一言一行，哪怕是细微的变化，甚至是掩饰性很强的变化都能准确无误地捕捉到。

（2）立体的思维能力。教师对教学问题及教学对象的思考应是全方位的、多角度的，既能辐射性思维，又能聚合式思维；既能三维空间思维，又能四维空间思维（即三维空间加上时间的向度）；既能科学分析思维，又能辩证哲学思维。总之，具有创造性的思维能力，对解决教育教学中的各种问题大有裨益。

（3）丰富的想象力。想象的本质就是一种思维，要有丰富的想象力必定要有前面所述的立体思维能力。作为教师，当学生接受自己的教学时，要准确地想象其学习的状况，以保证良好的教学效果，在预测学生的发展、变化时教师能想象出各种可能性，在采取对策、准备措施时就有充分的针对性和把握，当学生问题一旦出现就能及时、从快、从便地解决，并消除各种隐患，以利于学生的学习和心理健康的发展。

（4）良好的记忆力。教师的良好记忆力表现为能迅速、准确、巩固地记忆教育活动中所需的各种信息，正如有人认为："教师要给学生一杯水，自己要成为自来水。"另外，作为教师要掌握现代教育技术和网络化教学手段，以及培养自己能熟练地使用互联网储存更多信息，很快提取信息的能力，这是教师亟待解决的一个问题。

2. 组织管理能力

如果说教师教学效果与教师的认知能力关系不甚密切的话，那么教师在指导、引导学生的学习活动（尤其是活动课）所表现出来的信息组织能力、言语组织能力和班级管理能力却是与教学效果关系甚密。

（1）教材组织能力。美国许多心理学家的研究表明，教师的教学条理性与学生的阅读成绩呈正相关，即条理性越强，学生的成绩越好。同样，教师在组织安排教学活动时有条不紊，学生的学习收效就大。因此，对每一位教师而言，备课时一方面要"备"学生，了解学生的原有水平和特点；另一方面要"备"教材，应仔细钻研教材，选择教学方法，精心设计教案，突出重点，抓住关键，突破难点，既顾及教材的系统性、连贯性，又考虑到教材的补充性。在教授时应明确先讲什么，后讲什么，什么时候讲，什么时候练，确定如何演示，怎样板书，等等，这就是教材组织能力的具体表现。同时在教材的教学中要善于启发学生运用新的信息，开发他们的创造力，而非死记硬背。

（2）言语组织能力。对教师言语能力的要求是十分高的，表现为善于清晰、简练、准确而富于说服力和感染力地表达自己的思想，使学生心悦诚服地接受其影响。由于教师主要是通过言语把知识传授给学生的，因此，言语组织表达能力直接成为影响教学效果的重要因素。

在现实的教学实践中，教师恰当的言语组织和清晰的表达能促进学生对知识的理解，也只有当教师用形象的言语把教学内容描述为鲜明的表象时，学生才易形成正确的概念，顺利地由形象思维转化为抽象思维。其次，教师恰当的言语组织和清晰的表达也能引发学生的求知欲，富有魅力的言语能以声传情，以音动心，能激发学生的学习兴趣，吸引学生注意。从心理学的大量实验研究来看，也证明了这一点，学生的知识学习同教师表述的清晰度有显著相关，教师讲解得含糊不清，与学生的学习成绩呈负相关。

（3）班级管理能力。教师是学生的领导者，应具备管理学生的能力。这种能力主要是学生管理中的决策能力、控制能力、激励能力、计划能力、组织能力、指挥能力和监督能力。

这几种管理能力体现在每位教师的教学组织之中，更体现在班主任工作的各个方面。这些管理学生的能力是一般认知能力与学校管理基本职能即计划、组织、指挥、监控、激励等的有机结合。新课程的实行，更强调学生主动积极地学习与参与，因而我们更要强调教师的激励能力和协调组织能力。

3. 教学能力

教师的教学能力包括一般教学能力、教学监控能力、教学反思能力、教育机制、教学效能感等几个方面。

（1）一般教学能力。教师的一般教学能力是指教师从事教育活动所必须具备的能力。国内外学者对此进行过许多探讨，综合起来，一般教学能力主要有以下几种：全面掌握和组织教材的能力；口语和书面表达的能力；了解学生心理特征和学习情况的能力；组织课堂内外活动的能力；解决有关自身及学生各方面问题的能力；教学媒体使用的能力。

（2）教学监控能力。教师的教学监控能力是指教师为了保证教学成功，实现预期教学目标，在教学全过程中将教学活动本身作为意识的对象，不断地对其进行积极主动地计划、检查、评价、反馈、控制和调节的能力。

教师的教学监控能力主要表现为以下三个方面：一是教师对自己教学活动的事先计划与安排；二是对自己实际教学活动进行有意识的监督、评价和反馈；三是教师对自己的教学活动进行调节、校正和有意识的自我控制。教师在教学过程的不同阶段，其教学监控能力的表现形式各不相同,包括课前计划与准备、课堂的反馈与调节、课后的反思与评价。

(3)教育机智。教育机智是指教师对教与学双边活动的敏感性,是教师在教育情境中特别是出现意外的情况下,快速反应、随机应变、及时采取恰当措施的综合能力。一名教师,无论他的知识经验多么丰富、渊博,思虑多么周密,都难免在教育活动和教学活动中碰到偶然事件。教师如果不能灵活处理这些问题,就会造成僵局,伤害学生感情,导致教育教学工作上的挫折和失败。正如苏联教育家苏纳波林所说:"教师缺少了所谓的教育机智,无论他怎样研究教育理论,永远也不能成为一个优秀的实践的教师。"

(4)教学反思能力。反思性教学是近年来在欧美教育界备受关注的一种促进教师专业发展的教师培养理论。反思是教师着眼于自己的活动过程来分析自己做出某种行为、决策以及所产生的结果的过程,是一种通过提高参与者自我觉察水平来促进能力发展的手段。

(5)教师的教学效能感。效能感指人对自己进行某一活动能力的主观判断。教师在进行教学活动时对自己影响学生行为和学习成绩的能力的主观判断就是教师的教学效能感。教师的教学效能感影响着教师对学生的知觉、判断和期望,影响对学生的指导行为,从而影响教学的教学质量。

(三)教师的人格特点

在教师的人格特征中,有两个重要特征对教学效果有显著影响:一是教师的热心和同情心;二是教师富于激励和想象的倾向性。此外,大量研究证实,一个有成效的教师还应具备的其他人格特征:

1. 以强烈而稳定的教育成就动机为主

成就动机是社会性动机的一种。教育动机就是在教育事业中追求事业成功,获得成就需要满足的动机,是教师教育活动的根本动力。若缺乏这种动机,就不会有积极进取的教师职业活动。成熟教师的动机结构就应是以教育成就动机为主导动机的动机结构。

2. 有强烈的责任心

有了强烈稳定的教育成就动机后,教师对教育教学工作的认真负责精神便成为至关重要的条件。教师成就的满足要经过长期深入细致的工作,这就要求教师把自己的全部精力都花在教育和教学工作上。心理学研究表明,有激励措施、生动活泼、富于想象并热心于自己学科的教师,其教学工作较为成功,其学生更富于建设性,因为他们的工作是出于教育成就动机,出于责任心,而不是为了其他什么。

3. 有真挚深厚的爱的情感

教师真挚深厚的爱的情感产生于对教师职业的理解,同时,反过来又强烈而积极地影响着教师的思想和需要。这种爱的情感主要表现在三大方面：一是爱生，对教育对象——学生的热爱，是基于对学生与国家、民族关系的认识的情感，认识到学生是祖国的未来，是民族的希望，这种爱的情感是真挚而深厚的，这是一个教师成熟的表现，而非一般意义上爱优等生、爱听话的学生；二是对教育内容的热爱；三是对教育活动的热爱，对传道授业、造就人才活动的热爱。这是前两者热爱的落脚点，也是教师情感的最主要、最具特性的部分。

4. 具有坚强的意志

教师人格的意志特征主要表现在其优秀的意志品质上。

（1）高度自觉性。教师意志品质的自觉性表现为对教学行为的自觉、对该行为社会价值的自觉和对于实现目的后的社会影响的自觉。

（2）高度的坚韧性。对正确教育教学行为坚持到底，遇到挫折亦不动摇，在教育教学过程中发现某些行为不妥、不当，就坚决改正，不固执、不蛮干。

（3）高度的果断性。教师往往以其特有的宁静、沉稳或和善的态度来表现对教育教学现象的当机立断，以缜密的全面思考为基础，凡事既不优柔寡断，也不草率鲁莽。

（4）高度的自制力。教师这种意志品质主要表现在善于用理智来控制自己的行为和情绪，以利于教育和教学。

5. 有与教师工作相适应的性格、气质特征

教师的性格和气质特征无疑会对教育教学产生积极或消极的影响，如外向型的人易与领导同事建立良好的人际关系，易与学生打成一片，有利于全面迅速掌握学生的情况，但不一定能建立牢固深厚的关系；而内向型、抑郁质的人难以与领导、同事建立良好的人际关系，难以与学生打成一片，不利于迅速了解学生，但一旦建立了相互良好关系却是牢不可破的，可以经得起时间的考验，等等。而教育教学实践告诉我们，优秀教师可以有不同的性格和气质特征，而同一或相似性格和气质特征的教师其工作效能却不一定一样。可见，性格和气质并非教育教学效能产生影响的唯一条件，关键在于教师要善于分析自己的性格、气质特征，控制他们产生消极影响。教师理想的性格特点主要有：（1）平易近人；（2）没有偏心；（3）关心同学；（4）态度认真；（5）要求严格；（6）颇有耐心；（7）言行一致；（8）朴素大方；（9）开朗活泼；（10）品德高尚。

6. 有高水平的自我意识

自我意识是教师人格结构中最重要的部分，其发展水平的高低直接影响教师教育教学的水平。自我意识水平高的教师就能对自己的"现实的我""过去的我""理想的我"和"反射的我"有准确认识和评价，由此能自我调节、自我控制、自我教育、自我完善与自我提高。要做到这些，显然不是一朝一夕的工夫，而是教师在教育实践中逐步形成的，充分发挥主观能动性可以加快这一进程。

第二节 高校教学心理

一、高校教学设计

（一）教学设计概述

1. 教学设计的含义

教学设计就是根据教学对象和教学内容，确定合适的教学起点与终点，将教学诸要素有序、优化地安排，形成教学方案的过程。该定义表明：(1)教学设计必须有确定的教学对象和教学内容；(2)教学设计是将教学诸要素有目的、有计划、有序地安排，以达到最优组合；(3)教学设计仅是对教学系统的预先分析与决策，是一个制订教学计划的过程，而非教学实施，但它是教学实施必不可少的依据。

教学设计是教学理论向教学实践转化的桥梁。首先，教学设计是依据一定的教学理论，在对教学的本质、功能以及规律理解的基础上进行的。教学理论作为改进教学工作的原理和原则，只有通过周密而详细的设计，才能转化为一系列方法或技术。其次，教学理论对教学的指导作用，必须与学校实际和教学实践相结合才能发挥出来，这两者的有机结合正是通过教学设计这一环节来完成的。因此，教学设计是教学理论向教学实践转化的必不可少的中间环节。

2. 教学设计的基本原则

为保证教学设计的科学性，遵循教学的规律与特点，教学设计应遵守下列基本原则：

（1）系统性原则。教学设计是一项系统工程，是由教学目标、学生状况分析、教学内容、方法选择、教学评估等子系统所组成，各子系统既相对独立，又相互依存、相互制约，组成一个有机的整体。在诸子系统中，各子系统的功能并不是等价的，其中教学目标起着制约其他子系统的作用。因此，进行教学设计，应遵循科学的系统观，统筹兼顾其他子系统，只有将本子系统和谐地统一于整体之中，才能算是科学成功的设计。

（2）程序性原则。教学设计是一项系统工程，诸子系统的排列组合具有程序性特点，即诸子系统有序地成等级结构排列，且前一子系统制约、影响着后一子系统，而后一子系统依存并制约着前一子系统。根据教学设计的程序性特点，教学设计中应体现出其程序的规定性及联系性，确保教学设计的科学性。

（3）可行性原则。教学设计是依据一定教学理论对教学实践所做的规划。这种规划要成为现实，至少具备两个可行性条件。一是符合主客观条件，如主观条件应考虑学生的年龄特点、已有知识基础和师资水平。客观条件应考虑教学设备、地区差异等诸因素。二是具有操作性。只有当这两个基本条件同时具备，教学设计方案的实施才能达到预期目的。

（4）创造性原则。教学设计水平体现了教学者的教育智慧。因为教学设计不仅是一门科学，还是一门艺术。作为一门科学，它必须遵循一定的教育理论和心理学规律。作为一门艺术，它融入了设计者许多个人的经验与体会，需要根据教材和学生特点进行再创造，并灵活、巧妙地运用教学设计的方法与策略。

3. 教学设计的范畴

教学设计的范畴包括教学目标的设计、教学内容的组织与呈现、教学方法与策略的选择以及教学媒介的运用等。这些内容将在以下各节介绍。

（二）教学目标的设计

1. 教学目标及其功能

教学目标是预期学生通过教学活动获得的学习结果。在教学中，教学目标有助于指导教师进行教学测量和评价、选择和使用教学策略、指引学生学习等功能。

指导学习结果的测量和评价。教学目标是评价教学结果的最客观和可靠的标准，教学结果的测量必须针对教学目标。如果教师在教学结束后的自编测验没有针对目标，那么，就没有测量到所想要测量的教学结果。

指导教学策略的选用。一旦确定教学目标后，教师就可以根据教学目标选用适当的教学策略。例如，如果教学目标侧重知识和结果，则宜于选择接受学习，与之相应的教学策略是讲授教学；如果教学目标侧重于过程或探索知识的经验，则宜于选择发现学习，与之相应的教学策略是有指导的发现教学。

指引学生学习。上课开始时，教师明确告诉学生学习目标，将有助于引导学生集中注意课中的重要信息，对所教内容产生预期。

2. 教学目标的分类

布卢姆曾领导一个委员会对教学目标进行了系统的分类研究，并指出教学目标可分为认知的、情感的和动作技能的三大类。

（1）认知目标。认知领域的教学目标分为知识、领会、应用、分析、综合和评价等六个层次，形成由低到高的阶梯。

知识层次的目标是对所学材料的记忆，包括对具体事实、方法、过程、概念和原理的回忆，其所要求的心理过程是记忆。这是最低水平的认知学习结果。领会层次的目标指把握所学材料的意义。可以借助三种形式来表明对材料的领会。一是转换，即用自己的话或用不同于原先表达方式的方法表达自己的思想；二是解释，即对一项信息加以说明或概述；三是推断，即对事物之间的逻辑关系进行推理。领会超越了单纯的记忆，代表最低水平的理解。

应用层次的目标指将所学材料应用于新的情境之中，包括概念、规则、方法、规律和理论的应用。应用代表较高水平的理解。

分析层次的目标指将整体材料分解成其构成成分并理解组成结构，包括对要素的分析（如一篇论文由几个部分构成）、关系的分析（如因果关系分析）和组织原理的分析（如语法结构分析）。分析代表了比应用更高的水平，因为它既要理解材料的内容，又要理解其结构。

综合层次的目标指将所学的零碎知识整合为知识系统。它包括三个水平：用语言表达自己意见时表现的综合（如发表一篇内容独特的演说或文章）；处理事物时表现的综合（如拟订一项操作计划）；推演抽象关系时表现出的综合（如概括出一套抽象关系）。综合目标所强调的创造能力，需要产生新的模式或结构。

评价层次的目标指对所学材料（论点的陈述、小说、诗歌以及研究报告等）作价值判断的能力，它包括按材料的内在标准（如材料内在组织的逻辑性）或外在标准（如材料对目标的适用性）。评价目标是最高水平的认知学习结果，因为它要求超越原先的学习内容，并需要基于明确标准的价值判断。

（2）情感目标。情感领域的教学目标根据价值内化的程度可分为五个层次，即接受、反应、形成价值观念、组织价值观念系统和价值体系个性化。

接受层次的目标指学生愿意注意特殊的现象或刺激（如课堂活动、教科书、文体活动等），它包括三个水平：知觉有关刺激的存在；有主动接受的意愿；有选择地注意。这是低级的价值文化水平。

反应层次的目标指学生主动参与学习活动并从中得到满足。处于这一水平的学生，不仅注意某种现象，而且以某种方式对它做出反应（如自愿读规定范围外的材料），以及反应的满足（如以愉快的心情阅读）。这类目标与教师通常所说的"兴趣"类似，强调对特殊活动的选择与满足。

形成价值观念的目标指学生将特殊对象、现象或行为与一定的价值标准相联系，对所学内容在信念和态度上表示正面肯定。它包括三个水平：接受某种价值标准（如愿意改进与团体交往的技能）；偏爱某种价值标准（如喜爱所学内容）；为某种价值标准作奉献（如为发挥集体的有效作用而承担义务）。这一水平的学习结果是将对所学内容的价值肯定变成为一种稳定的追求。相当于通常所说的"态度"和"欣赏"。

组织价值观念系统的目标指将许多不同的价值标准组合在一起，消除它们之间矛盾和冲突，并开始建立内在一致的价值体系。它分两个水平：一是价值概念化，即对所学内容的价值在含义上予以抽象化，形成个人对同类内容的一致看法；二是组成价值系统，即将所学的价值观汇集整合，加以系统化。与人生哲学有关的教学目标属于这一级水平。

价值体系个性化目标指个体通过学习，经由前四个阶段的内化之后，所学得的知识观念已成为自己统一的价值观，并融入性格结构之中。它分两个水平：一是概念化心向，即对同类情境表现出一般的心向；二是性格化，即指心理与行为内外一致，持久不变。因此，这种行为具有普遍性、一致性，并且是可以预期的。其学习结果包括广泛的活动范围，但重在那些有代表性的行为或行为特征。

（3）动作技能目标。动作技能目标指预期教学后在学生动作技能方面所应达到的目标。这种目标包括知觉、模仿、操作、准确、连贯和习惯化。知觉方面的目标指学生通过感官，对动作、物体、性质或关系等的意识能力，以及进行心理、躯体和情绪等的预备调节能力（如表现出外部的感觉动作）。模仿方面的目标指学生按提示要求行动或重复被显示的动作的能力。但学生的模仿行为经常是缺乏控制的（如表演动作是冲动的、不完善的）。例如，在观看乒乓抽球的录像之后，能以一定的精确度来演示这一动作。

操作方面的目标指学生按提示要求行动的能力，但不是模仿性的观察（如按照提示表演或练习动作等）。这就是说，学生要能进行独立的操作。准确方面的目标指学生的练习能力或全面完成复杂作业的能力。学生通过练习，可以把错误减少到最低限度（如有控制地、正确地、准确地再现某些动作）。

连贯方面的目标指学生按规定顺序和协调要求，去调节行为、动作等的能力（如准确而有节奏地演奏）。

习惯化方面的目标指学生自发或自觉地行动的能力（如经常性的、自然和稳定的行为就是习惯化的行为），也就是学生能下意识地、有效率地将各部分协调一致地操作。

在实际生活中，认知、情感和技能这三方面的行为几乎是同时发生的。例如，学生写字时（动作技能），也正在进行记忆和推理（认知），同时，他们对这个任务会产生某种情绪反应（情感）。因此，在教学中，教师往往需要同时设置这三个方面的目标。

3. 教学目标的表述

教学目标的表述可以从行为目标以及心理与行为相结合的目标两方面着手。

（1）行为目标。行为目标是指用可观察和可测量的行为陈述的教学目标。行为目标的陈述具备三个要素。一是具体目标，即用行为动词描述学生通过教学形成的可观察、可测量的具体行为，如"写出""列出""解答"等，旨在说明"做什么"；二是产生条件，即规定学生行为产生的条件，如"根据参考书""按课文内容""不用笔算"等，旨在说明"在什么条件下做"；三是行为标准，即提出符合行为要求的行为标准，如"没有语法或拼写错误""90% 正确""30 分钟内完成"，旨在说明"有多好"。

例如，在语文课上，"通过教学培养学生的分析能力"就是一个含糊的教学目标，缺乏指导和评价意义，应改为："提供一篇文章（产生的条件），学生能将文章中所陈述事实的句子与发表议论的句子归类，做到全部正确（行为标准）"。

（2）心理与行为相结合的目标。根据认知学习理论，在教学活动中学生学习的实质是内在的心理变化。但内在的心理变化无法直接观察到。因此，有人提出了内部心理与外部行为相结合的目标陈述方法。用这种方法陈述的教学目标由两部分构成：第一部分为一般教学目标，用一个动词描述学生通过教学所产生的内部变化，如记忆、知觉、理解、创造、欣赏等；第二部分为具体教学目标，列出具体行为样例，即学生通过教学所产生的能反映内在心理变化的外显行为。

例如，在语文课上，可以这样陈述教学目标：

A. 理解议论文写作中的类比法（反映心理变化）。

A-a. 用自己的话解释运用类比的条件（行为样例）。

A-b. 在课文中找出运用类比法阐明论点的句子（行为样例）。

A-c. 对提供的含有类比法和喻证法的课文，能指出包含了类比法的句子。

（行为样例）。

在这里"A"陈述了教学目标中的要义是"理解"，而非"理解"的具体行为。但这些行为样例（A-a, A-b, A-c）仅仅是表明"理解"的许多可能的行为中的样例而已。这样，既强调了学生学习结果的内在心理变化，又克服了目标陈述中含糊不清的弊端，实现内外结合。

（三）教学内容的组织与呈现

教学内容的组织与呈现主要是指教材的组织呈现。目前，关于教材的组织与呈现主要有三种不同的观点，即布鲁纳的"螺旋"式组织、加涅的"层级"组织和奥苏贝尔的"先行组织者"组织。

1. 布鲁纳的"螺旋"式组织

布鲁纳曾领导美国20世纪60年代初的课程改革，对教材的组织有独到的见解。他认为，教学不只是为了学生目前的学习，还应该使学生主动地选择知识、记住认识和改造知识，从而促进今后的学习。为此，教材就应该把反映该学科发展水平的最基本的概念和原理作为主体。概念和原理越是基本，它们对于解决新问题、掌握新内容的适用性也就越大。如果学生掌握了作为该学科知识结构核心的基本概念和原理，在学习其他知识内容时就能收到事半功倍的效果。他进一步认为，学习的早期教学就应该使用这样的教材。

同时，布鲁纳指出，这样的教材组织呈现只有与儿童的智慧发展相匹配，才能使基本概念和原理的教学顺利进行。儿童的智慧发展有三种水平和三个阶段，它们是：（1）表演式再现表象阶段，指运用适当的动作反应去体现过去的经验，具有操作性特点；（2）

映象式再现表象阶段,指以表象或图解来反映或表示个体的认识;(3)象征式再现表象阶段,指以抽象的符号(最基本的是语言)来反映经验内容。学科的基本概念和原理,均可分别从动作的、表象的、符号的三种不同智慧发展水平出发,加以编撰和组织。年龄不同的儿童,其智慧发展阶段也不同,对他们就应该使用不同水平的教材。随着年龄的增长,教学涉及的基本概念和原理可能相同,但教材的具体直观程度逐渐降低,而抽象程度不断提高,从而体现了教材的"螺旋"式上升的特点,使学生一步步地在较高的认知层次上掌握教学的内容。

2. 加涅的"层级"组织

加涅是当代美国的一位著名教育心理学家。他认为个体的种种学习活动可概括为以下八类:

(1)信号学习。信号学习主要指学习某种信号刺激做出一般性和弥散性的反应。这就是巴甫洛夫的经典性条件反射,包括不随意反应和情绪学习。

(2)刺激—反应学习。刺激—反应学习指学习使一定情境或刺激与一定的反应相结合,并得到强化,学会以某种反应去获得某种结果。

(3)连锁学习。连锁学习指学习联结两个或两个以上的刺激—反应动作,以形成一系列刺激—反应动作联结。各种技能的形成,都离不开这类学习。

(4)言语联结学习。言语联结学习指把两个或更多的刺激—反应联结组合成系列,只是由言语组成连锁,个体先前习得的言语联结则更容易转换成新的连锁。

(5)多重辨别学习。多重辨别学习指被试学习分化了的刺激,并对它做出准确的反应,但同时他要面对许多不同的刺激,学会有鉴别地做出各种不同的反应。当这样的刺激有彼此相似而干扰保持时,就更要求被试者做出良好的辨别。

(6)概念学习。概念学习在某种意义上是与多重辨别学习相反的学习,学习者学会对一类刺激做出共同的反应。这类刺激的表现形式可能相距甚远,但因具有某个共同属性而属于一类。

(7)原理的学习。原理是由两个或更多概念组成的连锁,学习者要掌握其中各个彼此独立的概念之间的关系。

(8)问题解决的学习。问题解决的学习指联合先前学到的两条或更多原理来说明因果关系,在头脑内部对原理加以组合、进行操作。这也就是通常所说的思维。

这八类学习依次按"简单—复杂"这一维度组成一个"层级"系统,该"层级"中较高层次的学习必须以较低层次的学习为基础。这样,组织教学内容时,我们就应该对教材做具体分析,考察个体掌握这样的教材内容是属于哪一层次的学习,同时考虑"层级"中相应的子层次的学习内容。教材的组织安排,应事先完成"层级"中的较低层次的学习,然后在此基础上进行相应的高一层次的学习。这种对教材内容的分析和组织,加涅称之为"任务分析",并认为这是教学获得良好效果的重要前提。

3. 奥苏贝尔的"先行组织者"组织

这种"先行组织者"组织呈现的技术，就是在新材料教学之前，先向学习者呈现某种能起引导性作用的材料。这种引导性材料具有较高的概括性和包容性，会使教材有更好的组织和结构，但呈现时则以学习者可接受和能理解的语言、方式来表达。这种先于正式教学材料呈现的引导性材料，就是"先行组织者"或"组织者"的材料。

"先行组织者"材料既与将要教学的新材料联系，又与认知结构中已有观念有着明确而清晰的联系，它为原有的认知结构接纳新观念提供了"锚位"，又称"固定点"或"观念支架"。这也就起到了要把教学的新概念与已有的旧观念联系组织起来，从而丰富、扩展或改变学习者认知结构的作用。

奥苏贝尔为使教学成为对学生的学习来说是件有意义的事，主张以"先行组织者"来组织呈现教材，这一点在教学设计方面已被公认为是极有指导意义的。

（四）教学方法与策略的选择

1. 教学方法

在教学过程中，常用的教学方法有讲演式教学、讨论式教学、自学式教学和作业式教学等。

（1）讲演式教学。讲演式教学指教师主要是用讲授、讲解和演示的方法向学生传授知识的课堂教学模式。

讲演式教学模式的主要优点是：在学生集中的课堂上需要讲授和说明某些知识时，这种方法最为节省时间和精力。

讲演式教学中教师发挥主导作用具有很大的决定权，可以根据教学计划自行控制教学内容及进度，还可以根据内容难度和学生水平变换方式和方法，便于学生理解。

讲演式教学的不足之处是：①易使学生疲劳。讲演式教学中学生是被动地接受知识，长时间的讲演不容易维持学生的注意力，容易使学生形成被动的态度，造成学生学习兴趣低落。有经验的教师往往能适时采用一些技术来调动学生的积极性，使他们主动思考。例如，用提问引发学生的好奇心，使不专心的学生也开始思考答案；又如，用形象的语言刺激学生的想象，以维持学生的兴趣等等。据研究，10~15分钟的讲演效果最好，大学生可以适当延长。②信息传导单一。在讲演式教学中，往往是教师讲，学生听，信息反馈少。在这种情况下，教师往往高估学生听讲的能力，以为只要自己讲明白了，学生就能掌握。其实，学生常会因缺乏分析和归纳能力，不能从讲课内容中找出重点、总体把握知识。所以，教师平时应有意训练学生这种分析、归纳的能力。对教师要求极高。讲演式教学模式适合于反应快、思维敏捷、口才好的教师。如果一位教师缺乏讲演的口才，或者讲话有口音或口齿不清，就应该尽量选用其他教学模式。教师讲课不能照本宣科，而应该对教材进行说明，并适当加以补充，弥补教材的不足，这样才能使学生格外明了。讲课时教师要及时判断学生是否听懂了，从而调整讲课的速度，一定要保证学生有充分的思考时间，使他们能理解。如果讲得过快，学生只顾抄笔记，却不能理解知识，容易造成死记硬背的现象。讲演式不适合培养学生解决问题的能力。有些教师用惯了讲演法，觉得省心省事，有时会不顾学习过程的性质，什么时候都用，这就变成了滥用，是需要克服的。讲演法适合集中传授知识，但在培养学生的操作技能、培养学生解决问题的能力方面，我们要有更好的方式方法。

（2）讨论式教学。讨论式教学指在教师指导下，教师和学生之间、学生和学生之间围绕一个中心问题，彼此回答、讨论，从而相互启发，共同解决问题的课堂教学模式。讨论式教学的主要优点是：参与性强。这是讲演式教学所没有的。它能够使学生参与到教学中来，有机会发表自己的意见，大大提高听课的积极性。启发性大，学生可以在讨论中相互借鉴和互相启发，对问题有相当充分和深刻的认识。此外，讨论式教学还有利于学生增进独立思考能力和比较鉴别能力，还能大大提高学生的语言表达能力。

在课堂教学中，讨论式教学也有其明显的不足：一是费时间，二是教师掌握和调节的难度大。采用讨论式教学，教师首先要就学生必须掌握的关键问题准备好讨论的提纲，问题的难度要适当并且适合讨论，然后向学生布置问题，让他们做好讨论的准备。在讨论中，教师要起着调节的作用，尽量让更多的学生卷入讨论，避免几个人控制课堂的局面；还要适时地引导话题扣住中心，逐渐深入到本质问题。讨论结束后教师应及时总结，对疑难问题教师应尽力阐明正确的看法，但也要允许学生保留自己的意见。另外，如果教师经常采用讨论式，则要尽量掌握调节和引导学生讨论的一些必要技术，防止讨论走题或者不能深入，否则学生受益就不大。

（3）自学式教学。自学式教学指让学生通过自己阅读教材、完成作业等，从而掌握知识技能并培养自学能力的课堂教学模式。其主要特点是使用专门编订的课本、练习本、答案本，让学生自学、自练、自批作业，是一种适合于大学的教学模式。

自学式教学比讨论式教学更进一步，学生成了课堂的主体。它使学生的聪明才智和学习主动性得到高度发挥。对比实验表明，采用自学式教学的班级在学习成绩、学习能力和迁移能力方面均超过其他非自学式教学班，而且学生的心理素质也得到提高。

（4）作业式教学。作业式教学又称练习式教学，指为了形成一定的技能、技巧，要求学生在教师指导下反复多次完成某些动作和活动方式的教学模式。它又可分为心智技能练习，如听、说、读、写、算；动作技能练习，如体育运动、劳动操作、绘画活动；文明习惯练习，如卫生习惯、礼貌用语。

作业式教学是培养学生技能、技巧的主要教学模式，其教学步骤是：由教师提出练习任务，说明要求和方法并做示范；让学生独立练习，教师进行个别指导；教师检查和分析结果，做出总结。

学生练习的时候，教师要遵循强化的原则进行指导，对好的学生要及时肯定和表扬，做错的要及时纠正。及时反馈是教师指导作业的关键。

2. 教学策略

教学策略主要表现为以教师为主导的教学策略、以学生为中心的教学策略和个别化教学策略等方面。

（1）以教师为主导的教学策略。指导教学是以学习成绩为中心、在教师指导下使用结构化的有序材料的课堂教学。在指导教学中，教师向学生清楚地说明教学目标，在充足而连续的教学时间里给学生呈现教学内容，监控学生的表现，及时向学生提供学习方面的反馈。在这种教学策略中，由教师设置教学目标，选择教学材料，控制教学进度，设计师生之间的交互作用，所以，这是一种以教师为主导的教学策略。一般指导教学包括六个主要活动:第一，复习和检查过去的学习。第二，呈现新材料。第三，提供有指导的练习。第四，提供反馈和纠正。第五，提供独立的练习。第六，每周或每月的复习。这些活动并不是遵循某种顺序的一系列步骤，而是有效教学的因素，例如，反馈、复习、补教，只要有必要就要进行，并且要与学生的能力倾向相匹配。这些活动可以被看成是教授结构良好的基本知识和技能的框架，与我国传统的讲授教学相一致。

（2）以学生为中心的教学策略。以学生为中心的教学策略包括发现教学、情境教学和合作学习。

1）发现教学。发现教学，又称启发式教学，指学生通过自身的学习活动而发现有关概念或抽象原理的一种教学策略。一般来说，发现教学要经过四个阶段：首先，创设问题情境，使学生在这种情境下产生矛盾，提出要求解决和必须解决的问题；其次，促使学生利用教室所提供的某些材料，所提出的问题，提出解答的假设；再次，从理论上或实践上检验自己的假设；最后，根据实验获得的一些材料或结果，在仔细评价的基础上引出结论。

布鲁纳对发现教学的教学设计提出了四项原则：第一，教师要将学习情境和教材性质向学生解释清楚。第二，要配合学生的经验，适当组织材料。教师要在研究教材和学生实际的基础上，根据教材内容设计一个一个的发现过程，教师要仔细设计要问的问题，排列好例子，确保参考材料和设备充足，以促进学生进行自我发现。第三，要根据学生心理发展水平，适当安排教材的难度与逻辑顺序。第四，确保材料的难度适中，以维持学生的内部学习动机。材料太容易，学生缺乏成就感；材料太难，学生容易产生失败感。发现教学要进行得顺利，关键在于恰当地确定学生可进行独立探究的力所能及的最近发展区。只有教师给学生创设的问题情境最符合学生的实际水平，只要跳一跳就能达到最近发展区时，学生的探索、智力和才能就会得到发展。这时学生就会经过独立思考、亲自去发现教材中那些蕴含的东西，概括出结论，使这些新东西很快纳入自己的认识结构系统里去，把知识变成自己智慧的财富。

2）情境教学。情境教学指在应用知识的具体情境中进行知识教学的一种教学策略。在情境教学中，教学的环境是与现实情境相类似的问题情境；教学的目标是解决现实生活中遇到的问题；学习的材料是真实性任务，这些任务未被人为地简化处理，隐含于现实问题情境之中，并且，由于现实问题往往同时涉及多方面的原理和概念，因此，这些任务最好能体现学科之间的交叉性。教学过程要与实际解决问题的过程相似，教师不是直接将事先备好的概念和原理告诉学生，而是提出现实问题，引导学生进行与现实中专家解决问题的过程相类似的探索过程。学生解决问题所需要的原理和概念往往隐含在问题情境之中，学生为了解决当前问题而学习它们，通过解决问题而深刻理解它们，并把这些知识的意义与应用它们的具体问题情境联系在一起。对学习结果的测验将融合于学生解决问题的过程之中，学生在解决实际问题过程中的表现本身就反映了其学习结果。

3）合作学习。合作学习指学生们以主动合作学习的方式来代替教师主导教学的一种教学策略。合作学习的目的不仅是培养学生主动求知的能力，而且是发展学生合作过程中的人际交流能力。

合作学习在设计与实施上必须具备五个特征：第一，分工合作，指以责任分担的方式达成合作追求的共同目的。真正有效的分工合作必须符合两个条件：首先是每个学生都必须认识到工作是大家的责任，成败是大家的荣辱；其次是工作分配要适当，必须考虑每个学生的能力与经验，做合理安排。第二，密切配合，指将工作中应在不同时间完成的各种项目分配给各个人，以便发挥分工合作的效能。第三，各自尽力，合作学习的基本理念是取代为了获得承认和评级而进行的竞争，转而同心协力地追求学业成就，因为合作学习的成就评价是以团体为单位的。因此，大家都是成功者，没有失败者。要想成功，团体成员必须各尽其力，完成自己分担的工作，并且要帮助别人。第四，社会互动、合作学习的成效取决于团体成员之间的互动作用，即大家在态度上互相尊重，在认知上能集思广益，在情感上彼此支持。为此，学生必须具备两项基本技能，一是语言表达能力，二是待人处世的基本社交技巧。第五，团体历程，指由团体活动以达成预定目标的历程。这些团体活动包括如何分工、如何监督、如何处理困难、如何维持团体中成员间的关系等。

（3）个别化教学策略。个别化教学是指让学生以自己的水平和速度进行学习的一种教学策略。个别化教学策略大致包括这样几个环节：一是诊断学生的初始学业水平或学习不足。二是提供教师与学生或机器与学生之间的一一对应关系。三是引入有序的结构化的教学材料，随之加以操练和练习。四是允许学生以自己的速度向前学。经典的个别化教学模式主要有程序教学、计算机辅助教学和掌握学习。

1）程序教学。程序教学是一种能让学生以自己的速度和水平为特定顺序和小步子安排的材料的个别化教学方法。其始创者通常被认为是教学机器的发明人普莱西，但对程序教学贡献最大的却是斯金纳。程序教学以精心设计的顺序呈现主题，要求学习者通过填空、选择答案或解决问题，对问题或表述做出反应，在每一个反应之后出现及时反馈，学生能以自己的速度进行学习。这种程序能够融入书、教学机器（即一种融入程序学习形式的机器设备）或计算机。

2）计算机辅助教学。计算机辅助教学（Computer Assisted Istruction，简称 CAI）指使用计算机作为一个辅导者，呈现信息，给学生提供练习机会，评价学生的成绩以及提供额外的教学。随着多媒体技术、通信网络技术的发展，人们把以计算机为核心的所有个别化教学技术都称为信息技术在教学中的应用。与传统的教学相比，CAI 具有这样几个优越性，第一是交互性，即人机对话，学生可以根据自己的学习情况选择学习路径、学习内容等；第二是及时反馈；第三是以生动形象的手段呈现信息；第四是自定步调等。

3）掌握学习。掌握学习是由布卢姆等人提出的，其基本理念是：只要给了足够的时间和适当的教学，几乎所有的学生对几乎所有的学习内容都可以达到掌握的程度（通常要求达到完成 80%~90% 的评价项目）。学生在学习能力上的差异并不能决定他能否学会教学内容，而只能决定他将要花多少时间才能达到对该项内容的掌握程度。换句话说，学习能力强的学习者，可以在较短的时间内达到对某项学习任务的掌握水平，而学习能力差的学习者，则要花较长的时间才能达到同样的掌握程度。但他们都能获得通常意义上的 A 等或 B 等。

基于这一理念，布卢姆等人主张，要将学习任务分成一系列小的学习单元，后一个单元中的学习材料直接建立在前一个单元的基础上。每个学习单元中都包含一个小组课，他们通常需要 1~10 小时的学习时间。然后，教师编制一些形成性测验（即在学习之前或之中的成绩测验）。学完一个单元之后，教师对学生进行总结性测验（这些测验提供了学生对单元中的目标掌握情况的详细信息）来评价学生的最后能力。达到了所要求的掌握水平的学生，可以进行下一个单元的学习。若学生的成绩低于规定的掌握水平，就应当重新学习这个单元的部分或全部，然后再测验，直到掌握。采用掌握学习这个方法，学生的成绩，是以成功完成内容单元所需时间而不是以在团体测验中的名次为依据的。学生的成绩仍然有差异，这种差异表现在他们所掌握的单元数或成功学完这些单元所花的时间上。

二、高校教学测量与评价

（一）教学测量与评价概述

1. 教学测量与评价的含义

（1）教学测量与教学测验。教学测量是借助一定的心理量表及其操作，对学生的学习成绩（简称学绩）进行探查，并以一定的数量来表示的考核办法。对此，我们应该注意以下几点：首先，教学测量的目标应以教学目标为依据，测量目标应与教学目标相一致，而不能偏离教学目标。因为教学测量的目的在于考核教学成效，也就是考察教学目标的完成情况，即学生内在的能力与品德等的形成状况。其次，测验量表的科学性是有效教学测量的必要前提。因为教学测量的对象是学生内在的能力与品德等的形成状况，它不可能像物理测量那样直接进行，只能借助一定的心理量表及其操作间接测量。最后，命题的合理性与评分的客观性是有效教学测量的一个重要影响因素。因为教学成效是通过量化的学绩进行考察的。也就是说，教学成效是以学生的学习成绩为直接考察依据的，而学绩是以一定的数量来表示的。

教学测验又称学绩测验。所谓的学绩测验就是用以测量学绩的量表及操作，即选择代表学绩的一些行为样本进行考核并做出数量分析。它包含的只是测量目标的一个样组而不是全部。这个样组必须具有代表性，能有效地测量学绩。

学绩测验是教学测量的工具和手段，教学测量是对学绩所得结果的客观描述。即教学测量是借助学绩测验来对教学成效进行定量考核的一种方法。

（2）教学评价。教学评价是指系统地收集有关学生学习行为的资料，参照预定的教学目标对其进行价值判断的过程，其目的是对课程、教学方法以及学生培养方案做出决策。具体而言，教学评价是一种系统化的持续的过程，包括确定评估目标、搜集有关的资料、描述并分析资料、形成价值判断以及做出决定等步骤。

（3）教学测量与教学评价的关系。测量主要是一种收集资料数据的过程，是根据某种标准和一定的操作程序，将学生的学习行为与结果确定为一种量值，以表示学生对所测问题了解的多少。而测验是测量一个行为样本的系统程序，即通过观察少数具有代表性的行为或现象来量化描述人的心理特征。为了减少误差，测验在编制、施测、评分以及解释等方面都必须遵循一套系统的程序。

测量和测验是对学习结果的客观描述，而教学评价则是对客观结果的主观判断与解释，但这种主观判断和解释必须以客观描述为基础，否则是主观臆想。测量与测验所得到的结果，只有通过教学评价，才能判断这种客观描述的实际意义，否则所得数据或结果毫无实际价值。

2. 教学测量与教学评价的作用

教学测量与评价是检验教学成效、确定学生学习结果和教师教学效果的有效手段，是有效教学所不可缺少的环节，其作用主要体现在以下两方面：

（1）反馈—调节功能。对教师而言，通过教学测量与评价所提供的反馈信息，不仅可以了解学生能力与品格的形成状况，而且还可以了解影响学生学习的各种因素，从而可以更明确地调整教学目标、教学内容和教学方法，以提高学生的学习成效，加速心理结构的形成。对学生而言，反馈信息能使他们明确自己对有关知识、技能的掌握情况，找出学习中的薄弱环节，从而调节自己的学习行为，把时间和精力集中在需要加强的那些方面，以构建完整的能力与品格结构。

（2）激励—动机功能。对学生而言，教学测量与评价所提供的反馈信息不仅调节教学活动，而且可以激励学生的学习，起到进一步激发学习动机的作用。当学生知道自己的学习效果是好的，则可以满足其"获取成功"的需要，从而带来愉快的情绪体验，进一步增强其学习动机。如果反馈的结果说明学习效果不好，往往会引起不愉快的情绪体验，为了"避免失败"，也可以促使学生把压力变成动力，从反面来增进学生的学习动机。

总之，通过教学测量与评价所提供的反馈信息，可以了解学生的学习情况，改进教师教学，从而促进学生学习。

（二）有效教学测验的基本要求

有效的教学测验应具备四个基本要求，即测验的效度、信度和难度与区分度。

1. 测验的效度

（1）什么是效度。效度是指测量的正确性和有效性，即一个测量工具在多大程度上测量出所要测量的东西。换句话说，就是测量目标和测量结果的一致性程度。

效度是一个相对的概念。一个测量工具只是对一定的测量目的才有效。一个测验应用于某种目的是有效的，但若把它用于另一种目的和用途，可能就毫无价值。如用尺量身高有效，但量体重就无效。同样，为鉴定学生的智力水平而编制的一个测验，其测量结果却是"越用功的学生得分越高"，即这个测验测量的主要不是智力水平而是学生学习努力的程度，那么，对于想鉴别学生智力水平这一目的来说，这个测验效果不高。所以，不能笼统地说测验有效或无效。判断测验效度的高低，主要看它能达到目的的程度。

一个好的测验可以用一种或一种以上的效度来表示。由于测量的目的不同，所要求的测验效度也不同，例如，学绩测验主要涉及内容效度，智力测验更注意构想效度，教育评价重视标准关联效度，我国某些省实行的高考预测则要求预测效度。

（2）影响试题效度的原因。在测验或考试中，试题就是一种测量学生学习程度的工具，试题的效度则反映了考试结果与考核目标的一致性程度。一般来说，影响试题效度的因素主要有：试题的文字表述形式对效度有直接影响，一般在编制试题时，文字不应艰深难懂和模棱两可，试题需切合教学实际，根据教学要求和教材内容，从学生实际出发编制的试题，能有较高的效度。试题取样要合理，编制试题必须从学习内容的总体中抽取样本，并要检验这一取样是否合理。如果某测验只反映少数章节的内容，测题分值的比重不合理，或者有许多偏题、怪题，就会降低该测验的效度。试题的量要适当，不能太多，否则会因为时间的限制使学生无法充分表达测试所要考察的学习程度，降低测验的效度。

2. 测验的信度

信度是指一个测量工具对测量对象施行多次测量所获得的测量结果的一致性，即测量结果的可靠程度。它反映测量工具的稳定性和可靠性。如一个测验对同一个人施测多次，多次测量的分数基本相同，则可认为这个测验是稳定可靠的，即信度较高。反之，如某个测验对学生施测多次，同一个人每次测量的得分变化不定，有升有降，则这个测验信度就较低。

试卷信度就是指考试结果的可靠性程度，也就是考试结果与学生的真实水平的一致性程度。

影响测试信度的原因：

试卷的容量。如果试卷的容量太小，就会影响取样的合理性，造成较大的抽样误差；试卷的容量太大，测验的时间不够，大多数学生完不成测验。这两种情况都会降低测验的信度。

评分标准。评分不准确或没有统一的标准，就容易受评卷人主观因素的影响。只有制定正确而详细的评分标准，并客观掌握评分标准，才能对测试结果做出稳定和可靠的评定，提高测试的信度。

学生应试的动机。如果学生的应试动机不当或经常波动，也有碍于测验的信度。如有的考生为了获得表扬、奖励而考试舞弊，这样的应试信度必然低。只有激发学生积极的测试动机，让学生全力以赴地应试，才是保证测验信度的必要条件。

学生的健康状况和心理状态。学生在受试前和受试时良好的身心状况是提高测试信度的重要保证。

检验测试信度的方法。信度的指标用相关系数来表示，称为信度系数，通常是利用同一组受测者得到两组数据资料来计算其相关系数。相关系数的值越大，表示测量的一致性程度高，则信度越高；相关系数的值越小，表示测量的一致性程度低，信度也就越低。

检验信度的方法有如下几种：

（1）再测法。用同一种测验工具在两个不同的场合施行于相同的学生而求其结果的相关。它反映测验分数的稳定程度，其相关系数又称稳定性系数。由于教育测量是一种不可复验的特殊测量，因此，检验考试的信度一般不采取对同一对像使用同一试卷进行多次考试的再测方法。

（2）复本法。用同一组被试对两个（复本）测验得分的相关系数表示信度。它反映两个复本测验的等值程度，其相关系数又叫等值性系数。这种方法在实际中较少实施。除教师和学生付出双倍的劳动量之外，要编制一套完全等价的同类试卷也绝非易事。

（3）分半法（两分法）。就是将一个测试工具的评分按照奇数题和偶数题分成两部分，求这两部分分数的相关，即可得到信度系数。这种方法较为简单易行，但必须注意两点：一是题目数量太少不宜分半；二是分半的试题在内容和形式上应大致相似。由于分半之后，把一次考试看成了题目减半的两次考试，因而求出信度要比实际的小一些。

（4）同质法。用测验内部不同分测验之间的相关系数表示信度，估计的是测验题目的同质性和普遍性，其相关系数也叫普遍性系数。

信度系数的最大值为1，事实上是不可能达到的，因为完全没有误差的测验是不存在的，信度系数达到0.8左右就可以了。

3. 测验的难度

难度是指试题的难易程度。它是衡量题目质量的主要指标之一。有效的试题应该难度适当。

造成试题难度不当的原因。试题的难度具有一定的相对性，难度的大小，除了与内容或技能本身的难易有关外，还同试题的编制技术和受测者的经验有关。一个本来很容易的问题可以由于题目的表述不清或受测者缺乏与之有关的知识经验而变难，一个很难的问题也可能因题目的提示明显或受测者曾经有类似经验而变容易。所谓难者不会、会者不难就是这个道理。那么，究竟是什么因素造成了试题的难度不当呢？

（1）对于教学大纲和教材理解不透。这样，就不可能根据教学的目的要求和教材内容有效地编制试题。在难度上失去了客观标准，必然会出现试题难度不当的情况。

（2）对学生的实际情况缺乏了解。不能正确地估价学生，过高过低估价学生都会造成命题脱离学生的实际，出现难度不当的现象。

试卷难度的计算方法。不同的测验题型，计算方法不同。

是非题：当只有正确或错误两种答案时，可以用通过该题人数的百分比代表难度：$P=R/N$（P：难度；N：受测总人数；R：通过该题的人数），也可以用极端组的方法计算难度：$P=(PH+PL)/2$ [PH：高分组（总分最高的27%的学生）答对该题的人数占高分组学生总数的百分比；PL：低分组（总分最低的27%的学生）答对该题的人数占低分组学生总数的百分比]。

选择题：K个选项中（$K>2$）只有一个正确答案，难度可以在该项目的通过率P的基础上进行矫正，计算公式为 CP=(KP-1)/(K-1)（CP：矫正后的难度；P：未矫正的难度；K：选项的数量）。单选题可能随机猜测，用此公式可以排除这种影响。

论文型题目：用某题的平均分数为依据计算难度，P=M/W（M：全体考生某题的平均得分；W：某题规定的最高得分），也可以用极端组的方法计算难度 P=(MH+ML-2NL)/2N(H-L)[MH：高分组（总分最高的27%的学生）全体考生该题得分之和；ML：低分组（总分最低的27%的学生）全体考生该题得分之和；N：所有考生总人数的27%；H：该题最高得分；L：该题最低得分]。

题目的难度多高合适，取决于测验目的。为了考查学生对某些方面的知识、技能是否掌握（掌握性测验），可以不考虑其难度。测验要是用于选拔（选拔性测验），应采用难度值接近录取率的项目，0.50左右的难度最合适。对项目的难度特征进行分析，应考虑测验的目的。一般在0.3至0.7之间为宜。

4. 测验的区分度

区分度又叫鉴别力，是指试题区分考生的优劣程度。区分度越高，说明试卷区分考生优劣的能力越强；反之，区分能力就越差。

影响区分度的原因：

（1）试题的难度对区分度有直接的影响。试题太难和太容易，都不可能有较高的区分度。一般说来，中等难度的试题区分度较高。

（2）区分度与试题的层次密切相关。区分度高的试卷，其试题难易程度一般有三四个层次，由于题目难易不等，便可以将不同水平的学生区分开来。

第四章 人格发展与学校教育

第一节 人格概述

一、人格的含义

人格是心理学中经常使用的术语。对人格的解释,有时人们对其作广义的理解,将其解释为一个人的整个身心特质,也有人将人格作为个性的同义词使用,也有人将人格的外延界定为气质和性格,还有人将人格等同于性格。我们在这里把人格理解为一个人特有的心理面貌,将人格定义为个体在活动中表现出来的具有一定倾向的、比较稳定的心理特征的总和。显然,我们在这里是将人格作为个性的同义词来解释的。日常生活中,人们谈及的人格,有时是指人的品格。所谓丧失人格,是讲一个人缺乏最起码的道德修养。我们常说教育学生时不能损伤他们的人格,此处所讲的人格是指人的自尊与尊严。作为日常概念的人格与作为心理学术语的人格,其含义是不同的。

人格的心理结构是多水平、多层次、多侧面、十分复杂的有机整体。对于人格的心理结构,不同的人观点有异。一般人认为人格的结构包括个性倾向性、个性心理特征和自我意识三个部分。个性倾向性是决定个人对事物的态度和行为的内部动力系统,包括需要、动机、兴趣、价值观等成分。个性心理特征是指个人身上经常表现出来的稳定的、本质的心理特征,包括能力、气质、性格等。自我意识则是人格结构中的自我调控系统,包括自我认识、自我体验、自我控制、自我监督、自我评价等。构成人格的各个部分、各个要素,既相对独立,又相互渗透,相互制约,形成一个统一的整体。

二、影响人格形成、发展的因素

哪些因素影响到人格的形成、发展?人格差异是如何形成的?自古以来,人们对这些问题争论不休。归纳起来,主要观点有三种:天性说、习性说、天性习性交互作用说。天性说认为,遗传素质对人格的形成发展起决定作用,人格差异主要由先天因素所致。习性说则认为后天环境对人格的形成发展具有决定意义,将人格差异归因于后天环境的影响。天性习性交互作用说则认为天性说、习性说均是片面的，人格是先天后天多种因素共同作用的产物。现在将人格差异完全归因于先天因素或后天因素这两种极端观点已不多见。多数人认同天性习性交互作用说，只是有的人较多地强调先天因素的作用，有的人更强调后天习得的作用。

我们认为，人格的形成、发展是由生物、环境、实践活动和自我教育等因素共同决定的。生物因素影响到人格形成发展，遗传素质是人格形成发展的物质前提，遗传素质的差异是人格差异形成的重要原因。人格是在后天环境影响下，在社会实践活动中形成发展的。实践活动是人格形成发展的决定因素，决定了人格发展的方向、速度和可能达到的水平。人在实践活动中，在接受环境影响的同时，个人的主观能动性也起着重要作用，个体的自我调控也影响到人格的发展。从这个意义上讲，个体也在不断地塑造自己的人格。

各种因素对人格的影响究竟有多大？不少人试图进行定量分析，并做了不少探索。我们认为，对各种影响只能做定性的解释，定量分析是不现实的。这是因为各种因素是在交互作用过程中影响个体人格发展的，将某个因素从其他因素中分离出来进行单独考察，既不现实，也会失去意义。各个因素对人格各方面的影响也是不同的，生物因素对构成人的气质差异具有决定性作用，而性格则更多地受后天因素影响，性格是在环境影响下、实践活动中形成发展的。

（三）人格形成和发展的理论

关于人格形成和发展问题，不同的人提出了不同的见解，形成了多种学说，这里仅就影响较大的埃里克森的人格发展理论做一简介。

埃里克森认为，人格的发展贯穿个体的终生，整个发展过程可分为顺序不变的八个阶段。其中前五个阶段属于儿童成长和接受教育的时期。每个阶段都有一个由生物学的成熟与社会化环境、社会期望之间的冲突和矛盾所决定的发展危机。个体若能依次顺利地解决每个发展阶段存在的矛盾或危机，人格就能得到完善发展。否则，人格发展受阻，导致人格缺陷，适应不良。

埃里克森的学说强调人格的可变性；认为人格发展将持续一生；强调社会文化因素与人格发展的关系。这种人格发展理论指明了每个发展阶段的任务，并给出了解决危机、完成任务的具体教育方法，有助于教师理解不同发展阶段的学生所面临的冲突类型，从而采取相应的措施，因势利导，对症下药。这对于学校教育中人格培养具有现实意义。但是埃里克森的理论带有主观臆断性，缺乏实验依据，甚至他还认为人格的八个发展阶段是由遗传决定的，则更是难以令人信服。

第二节 能力差异与教育

一、能力概述

（一）能力与智力的含义

能力是指直接影响人的活动效率并使活动任务得以顺利完成的心理特征。我们平时常讲某人聪明能干，某人脑子笨，干事情不行，实际上就是在议论人的能力问题。

人要顺利地完成任何活动都必须具备一定的能力。例如，节奏感、曲调感和音乐表象是顺利完成音乐活动所必需的能力；彩色鉴别力、线条比例和形象记忆力是顺利完成绘画活动所必需的能力；而良好的记忆力、丰富的想象力、敏捷灵活的思维能力，则是从事各种活动都必须具备的能力。

能力总是和活动联系在一起的，在活动中形成发展，在活动中表现出来。但不能认为所有影响活动效率并在活动中表现出来的心理特征都是能力。如急躁、冷静、活泼、沉着等心理特征对活动的顺利进行有一定的影响，但这些不是顺利完成活动任务所必需的最直接、最基本的心理特征，因而不能称之为能力。

一般来讲，人的活动需要多种能力的参与，才能是指各种能力的有机结合。若某人将各种能力有机结合起来，出色地完成某类活动，我们说他具有某方面的才能。才能的高度发展称之为天才。天才不是天生之才，而是在良好的遗传基础上，在环境教育的影响下，通过自己的主观努力而形成发展起来的。

对于什么是智力，学术界一直存在着争议。有的人认为智力就是能力，是个体运用知识、技能的能力；有的人认为智力就是抽象思维能力；也有的人认为智力是个体适应环境的能力。较多的人认为，智力是指人的认知能力，包括观察力、记忆力、思维力、想象力、注意力等，其中思维能力是智力的核心。我们日常生活中讲的聪明愚笨就是说的智力水平的高低。智力是人的基本能力，对人的各种活动产生广泛的影响。

（二）能力与知识

能力与知识既有联系，又有区别。知识是能力形成的基础，能力是在掌握知识的过程中形成发展的。知识学习不仅是将人类的历史经验转化为个体经验的过程，而且是促进能力发展的过程，知识的学习具有益智的功能。一般而言，知识越丰富，越有助于能力的发展。"读书破万卷，下笔如有神"，"有神"之智是以"破万卷"之知为基础的。同时，能力又是知识学习的必要条件，知识的学习依赖于一定的能力，不仅如此，能力水平的高低还影响到知识掌握的快慢、深浅、好差。

能力与知识又是有区别的。能力是人的一种个性心理特征，知识是人类社会历史经验的总结和概括，作为个体的知识则是人们头脑里的经验系统。知识的掌握并不必然导致能力的发展，知识的掌握只有达到熟练的程度，通过广泛迁移，才能促进能力的发展。知识掌握程度和能力发展水平也不一定一致，我们经常发现，有的学生考试成绩平平，但人很聪明能干，而有的学生知识掌握不少，但能力并不强，这就是我们常说的"低分高能"和"高分低能"现象。正因为如此，我们在教学过程中，不仅要给学生传授知识，还要有意识地开发学生的智力，培养其能力。

（三）智力与学业成绩

学业成绩受到学生原有的文化基础、学习方法、智力和兴趣、动机、性格等一些非认知因素的影响，其中智力是影响学业成绩的主要因素之一，智力与学业成绩呈中等程度正相关。不同课程的学业成绩与智力的相关程度有差异，一般来讲，语文、数学、物理等课程的学业成绩与智力相关程度较高，而音乐、美术、劳技等课程的学业成绩与智力相关程度较低。不同年龄阶段的学生，学生学业成绩与智力的相关程度也是不同的。小学阶段，相关程度在 0.6～0.7 之间；中学阶段，相关程度在 0.5～0.6 之间；大学阶段，相关程度在 0.4～0.5 之间。大学生学业成绩与智力相关程度之所以较低，这是因为能够考取大学的学生，其智力一般是中上等的，他们的学业成绩的好差，更多地取决于非认知心理因素，而不是智力上的差异。

（四）智力与性别

男女学生的智商的平均值无显著差异。例如，我们随机各抽取 500 名同年龄的男生和女生，智力测验后分别计算男女生的智商平均值，我们会发现男女生智商的平均值无显著差异，女生智力不如男生这种说法是缺乏依据的。虽然男女学生智商的平均值无显著差异，但智商的离散程度存在着性别差异，男生离散程度大，女生离散程度小，男生特别聪明和特别笨的比例都高于女生，女生中等智力的比例大。智力的性别差异不仅反映在智商的离散程度上，也表现在智力结构上，构成智力的各个要素，存在着性别差异。例如，抽象逻辑思维能力男生优于女生，而言语能力往往女生比男生强。智力的性别差异还表现在智力类型上，例如知觉综合型的男生为多，分析型的女生比例高。

（五）智力与创造力

一个人的智力水平影响到他创造力的发展，但智力与创造力并不是简单的对应关系。高智商是高创造的必要条件，但不是充分条件。智商低，创造力肯定不高，一般来讲，智商较高才有可能有高创造力。但是，智商高的人不一定都有高创造力。对于高智商的人来讲，是否具有高创造力，主要取决于情感、意志、兴趣、性格等非认知心理因素。只有那些好奇心强、求知欲强、独立自信、意志坚定、性格顽强、兴趣广泛稳定、勤奋努力的人，才会有高创造力。

（六）智力与情绪智力

情绪智力是指一个人认知、调控、表达自己的情绪情感，认知他人的情绪情感，处理人际关系及自我激励的能力。情绪智力水平高的人能够很好地体察、调控、表达自己的情绪情感，善解人意，能够设身处地地体会他人的思想感情，善于处理人际关系，能够自我激励。情绪智力对人的学习、工作、生活及社会成就的获得有着广泛的影响，一个人要能够很好地适应环境并有所作为，不仅需要有较高的智商，还需要较高的情商。过去人们常感到困惑，同是高智商的人，有的人工作顺利，事业有成，而有的人别说事业成功，就是适应环境还很成问题。情绪智力理论的提出较好地回答了这个问题。有的人虽然智商较高，但由于情商较低，所以，社会适应性差，事业上也无所作为。那么，情绪智力对于人的发展、社会成就的获得究竟有多大的影响呢？有的人认为，社会成就的获得、事业的成功主要取决于情绪智力，更有甚者，认为事业成功的80%取决于情商，20%取决于智商。我们认为，情绪智力对人的影响固然很大，但要对其作用进行定量分析却是困难的。另外，智力与情绪智力对人的活动的影响大小，还与人的活动领域有关。例如，攻克"哥德巴赫猜想"，恐怕更多地依赖于高智商，而与人打交道的工作，像教师、导游、营销等职业或工作岗位，情绪智力的影响也许更大。

（七）智力的发展

一个人的智力是在先天遗传的基础上和后天环境教育的影响下，在实践活动中得到发展的。人的智力发展不是匀速的，出生后最初几年内一直到青春期都是智力发展的关键期。智力的各个方面的发展速度也是不均衡的，有些方面的能力较早达到高峰，而有些方面的能力达到高峰的时间较晚，较早达到高峰的能力下降也较早。总体上讲，人的智力大约２０岁达到高峰，并将此高峰保持数十年，一般的人60岁以后智力才会出现较明显的下降。人的社会成就的获得与智力发展高峰并不完全同步，可能会出现滞后现象。这是因为社会成就的获得不仅与人的智力有关，还与个体经验积累有关，因此，大多数人社会成就获得的时间，不是智力刚达到高峰的时候，往往要滞后一段时间。

二、智力结构理论

对于智力的结构，从推孟的单因素理论到斯皮尔曼的二因素理论，从桑代克的三因素论到瑟斯顿的群因素论、吉尔福特的三维结构理论，人们对智力的结构做出了各自的解释。下面对近几十年来影响较大的几种智力理论做一简介。

（一）流体智力与晶体智力理论

美国心理学家卡特尔为，一般智力因素有两个，即流体智力与晶体智力。流体智力是一种以生理为基础的认知能力，如知觉、记忆、运算速度和推理能力等。这些能力主要是先天的和依赖于大脑的神经解剖结构的，多半不依赖于学习。流体智力属于人类的基本能力，其个体差异，受教育、文化的影响较少。晶体智力是经验的结晶，所以称之为晶体智力。晶体智力是以习得经验为基础的认知能力，凡是运用既有知识与能力去吸收新知识或解决问题的能力，均属晶体智力。晶体智力与教育、文化有关，而与年龄的变化没有密切的联系，不随年龄增长而降低。卡特尔认为，流体智力是晶体智力的基础，这两种智力包含在各种智力活动中，是难以分开的。

流体智力和晶体智力有着不同的发展曲线。流体智力随生理成长而变化，随机体衰老而减退，一般来讲，十几岁时人的流体智力便达到高峰，然后逐步衰退，而晶体智力则随着年龄增长、经验的丰富而增长，甚至到了70岁左右也没有明显的衰退。按照卡特尔的见解，虽然人的流体智力达到高峰后即出现衰退，但由于晶体智力增长，因此人的智力处于高峰的时间可持续数十年。

（二）智力的三元结构理论

美国心理学家斯滕伯格认为，许多智力理论仅是对智力特质进行描述，而没有阐明智力活动的过程。他指出，应该用实验的方法来分析智力的过程，对智力活动过程的要素进行分析。他提出了智力的三元结构的理论。该理论认为，人的智力由三个相互联系的方面——分析能力、实践能力和创造能力构成。这三种能力可以分别用成分亚理论、情境亚理论和经验亚理论来加以说明。

（1）分析能力。斯腾伯格成分亚理论认为，个体内部的智力活动由元成分、操作成分和知识获取成分三者构成，元成分是智力活动中的高级管理成分，其功能是对智力活动的规划、监控和评价；操作成分是执行元成分的指令，并提供反馈信息；知识获得成分是为智力活动提供必要的材料，学会解决问题的策略。这三个成分的相互作用，使个体逐步形成包括分析、判断、评价等要素的分析能力。

（2）实践能力。斯腾伯格情境亚理论认为，面对不同的情境，个体会通过适应、改造和选择三种不同的方式求得与环境的平衡，从而表现出个体不同的实践能力。

（3）创造能力。斯滕伯格经验亚理论认为，个体的经验可以看作是一个连续体，一端是完全熟悉的，另一端是全新的，当个体面对相对新异的任务或情境而能自动化地加以处理时，则表现为个体的创造能力。

（三）智力多元结构理论

美国心理学家加德纳在他的《智力结构》这本专著里论述了人的七种智力：逻辑

数理智力、言语智力、身体—动觉智力、空间智力、音乐智力、人际智力、自我内省的智力。

逻辑数理智力是解答复杂数理问题、进行逻辑推理思考的能力。许多在科学研究方面取得成就的人，这方面智力很好。

言语智力水平高的人，擅长语言文学的学习与运用，善于准确表达内心思想感情。

身体—动觉智力与人的身体动作有关，出色的运动员、舞蹈家，他们的身体—动觉智力发展水平高。

空间智力是指从三维空间观察环境，在头脑中构成形象并使之变形的能力，这种智力与画家、雕刻家、建筑师的工作密切相关。

音乐智力指感知、欣赏、表达、创造音调旋律的能力，这是音乐工作者最必需的能力。

人际智力是一种社会智力，这种智力好的人善解人意，善于处理人际关系，与人打交道的工作岗位对他们最适合。

自我内省的智力是指善于了解自己的内心感受和行为动机并能加以表达的能力。

1999年，加德纳又在其七种智力的基础上加上了观察自然的智力这一要素。这样，其多元智力就包含八个方面。

加德纳的智力结构理论给我们以启迪。过去人们所讲的智力，主要是指科技、学术性智力，而把社会性智力基本排除在外，似乎善于了解自己、理解他人，善于运动等都与智力无关。多元智力结构理论开阔了我们的思路，这种理论的应用有利于发现不同类型的人才，更好地培养各种人才。

三、能力的鉴别

能力的鉴别有着多方面的意义：选拔人才，需要对人的能力进行鉴别；指导学生升学择业，需要了解学生的能力特点和发展水平；开展教学活动，首先需要了解学生的能力水平，然后才能根据学生能力的个别差异，因材施教。一般情况下，我们主要依据经验对一个人的能力做出鉴别。例如，教师在教学过程中，发现某个同学思维灵活，反应敏捷，理解能力强，平时学习虽然花费时间不多，但学习成绩优异，根据平时观察到的这些情况，教师对这个学生做出智力发展水平比较高的鉴定。凭经验对人的智力进行鉴别也有不妥之处：一是不太准确，鉴定的可靠性受鉴别者的水平及主观因素影响很大；二是不够精确，鉴别者只能对人的能力做出定性的描述，难以做出定量的说明。

运用测验的方法对人的能力进行鉴别，开辟了能力鉴别的新途径。1905年法国心理学家比奈和医生西蒙，共同制定了一个智力测验量表，即"比奈—西蒙智力测验量表"，用来测定人的智力。后来美国斯坦福大学心理学教授推孟，对比奈—西蒙智力测验量表进行修订，推出了"斯坦福—比奈智力测验量表"，并提出了智力年龄的概念，以智商表示智力的相对水平。智力年龄是指一个人智力上达到的年龄，智商是人的智力水平高低的指标。斯坦福—比奈智力测验量表中的测题是分年龄组的。例如，一名儿童测试通过了6岁年龄组的所有题目，又通过了7岁年龄组中的一半的测题，那么他的智力年龄为6.5岁。智商的计算公式是：智商＝（智力年龄／实际年龄）×100。这种智商又称为比率智商。

"韦克斯勒智力测验表量"是目前影响较大、运用较广的智力测验量表。韦克斯勒智力测验量表包括学龄前儿童量表、儿童量表、成人量表三套。测验量表包括操作量表和言语量表两个部分，操作量表和言语量表又由多个分量表构成。韦克斯勒智力测验量表根据一个人测试得分在同年龄人中所处的相对地位来计算智商，这种智商称为离差智商。离差智商的计算公式是：智商＝100＋15Z。运用韦克斯勒智力测验量表测出的结果，不仅可以根据量表的得分了解人的智力总体水平如何，还能根据各分量表的得分了解人的智力结构的特点。

智力测验一方面在广泛地应用，另一方面又受到种种非议。智力测验受到的批评主要集中在下列几个方面：人的智力是极其复杂的，期望通过一次测量就对人做出鉴别，未免太简单了；直到今天人们对究竟什么是智力尚未搞清楚，对智力的理解远未达成共识，在这种情况下，进行的智力测验，测出的东西是不是智力值得怀疑；人们的文化背景和生活经验不同，同一测试对于不同文化背景和生活经验的人是不公平的，若用不同的测验量表测量不同文化背景和生活经验的人，测出的结果怎具有可比性？

智力测验虽然存在着这样那样的不足，但毕竟开辟了一条对人的智力进行鉴别的新途径。智力测验的结果虽不能作为评价人的智力的唯一依据，但可以作为主要依据之一。实际工作中，将智力测验的结果与我们的经验评估结合起来，互相印证，这样有助于我们对人的智力做出较全面客观的鉴别。

智力与特殊能力、创造能力存在着复杂关系。智力水平高，特殊能力、创造能力不一定强，智力测验的结果也不能直接用于推断人的特殊能力、创造能力水平。对于特殊能力、创造能力的鉴别，人们也进行了许多有益的探索。例如，运用特殊能力、创造能力测验量表来测查人的特殊能力或创造能力。但是，无论是特殊能力测验量表还是创造能力测验量表，作为测试工具，其效度、信度等质量指标均有待提高，其有效性、可靠性远未达到理想的水平。

四、能力差异与教育

学生的能力存在个别差异，我们在教学过程中要考虑到业已存在的差异，因材施教。因材施教不是为了使每个学生达到同样的水平，而是使他们在原有的基础上，得到尽可能的发展。我们还要采取各种有效措施开发学生智力，培养学生的能力。

（一）能力差异与因材施教

大学生在能力发展水平上存在差异。一般来讲，大学生智力普遍较好，智商较高，但是，他们之间还存在一定的差异。有相当部分的学生智商很高，智力超常。在教学方面，我们的教学要求、教学内容、教学方法等，既要考虑到一般大学生的智力水平，又要兼顾智力超常的部分学生，采取一些特殊措施，使他们的潜能得到更好的发挥。例如，有的学校将智力特别好的学生单独编班，教学过程中，对他们提出更高的要求，引导他们向知识的深度和广度进军，对他们进行强化训练。有的学校允许学生跳级，或修完学分，提前毕业或读研究生。有的学校对学习潜能特别大的优秀学生配备导师，进行专门的指导，让他们尽早进入研究领域，促进他们创造能力的发展。

大学生的特殊能力也存在着差异。我们的教学措施还要考虑到学生的特长，扬长补短，因材施教。我们要在了解学生特殊能力的基础上，对学生的发展方向提供咨询意见，进行适当指导。例如，有的学生动手能力强，我们可以引导他们进行应用研究，从事技术开发工作。有的学生理论思维能力强，适合从事学术研究，我们可以引导他们向基础理论研究方向发展。我们不仅需要给予学生适当的引导，还要采取各种切实有效的措施，使他们的特殊能力得到更好的发展。社会需要各种类型的人才，根据学生的特殊能力因材施教，既有利于他们自身的发展，又能更好地满足社会的需要。

（二）智力的开发与能力的培养

人有发展的潜能，但人的智力、能力是在后天环境、教育的影响下，在实践活动中形成发展的，学校教育对于学生智力的开发与能力的发展起主导作用。

学校教育要能更好地促进学生智力、能力的发展，首先在思想观念上要重视学生智力的开发和能力培养。在教学过程中，我们不仅要向学生传授知识、训练技能，还要注意开发学生的智力，培养他们的能力。我们不仅要"授之以鱼"，更要"授之以渔"。"授之以鱼"只供一餐之需，"授之以渔"则使人终身受益无穷。从这个意义上讲，教会大学生"打鱼"比单纯"授鱼"更为重要。

促进学生智力、能力的发展，还需改革教学。在教学内容上，要注意挖掘知识的智力价值，使学生在掌握知识的过程中，智力得到相应的发展。在教学方式上，要根据学生的年龄特征和学科特点选择适当的教学方法和组织形式，综合、灵活、创造性地选用教学方法和组织形式，有利于学生分析问题、解决问题的能力的发展。对学生的学习要进行方法上的指导，培养学生的自学能力。教学过程中要注意理论联系实际，重视实践环节教学，培养学生的动手能力，使得学生不仅"心灵"而且"手巧"。对学生进行科学研究训练，组织学生参与科学研究工作，有助于学生科研能力的发展。教学评价对于教学工作具有导向和激励功能,将学生的智力、能力发展列为教学评价的内容,可以进一步提高教师开发学生智力、培养学生能力的自觉性。作为教师,要鼓励学生创新,特别重视培养学生的创造能力。

第三节 气质差异与教育

一、气质的含义

气质是指一个人心理活动的动力特征。所谓动力特征,是指人的心理活动的强度、速度、稳定性、指向性等方面的特征。例如,情绪体验的强弱,知觉速度的快慢,思维的灵活程度,注意力的稳定性程度,心理活动倾向于外部或内部等等。气质不以人的活动动机、目的和内容为转移,具有某种气质的人,在内容完全不同的活动中显示出同样性质的动力特征。气质给人的心理活动涂上了个人独特的色彩,在同一种活动中,有的人激动、沉不住气;有的人稳重、安静;有的人敏捷、活泼;有的人冷静、沉着。

心理学中讲的气质与日常概念的气质是有区别的。心理学上的气质,是指一个人的脾气、性情方面的特征。例如,我们常常说某人脾气急躁,某人的性情温和。张三是个急性子,说话办事总是风风火火,李四是慢性子,做什么事情都不着急,慢吞吞的。日常生活中人们所谈论的气质,其概念外延含糊,不仅指人的脾气、性情,还把个人的风格、风度等混杂在一起,笼统地称之为气质。所谓气质好,更多地是指个人的风格、风度有其独特的魅力,使人持肯定的态度。

气质具有天赋性。在新生儿中,气质差异便显现出来:有的对外界刺激反应迅速,活泼好动,哭声响亮;有的则比较安详宁静,哭声轻微,对外界刺激反应较缓慢。这些特征在他们以后的游戏、学习、人际交往中都有所表现,并直接影响其人格的形成和发展。正因为气质具有天赋性,因此,它稳定而不易改变。但气质仍具有一定的可塑性,它会随着年龄和生活经历的变化而发生不同程度的变化,只是这种变化较之其他心理特征的变化要缓慢得多。

二、气质的学说

人与人气质上存在着差异,这种差异是怎样形成的,人们提出了各自的见解。

(一)体液说

希波克拉底是古希腊著名的医生,他认为人体有血液、黏液、黄胆汁、黑胆汁四种体液。这四种体液协调,人就健康,不协调的人就会生病,感到痛苦。罗马医生盖伦从希波克拉底的体液说出发，将人体内的体液的混合"比例"用拉丁语命名为"Temperamentum"，这便是近代"气质"概念的来源。这四种体液在人体内的不同比例结合形成了人的四种不同气质：黄胆汁占优势为胆汁质，血液占优势为多血质，黏液占优势为黏液质，黑胆汁占优势为抑郁质。

希波克拉底等人将人的气质差异归因于人体内的四种体液比例不同，这种见解是缺乏科学依据的，然而他们对人的气质类型的划分还是有意义的，概括出的四种气质类型，是有一定代表性的，这四种气质类型的名称也被人们沿用至今。

（二）体型说

德国精神病专家克瑞奇米尔，依据临床观察及对正常人的研究，认为人的身体结构与气质特征以及所患精神病种类有一定关系。他把人的体格类型分为三种：肌肉发达的强壮型，高而瘦的瘦长型，矮而胖的矮胖型。他认为不同体型的人具有不同的气质类型，如矮胖型的人，外向而易动感情；瘦长型的人，内向而孤僻。美国心理学家谢尔顿，对体型与气质的关系进行了更深入的研究，发现体型与气质类型存在着很高的正相关，由此断言，气质主要是由体型决定的。

对于这种见解我们持谨慎的怀疑态度。气质与体型也许存在相关，但存在相关并不一定意味着二者存在因果关系。体型说没能揭示身体特征对气质究竟起什么作用，是如何起作用的，这大大降低了这种学说的说服力。

（三）血型说

有的人认为，人的气质是由血型决定的，日本学者古川竹二根据血型把人的气质分为 A 型、B 型、O 型和 AB 型四种。A 型气质的人内向、保守、多疑、焦虑，缺乏果断性，容易灰心丧气；B 型气质的人外向、积极、善交际、感觉灵敏、好管闲事；O 型气质的人胆大、好胜、霸道、好支配人、意志坚强、积极进取；AB 型气质的人兼有 A 型和 B 型的特征，外表是 B 型，内里是 A 型。用血型的不同来解释气质差异显然是说不通的。同样血型的人，可能气质差异甚大，不同血型的人，可能表现出相似的气质特点。

（四）激素说

在解释气质的生理基础问题上，伯尔曼的激素理论影响较大。这种理论认为，人的气质特点是由内分泌活动决定的。根据某种内分泌腺特别发达，而把人分为甲状腺型、垂体型、肾上腺型、性腺型、副甲状腺型。内分泌类型不同，有着不同的气质特点。美国有些学者研究发现，人体内肾上腺素与血清素也影响到人的气质，肾上腺素比例高的人脾气急躁、冲动，血清素比例高的人则性情温和。

从日常生活经验来看，激素确实影响到气质。例如，雄性的动物攻击性强，雌性动物则性情温和。人到更年期脾气性情的变化也与激素分泌的变化有关。现代生理学研究表明，从神经—体液调节来看，内分泌腺活动对人的气质影响是不可忽视的。但过分强调激素的影响，忽视神经系统，特别是高级神经系统活动特性对气质的影响则是片面的。气质的直接生理基础，主要是高级神经系统活动的特性，内分泌腺的活动、激素的合成和分泌直接或间接地受神经系统所控制。

（五）高级神经活动类型学说

巴甫洛夫关于高级神经活动类型学说，为气质类型的生理基础做出了科学的解释。巴甫洛夫通过动物实验研究发现，不同动物在形成条件反射时有差异。动物神经系统的三种特性，即兴奋和抑制的强度、兴奋和抑制的平衡性、兴奋和抑制的灵活性，在动物个体身上存在着差异与不同的结合。巴甫洛夫依据强度、平衡性、灵活性这三种特性的不同结合，把高级神经活动分为四种基本类型：强、不平衡型；强、平衡、灵活型；强、平衡、不灵活型；弱型。这四种神经活动的基本类型是动物与人类共有的。高级神经活动类型与气质类型有着对应关系，高级神经活动类型是气质的生理基础，气质是高级神经活动类型的外在表现。

三、气质类型及其鉴定

（一）气质类型及其特征

气质可分为胆汁质、多血质、黏液质、抑郁质四种基本类型。其各自所表现的心理与行为特征不同：

胆汁质：坦率、精力旺盛、反应迅速、情绪发生快而强、急躁易冲动、具有外倾性。

多血质：活泼好动、反应迅速、敏感、情绪发生快而多变，注意兴趣易转移，善交际，具有外倾性。

黏液质：沉着、安静、反应缓慢、情绪发生慢而弱，注意稳定，往往表现为固执和淡漠，具有内倾性。

抑郁质：情绪体验深刻、敏感，反应慢，行动迟缓，行为孤僻，心理脆弱，具有内倾性。

现实生活中，典型单一的气质类型的人不多，气质类型多为中间型或混合型的，多数人是近似于某种气质，或兼有数种气质类型的特征。

（二）气质的鉴别

气质的鉴别可通过多种方式进行，常用的气质鉴别方法有观察法、条件反射测定法和测验法。

1. 观察法

观察法是在日常生活中，对鉴别对象的心理、行为进行有目的、有计划的观察，记录他的言语、情绪及行为表现，并将观察到的结果与各种气质类型的心理特征进行对照，以此来确定人的气质类型。若某人的心理、行为表现与胆汁质的特征非常一致，我们就将其鉴定为胆汁质。若某人的心理、行为兼有两种气质类型的特征，我们说这个人的气质属于中间型的或混合型的。

运用观察法对人的气质进行鉴别，需花费较多的时间，并需观察个体在不同的情境下的行为表现，这样才能把个体的偶然表现与稳定的特征区分开来，从而对其气质做出客观、准确的鉴定。观察法的优点是不需要特定的条件，可在日常的教育教学活动中对学生的气质进行鉴别。

2. 测验法

测验法是运用气质量表对人的气质进行测量，以鉴定人的气质类型。在国外，这方面的研究较早，编制出多种气质测验量表，如瑟斯顿的气质量表、斯特里劳气质调查表、罗萨诺夫的气质问卷表等，国内也有些学者对国外的气质量表进行修订，用于测试我国学生的气质。我们心理学家陈会昌教授编制了气质调查表，调查表有60道题，根据被试回答进行记分，然后根据各类题目得分，确定气质类型。该调查表简便易行，效度和信度也比较高。

气质调查表测题举例：

① 做事力求稳妥不做无把握的事。
② 遇到可气的事就怒不可遏，想把心里话全说出来才痛快。
③ 宁肯一个人干事，不愿很多人在一起。
④ 到一个新环境很快就能适应。
⑤ 对学习、工作、事业怀有很高的热情。
⑥ 能够长时间做枯燥、单调的工作。
⑦ 符合兴趣的事情，干起来就劲头十足，否则就不想干。
⑧ 认为墨守成规比冒险强些。
⑨ 能够同时注意几件事物。
⑩ 当我烦闷的时候，别人很难使我高兴起来。

四、气质差异的教育意义

学生的气质差异是客观存在的，且气质特点更多地受先天因素的影响，我们在教育过程中应正确对待学生业已存在的差异，因势利导，根据其气质差异因材施教。

（一）气质类型无好坏之分，不能决定人的社会价值和成就的高低

气质本身不涉及人的活动方向和性质内容，因此，各种气质类型无所谓好坏。同样气质类型的人，其社会价值和成就可能不同，有的人为社会做出重大贡献，永载史册，

有的人无所作为，甚至危害社会，成为历史的罪人。不同气质的人同样可能有所作为，取得重大社会成就。俄罗斯四位著名文学家气质各不相同，普希金具有胆汁质的特征，赫尔岑是多血质，克雷洛夫是黏液质，果戈里则是抑郁质，虽然他们气质类型各不相同，但同样在文学方面取得巨大成就。

（二）气质特征是职业选择的依据之一

气质类型虽无好坏之分，但对人的实践活动还是有一定影响的。各种气质类型各具特点，各有优点与不足，对人的职业活动有不同程度的影响，影响到人的活动方式和活动效率、效果。作为教师，我们要在对学生的气质全面了解的基础上做出鉴定，然后根据不同的职业活动的特点和不同气质类型对职业活动的适应性，对学生进行升学、择业的指导。例如，教师、营销、导游等职业或工作岗位，多血质的学生更为适合，图书资料管理、保管、内勤等工作岗位，黏液质的人比较适合。有些职业对人的气质特征有着特殊要求，例如航空港的调度、飞行器的驾驶等要求从事这些工作的人有胆识、有耐力，在危急情况中能够镇定自若，并有高度敏捷性，不具备这些气质特征，就难以适应这些工作。对于这些特殊的工作岗位，气质特征甚至是决定取舍的依据之一。

（三）根据学生气质差异因材施教

学生在气质上存在着个别差异。教育过程中，教育者要根据学生的气质特点，采取相应的教育措施。例如，胆汁质类型的学生脾气急躁，对他们进行教育，既要触动他们的思想，又要尊重他们的人格，不要轻易激怒他们，以防止他们产生过激反应。教育这种气质类型的学生，采用"以柔克刚"的方式较为妥当。抑郁质类型的学生，对外界刺激敏感，但心理脆弱，承受力低，采用暗示这种间接、含蓄的方式进行教育，效果较为理想。教育过程中，我们的教育措施不仅要适应学生的气质特点，还要注意采取适当的方式弥补学生气质的不足之处，促进学生健康发展。

气质类型与人的心理健康存在着一定的关系。相对而言，胆汁质和抑郁质这两种气质类型的人，受到不良刺激，遭受挫折，较之其他两种气质类型的人，心理上容易出问题。教育过程中我们对这两种气质类型的人应给予更多的关注与指导，以维护他们的心理健康。

第四节 性格差异与教育

一、性格概述

（一）性格的含义

性格是指一个人对现实稳固的态度以及在与之相适应的习惯化了的行为方式中表现出来的心理特征。性格具有道德评价意义，是人格中具有核心意义的部分。

人在与客观世界交互作用过程中，周围的客观事物不断地作用于人，人对客观事物也总是以一定的态度和相应的行为方式与之应答，当这种态度和行为逐渐在一个人身上稳固地保留下来时，便形成了这个人的性格。例如：有人诚实、勇敢、谦虚、乐于助人；有的人热情、开朗、活泼、外露；有的人拘谨、内向、冷漠；有的人懒惰、吝啬、傲慢、自私自利。

（二）性格与气质

性格与气质既有联系又有区别。气质与性格同属较稳固的人格特征，二者是相互影响的。气质影响到性格的形成和发展的速度及表现方式。例如，自制力的形成，胆汁质者需要经过较大的克制和努力，而抑郁质的人则容易形成。同是勤奋的人，气质不同，其表现方式可能不同，多血质的人可能表现为情绪饱满、精力充沛，黏液质的人可能表现为操作精细，踏实肯干。性格也影响到人的气质，性格可以在一定程度掩盖或改造气质，使它服从于生活实践的需要。具有坚强性格的人，可以克服和遏制他气质中的某些消极方面，发展其积极的方面。例如，抑郁质的人，在社会化进程中，如能形成良好的性格特征，也能逐渐改变其弱型的气质。

性格与气质又是有区别的。气质更多地受先天因素（高级神经活动类型）制约，而性格则是在后天的影响下，在社会化的进程中逐渐形成的，更多地受社会因素的制约；气质和性格既具有一定的稳定性，又有一定的可塑性，相对而言，气质的稳定性要强些，性格的可塑性要大些；气质无道德评价意义，无好坏之分，性格具有道德评价意义；气质与性格在人格结构中，不同年龄阶段所起作用不同，随着年龄的上升，气质的作用呈下降趋势，性格则逐渐起主导作用，具有决定性意义。

（三）影响性格形成、发展的因素

性格是在一定的生理素质的基础上，主要是在后天环境教育的影响下，在实践活动中形成发展的。

1. 生理因素

高级神经活动类型既是气质的生理基础，也直接影响到人的性格的形成和发展。虽然任何一种高级神经活动类型都可以形成任何性格特征，但难易程度有别。高级神经活动强而不平衡型的人，容易形成勇敢等性格特征，不易形成自制等性格特征。强、平衡、不灵活型的人容易形成踏实等性格特征，不易形成外向、开朗等性格特征。个体生理特征还对人的性格产生间接影响。体质、容貌、体格、成熟早晚等生理特点虽不能够直接决定人的性格，但其间接影响却是存在的，这些生理特点影响到个体与他人的交往方式、师长的教养方式、外界的评价等，从而间接地影响到人的性格。例如，体弱多病的孩子，从小受到家庭过多的呵护，容易形成胆小怕事、依赖性强等性格特征；漂亮的孩子，受到过多的赞扬，过分的宠爱，则容易形成自以为是、任性、自我中心等性格特征；成熟较晚的孩子容易形成胆小、退缩、自卑、内向等性格特征。

2. 环境因素

生理因素虽然直接或间接地影响到个体性格，但对性格的形成、发展并不起决定作用，一个人的性格是由他所生活的环境和生活经历所决定的。个体性格的雏形是在家庭影响下形成的。父母的教养方式、家庭氛围、儿童在家庭中扮演的角色等因素影响到人的性格。教养方式可分为民主型、专制型、溺爱型、放任型等类型，不同的教育方式可能导致孩子不同的性格特点。父母作风民主，充分理解孩子的兴趣爱好，尊重其意见，鼓励他们做出自己的选择，满足他们合理的需要，则儿童大多表现出独立、自信、谦逊、礼貌、理解他人。专制型的教养方式，易使儿童形成消极、冷漠、自卑、固执等性格特征。父母溺爱孩子，则可能使儿童表现出依赖、胆怯、任性、自我中心等性格特征。

家庭关系融洽，相互尊重理解，有利于儿童良好性格的形成。家庭气氛紧张，家庭成员关系冷漠，充斥吵闹、隔阂、猜疑，会给儿童性格健康发展带来严重的影响。我们平时也会发现，缺陷家庭的儿童，其性格缺陷的比例远高于普通家庭的儿童。

儿童在家庭中扮演的角色也影响到他们性格的发展，有的独生子女在家中充当了"小太阳"的角色，家长一切围绕"小太阳"转，这使得儿童容易形成任性、自负、以自我为中心等特点。同卵双生子，若其中一个被告知是姐姐，扮演姐姐角色的儿童就容易形成独立、主动、善交际等特点，而另一个扮演妹妹的角色，扮演妹妹角色的儿童就容易养成被动、依赖、缺乏主见等特点。

学校教育对性格的形成发展起主导作用。学校的校风、班风，教师的教育以及教师自身的性格特点等因素影响到学生的性格发展。良好的校风作为一种心理环境对学生的性格有着潜移默化的影响，对学生的发展有着积极的影响。班风对性格的形成发展也有着特殊的意义，一个团结向上的班集体可以培养学生坚强的意志和合作精神，发展他们的责任感、义务感和关心集体、关心他人的品质，良好的班风对学生的发展有积极的作用。

教师根据教育要求和学生的年龄特点，通过各种教育教学活动，利用适当的教育方式塑造学生良好的性格，有利于学生性格健康的发展。同时，教师自身的性格特点对学生也具有潜移默化的影响。学生具有向师性和模仿性的特点，品格高尚的教师往往成为学生的楷模，对学生的性格产生积极影响。

宏观的社会环境包括政治、经济、文化传统、风俗习惯、社会观念等。生活在特定的文化中的人，经过社会学习，将本节化的道德标准、价值观念潜移默化地吸收、内化，构成性格的一个部分。大众传播媒介作为社会环境影响的一个方面，也影响到人的发展。各种传播媒介向人们提供有关社会事件和社会变革的信息，以及各种不同的角色模式、价值标准、行为规范等，对性格产生积极或消极的作用。

社会微观环境也影响到人的发展。俗话说"近朱者赤，近墨者黑""蓬生麻中，不扶自直"。同龄伙伴的交往，社区内耳闻目睹的人与事，都对性格产生积极或消极的影响，"孟母三迁"的故事，说明了社区环境对人的发展的影响是不可忽视的，良好的社区环境，有助于人的性格发展。

3. 个人主观因素

人在实践活动中，在接受环境影响时，个人已经形成的需求系统、动机体系、认知结构、价值观念等主观因素影响到人对外界信息的选择及其反映。作为其性格发展和完善的内部调控系统，规范和制约着性格发展的方向和内容。正因为如此，作为家庭、社会、学校除了要为人的性格发展提供和创造良好的环境和教育条件以外，还应充分调动和发挥学生自身的积极性、能动性，使之成为自己性格的塑造者和教育者，特别是自我意识接近成熟的大学生，更要借助自我教育，加强自我修养，完善自己的性格。

二、性格特征与类型

（一）性格特征分析

性格有着非常复杂的结构，是由多种性格特征构成的有机整体。性格的结构是由性格的态度特征、性格的理智特征、性格的情绪特征、性格的意志特征四方面组成的，我们可以从这四个方面对性格的特征进行分析。

性格的态度特征：性格的态度特征是指一个人对社会、集体、他人、自己及对学习、工作等方面的态度特征。这是性格结构中最重要的部分，具有道德评价意义。例如，有的人以积极态度对待社会、对待人生，有的人则看破红尘，得过且过，以消极的态度处世；有的人热爱集体、严于律己、宽厚待人，有的人则对集体、对他人漠不关心，为人刻薄势利；有的人工作勤奋、踏实，富有创新精神，有的人则办事马虎，敷衍了事，墨守成规；有的人谦虚谨慎、自尊自爱，有的人狂妄自大、自由放任。

性格的理智特征：性格的理智特征是指一个人在认知活动中表现出来的性格特征。与智力不同，智力差异体现在认知水平上，而性格差异体现在认知风格上。表现在感知方面的性格特征：主动观察型的人，不易受环境干扰，主动根据目的、任务进行观察，被动观察型的人，易受暗示，易受环境干扰。表现在思维方面的性格特征：有的人思考问题总是深思熟虑，有的人则盲目冲动；有的人灵活细致，有的人粗枝大叶。表现想象方面的性格特征：有的人想象主动、积极、现实，有的人想象被动、想入非非、脱离实际。

性格的情绪特征：性格的情绪特征是指人在情绪活动时在强度、稳定性、持续性和主导心境等方面表现出来的性格特征。例如，有的人情绪强烈且不易控制，有的人的情绪强度较弱；有的人情绪比较稳定持久，有的人喜怒无常；有的人精神饱满，无忧无虑，积极的心境占主导地位，有的人情绪低沉，抑郁悲哀，消极的心境占主导地位。

性格的意志特征：性格的意志特征是指一个人自觉地调节自己行为方式和水平方面的性格特征。例如，有的人行动目的性强，对行动的意义有清晰的理解，有的人则行动盲目；有的人对行为的控制调节水平高，有的人的行为易受情绪等因素干扰；有的人办事果断，有的人处理问题优柔寡断；有的人做事有恒心，有的人易见异思迁，做事虎头蛇尾。

（二）性格的类型

一类人身上所共有的某些性格特征的独特结合称之为性格类型。按照一定的标准对性格进行分类，有助于了解人的性格的主要特征和性格的实质，这不仅具有一定的理论价值，还具有一定的实践意义。性格的分类，没有公认的标准和方法，现介绍常见的几种方法。

1. 机能类型说

这种分类方法是根据理智、情绪、意志在性格特征中占优势进行分类的。若某人思考问题处理事情，用理智的尺度来衡量，并以理智支配自己的行为，这就是理智型的。若一个人容易感情用事，心理、行为易受情绪支配，那么他就属于情绪型的。意志型的人行为目的明确，对行为的意义有深刻的理解，具有果断、自制等特点。现实生活中，既有上述类型性格的人，但更多的是中间型的人。

2. 向性说

根据心理活动倾向于外部或内部，可将性格类型分为外倾型和内倾型。外倾的人情感常流露于外，善交际，处事能当机立断，不拘小节，但较轻率。内倾的人喜、怒、哀、惧不外露，交际面窄，处事谨慎，爱思考，多疑，对环境不易适应。外倾、内倾是相对的，大多数的人介于二者之间，或稍倾向于外，或稍倾向于内。

3. 独立性说

根据个人独立性程度,可将性格分为独立型和顺从型。独立型的人相当于我们平时所说的个性强的人,顺从型的人相当于我们平常所说的随和的人。独立型的人,办事有主见,心理、行为不易受他人影响,常将自己的意见强加于他人。顺从型的人处理问题缺乏自己的见解,人云亦云,容易受他人的影响,亦愿意接受他人的支配。

第五章 大学生的人际交往及其调适

第一节 人际交往概述

交往是两个或两个以上的人借助语言符号系统或非语言符号系统，进行沟通、理解产生行为的过程。人际交往主要是通过语言符号系统或非语言符号系统实现的。它不仅是群体成员共同活动的特殊形式，也是人们交流思想感情、传递信息的重要手段，更是人们表达情感、解除内心紧张、获得对方同情和理解的主要途径。

一、人际交往的含义

人际交往是人类社会活动的一种特殊形式。人有各种各样的需要，其中交往的需要是人的基本需要之一。人际交往包括两个方面的含义：

从动态的角度说，人际交往是指人与人之间的信息沟通和物品交换。语言信息的交流与沟通，是人们在社会生活中相互联系的主要形式。有人估计，除了8小时的睡眠以外，在其余的16小时中约有70%的时间，人们都在进行相互交往，沟通信息，如读、听、写等。就信息传递而言，人际交往与一般通信工具的信息传递不同，具有自己的特点。具体表现在：首先，交往双方都处于积极主动的状态。交往是双方相互作用的过程，是信息的积极交流和理解；其次，交往在一定程度上改变了双方的关系。人们在交往中不仅交换信息，而且相互产生心理上的影响，使交往双方的态度和行为趋于一致，从而使交往双方建立起良好的人际关系；最后，人际交往过程中会产生特殊的社会性和心理性的障碍。社会文化背景、个人的社会地位、需要、动机以及交往双方的个性特点的差异等都会妨碍交往的正常进行。

从静态的角度说，人际交往是指人与人之间已经形成的关系，即通常所说的人际关系。人际关系的变化和发展取决于人们的心理需要满足的程度。如果交往双方的社会心理需要都能获得满足，那么，人们之间发生并保持一种亲近的、信赖的、友好的关系。如果一方对另一方因某种原因表示不友好、不尊重，则另一方就会产生疑虑和不安，就会增大心理距离，使原来的亲密关系变成疏远关系，甚至有可能发展成敌对关系。

二、人际交往的阶段

人际交往过程中必然形成一定的人际关系。人际关系是人与人之间心理上的关系，心理上的距离。人际关系反映了个人或团体寻求满足其社会需要的心理状态，以及交往过程中双方自我暴露的水平。因此，根据人际交往过程中双方社会需要的满足程度、情感卷入水平以及自我暴露水平的不同，从交往由浅入深的角度，可以把人际交往分为定向、情感探索、感情交流和稳定交往四个阶段。

（一）定向阶段

定向阶段包含着对交往对象的注意、抉择和初步沟通等多方面的心理活动。初步沟通是我们在选定一定的交往对象之后，试图与这一对象建立某种联系的实际行动。由于初步沟通实际上是试图建立更深刻关系的尝试，因此，尽管我们所暴露的有关自我的信息是最表面的，但我们都希望在初步沟通过程中给对方留下良好的第一印象，以便使以后关系的发展获得一个积极的定向。

（二）情感探索阶段

本阶段的任务是彼此探索双方在哪些方面可以建立真实的情感联系，而不是仅仅停留在一般的、正式的交往模式上。随着双方共同情感领域的发现，双方的沟通也会越来越广泛，自我暴露的深度与广度也逐渐增加。但人们的话题仍避免触及别人秘密性的领域，自我暴露也不涉及自己根本的方面。双方的交往模式仍与定向阶段相类似，具有很大的正式交往特征，彼此还都仍然注意自己表现的规范性。

（三）感情交流阶段

双方关系的性质开始出现实质性变化。此时双方人际关系安全感已经得到确立，因而谈话也开始广泛涉及自我的许多方面，并有较深的情感卷入。双方的表现已经超出正式交往的范围，正式交往模式的压力已经趋于消失。人们会相互提供真实的评价性的反馈信息，提供建议，彼此进行真诚的赞赏和批评。如果关系在这一阶段破裂，将会给人带来相当大的心理压力。

（四）稳定交往阶段

人们心理上的相容性进一步增加，自我暴露也更广泛深刻。人们已经可以允许对方进入自己高度秘密性的个人领域，分享自己的生活空间和财产。但实际生活中，很少有人达到这一情感层次的友谊关系。许多人同别人的关系仅仅在第三阶段的同一水平上简单重复。

三、人际交往的功能

（一）信息交流功能

有人估计，人们除了睡眠以外，其余的时间约有70%都在进行相互交往，以达到思想交流、互通情报的作用。新的科学技术革命的核心是"信息革命"。科学家研究发现，人类的知识在19世纪每50年增加一倍，20世纪每10年增加一倍。其中20世纪70年代每5年增加一倍，而现在更缩短到约每3年增加一倍。信息作为社会生活中的动力和原料已经展示出越来越大的意义。信息是多种多样的，信息交流的方式也是多种多样的，而人际交往就是一种获得和交流信息的有效方式。一个人从书本上学到的知识毕竟是有限的，而通过人际交往，就能以更迅速的方式直接获得信息。

（二）促进发展功能

人际交往是个人社会化的起点和必经之路。社会化即个人学习社会知识、生存技能和文化，从而取得社会生活的资格，开始发展自己的过程。如果没有其他个体的合作，个人是无法完成这个过程的。人只要活着，不管你愿意或自觉与否，都必须与人进行交往。人一生的成长、发展、成功，无不与同他人的交往相联系。从人际关系中得到信息、机遇、扶助就可能帮助你走上一条成功之路。现代科学技术的发展使我们越来越依靠群体的力量，人与人之间的情感沟通和智力交往使某些工作出现质的飞跃，这种"群体效应"已越来越成为各项工作的推动力。这种效应的出现主要是在人际互动和交往中实现的。在交往过程中，彼此互相学习，共同提高，可产生"1+1>2"的智力共振。

（三）协调整合功能

人与人之间存在各种各样的差异，有时这种差异还会导致激烈的矛盾冲突。在社会生活中为了协调人们的行为，使之保持平衡，避免发生相互干扰及矛盾冲突，就会产生社会公约与团体规范。这些公约与规范之所以发生作用，乃是因为通过人际交往将社会信息传递给每个社会成员，从而促使人们的行为相互协调、保持一致。人际交往常能使人们联合起来，形成一个整合的主体。任何一个企业单位其产品的畅销、成本的降低、获利的增多、技术的革新等等，都必须从社会上得到信息。这些信息包括市场的需要，最新的技术资料，同行企业的动态等。企业的领导人必须把上述信息在企业内部进行上下左右的沟通，通过上情下传或下情上传，才能引导大家集中力量、统一步调、分工协作地实现其团体目标。

（四）自我认识功能

人的自我意识的保持和自我价值感的确立是通过社会比较过程来实现的。一个人只有将自身置于社会背景之中，通过将自己与别人进行比较才能确立自己的价值。所以，人需要了解别人，也需要通过别人来了解自己。因此，需要同别人进行交往，需要同别人建立并保持一定的人际关系。一个人必须不断地通过社会比较获得充分信息，使自己相信自己是有价值的，才能保持其稳定的自我价值评判。如果社会比较的机会被长期剥夺，则会使人因缺乏自我状况的社会反馈信息而导致个人价值感丧失的危机，并使人产生高度的自我不稳定感。人是不能忍受自己的价值得不到肯定的。因此，自我不稳定感会引起人的高度焦虑，并促使人去同他人进行交流，进行有意无意的社会比较，以便获得有关自我状况的社会反馈，了解自我，使自己的行为具有明确的方向，并使自我价值感重新得到确立。

（五）心理保健功能

通过彼此相互交往，诉说各自的喜怒哀乐，可增进人们之间的亲密感、安全感，并能从中吸取力量，这对保证人的心理健康无疑都是必需的。心理学研究证明，环境剥夺——即以人为方法造成感觉经验、一般外来刺激及社交机会的匮乏，对个体的身心发展都会带来极大的损伤。如母子间正常交往的剥夺可造成孩子智力发育不足和情绪上的挫折与异常。心理学家研究发现，如果一个人长期缺乏与别人的积极交往，缺乏稳定而良好的人际关系，这个人往往就有明显的性格缺陷。心理学家也从各个不同角度做过大量的研究，结果发现，健康的个性总是与健康的人际交往相伴随的。心理健康水平越高，与别人交往越积极，越符合社会的期望，与别人的关系也越融洽。有的社会心理学者认为，人们要求交往是出于和睦、解除恐惧的需要。

四、人际交往的原则

（一）平等原则

社会主义社会人际交往，首先要坚持平等的原则，无论是公务还是私交，都没有高低贵贱之分，要以朋友的身份进行交往，才能深交。大学生来自全国各地，年龄、经历、文化水平等都大体相同，并无尊卑之分，他们交往的原则应该是平等的。无论何时何地，无论年龄高低，任何大学生都要做到平等待人，决不允许任何人自视特殊，居高临下，傲视他人，否则就会脱离群体，成为孤家寡人，造成心理上的孤独感。调查表明，那些优越感很强，喜欢显示个人特长和家庭背景的大学生，多数人缘关系较差，即使能力很强，也无法发挥。因为不坚持平等交往原则的人是不会被他人欢迎和接受的。

（二）尊重原则

生活中，每个人都有自己的人格尊严，并期望在各种场合得到他人的尊重。生活的实践告诉我们，只有尊敬别人的人，才能获得别人的尊敬。所以大学生首先必须学会尊重别人，包括尊重别人的人格、权利和劳动果实。古人说："敬人者，人恒敬之。"俄国作家屠格涅夫有一天走在大街上，一个年迈体弱的乞丐向他伸出发抖的双手，大作家找遍所有的口袋，分文没有，感到惶恐不安，只好上前握住乞丐的那双脏手，深情地说道："对不起，兄弟，我什么也没有，兄弟。"哪知，大作家这一声声"兄弟"却超过了钱币的作用，立即使老乞丐为之动容，泪眼蒙眬地说："哪儿的话，这已经很感恩了，这也是恩惠啊！"这个故事说明，无论什么人，无论地位高低，渴求得到尊重的心理是一样的。所以大学生在人际交往中一定要学会尊重别人。

（三）信用原则

人是离不开交往的，而交往离不开信用。所谓信用指一个人诚实、不欺、信守诺言。古人有"一言既出，驷马难追"的格言，现在有以"诚实为本"的原则。不要轻易许诺，一旦许诺，就要设法实现，以免失信于人。朋友之间应言必信，行必果；不卑不亢；端庄而不过于矜持，谦虚而不矫饰诈伪；不俯仰讨好位尊者，不藐视位卑者，显示自己的自信心，取得别人的信赖。信任是忠诚的外在表现，讲信用是相对于他人而言的，没有交往便没有信用问题，单独的个人就不存在信用问题。在大学生的人际交往中，取信于人是非常重要的。美国一位心理学家曾做过一次心理调查，让大学生说出最喜欢和最不喜欢的人的有关人品的形容词，结果学生评价最高的品质是忠诚，评价最低的是虚伪。由此可见，信用在人际交往中的意义和分量。

（四）互助原则

这是一种崇高的道德力量，是纯洁友谊的内容，不要将此曲解成斤斤计较的功利原则，如"我今天帮助你，你明天必须报答我"，或"我不图别人的好处，但我也决不白施于人"。它要求我们在别人遇到困难时伸出热情之手，像雪中送炭一样给别人以物质或精神的慰藉，互助的关键是要出于真诚。当然，互助也要注重双向性、互利性，如果一方只索取不给予，或只给予不索取，那就容易使另一方或者认为自己被人利用，或者误解对方的诚意，不敢再进一步向对方敞开心扉，从而中断交往。事实证明，交往中越缺乏真诚互助，双方的关系就越容易疏远。

（五）宽容原则

大千世界，芸芸众生，每个人都有不同的个性和爱好，而且"金无足赤，人无完人"。因此，我们与人交往时，既不能用一种标准去要求他人，也不能苛求他人，要学会宽容，求同存异。宽容他人也就是在宽容自己，苛求他人也就是在苛求自己。不会宽容他人也同样得不到他人的宽容。宽容原则非常重要，因为大学生交往中的许多问题都是由于不宽容造成的。要能宽容别人，首先要理解别人，学会设身处地地为别人着想。而要真正理解别人，为别人着想，又要多交流，深入了解各自的性情爱好和价值观念，这样才不至于在出现问题后无端猜疑，造成纠纷，有碍于形成宽容和谐的交往气氛。宿舍交往中生活小事的磕磕碰碰更是难免，这个时候就更需要每个同学以宽容的心态对待问题，否则，小的摩擦就可能酿成严重的后果。

三、人际交往的影响因素

（一）仪表

个人的仪表包括长相、仪态、风度、穿着等，这些都会影响人们彼此间的吸引。尤其是在初次见面时，由于第一印象的作用，仪表因素在人际交往中占重要地位。虽然很多人都明白"人不可貌相"的道理，但是在人际交往过程中，人们往往还是难以摆脱仪表所起的微妙作用。

仪表之所以能成为影响人际交往的一个重要因素，是因为爱美是人类的天性。美丽的仪表能够使人产生身心愉悦感，容易对交往对象产生好感。更为重要的是，仪表的美丑往往会产生晕轮效应，即由一点而推及其他。所以，美丽的仪表往往会使人认为这个人还有其他一系列的优点，反之亦然。西方心理学家的研究表明，即使执法如山的法官在法庭上给罪犯判决时，也难免受到仪表因素的影响。心理学家赛格尔（H.Sigal）和奥斯特夫（N.Ostove）的研究证明，法官的判决受到罪犯仪表的影响极大。对犯同样罪行的盗窃犯，外貌漂亮的平均被判刑2.8年，而不漂亮的平均为5.2年。不过，对于诈骗犯、性犯罪者的处罚则有所不同。法官们似乎认为，越是漂亮的诈骗犯、性犯罪者（多指女性），越应该重判。

综上所述，仪表在人际交往过程中起了不可忽视的作用。但是研究也表明，随着交往时间的增长，双方了解的程度加深，仪表因素的作用也会越来越小，人际交往的吸引力将从外在的仪表逐渐进入人们内在的品质。

（二）空间距离

俗话说："远亲不如近邻。"这说明空间距离是形成密切的人际关系的一个重要条件。因为距离近，使双方交往和接触的机会增多，彼此间更容易了解熟悉。如同班、同组、同院的人更易成为朋友。美国心理学家费斯廷格（L.Festinger）等人调查研究了一个区域里的友谊模式，他们向17座独立的两层楼房里的住户提出询问："在该区社交活动中你最亲近的是哪3个人？"结果发现：居民与住得最近的人更亲近，最容易建立密切的友谊关系。其中有41%的人选择了隔壁的邻居为朋友，22%的人选择了隔一个门的邻居为朋友。由此可见，空间距离的邻近是密切人际关系的一个非常重要的条件。当然还不能说距离的邻近一定具有吸引力，我们知道，自己所喜欢的人往往是邻近的人，而自己厌恶的人，也有邻近的人。邻近性是相互吸引的一个重要条件，但不是充分必要条件。

（三）交往频率

人们接触的次数称为交往频率。交往的次数越多，越容易具有共同的经验、共同的话题和共同的感受，因而越可能建立密切的关系。尤其对素不相识的人来说，交往频率在形成人际关系的初期起着重要作用。

在心理学家荣克（R.Zajonc）的一个实验中，他让几名女性被试"无意"地碰到五个陌生的妇女。实验不允许被试和这五个妇女直接接触，而这五个妇女露面的次数有的多，有的少，然后要求被试回答他们喜欢哪一位妇女。结果发现，被试喜欢的人与对方露面的次数有关。最喜欢出现了十次的，较不喜欢只出现了一次的妇女。类似的实验做过多次，都说明交往频率也是增进相互吸引的一个因素。

当然，交往的内容和态度在人际交往中也是至关重要的，如无诚意，只是停留在一般应酬上，即使交往频率高，也只是貌合神离，人际关系也不会真正密切起来。

（四）相似性

相似的因素有很多，包括年龄、性别、学历、兴趣、性格、气质、态度等。研究表明，在教育水平、经济收入、籍贯、职业、社会地位、社会价值、资历等方面相似的人们容易相互吸引。在相似性因素中，态度是最重要的因素。例如在政治观、宗教信仰、对社会现象的看法等方面比较一致的人，在情感上更为融合，即所谓志同道合，情投意合。

相似性有助于人际交往，这是因为：首先，各种相似的因素使人具有较多的共同参与社会活动的机会，因而人们接触较多，容易熟悉和相悦；其次，相似性可使交往双方产生一种社会增强作用，能满足双方共同的需要；最后，相似性可使人与人之间的意见容易沟通，由于较少有沟通上的障碍，可减少误会、曲解和冲突，从而有利于维护良好的人际关系。人们通常所说的"物以类聚，人以群分"，就是这个道理。

（五）互补性

所谓互补是指人的个性表面的差异，由内在的共同观点或看法来弥补。如果相似性是客观因素，那么，互补性可视为主观因素。互补性实际上是一种主观的需要或动机。有时两个性格很不相同的人相处很好，并成为好朋友。这就是由于双方都知道自己的长处和短处，都想到利用对方的长处来弥补自己的短处，这是一种心理上的需要，基于这种需要，双方可以和睦相处。美国社会心理学家克克霍夫（Kerckhof）等人研究了恋爱中的大学生，结果发现，对短期伴侣来说，导致相互吸引的主要是相似的价值观念，而驱使伴侣发展长期关系的动力则主要是需要的互补。在我们的日常生活中，无论是一般的朋友之间，还是夫妻、恋人之间，既有"志同道合"的相似性因素作用，也有"珠联璧合"的互补性因素作用。

（六）能力

一般来说，一个人的才能出众或有某方面的专长，对别人就有一种吸引力，使人愿意与他交往。那么是否人越聪明能干就越招人喜欢呢？社会心理学家阿伦森（E.A.Ronson）的研究结果显示：一个极其聪明能干的人，会使人感到高不可攀，敬而远之，人们往往不敢与之交往。相反，有小缺点的才能超群者往往更受人们喜爱。

但是，有些小缺陷而才能卓越的人对两种人缺乏吸引力。一种是能力差，而自尊心低的人，他们对能力高超者有崇拜心理，并可能产生晕轮效应，即认为他应是十全十美的，不应该有不能克服的缺点，因此对有小缺点的名人在自己心目中的形象打了折扣，滋生鄙夷之情。另一种是能力强，自尊心脆弱的人，他们对于才能出众而连一点小缺点也不能克服的人感到失望，认为这种人不值得崇拜。

（七）个性品质

在影响人际交往的诸因素中，个性品质是最重要的因素。在人际交往的初期，一个人的仪表往往具有较大的影响。但随着交往的加深，这种影响会逐渐减弱，而个性品质的影响则逐渐增大。同外表美相比，优良的个性品质具有更持久的人际吸引力。中央教育行政学院心理教研室对3000多名大学生的"择友标准"进行过调查，结果表明，多数大学生把"诚实坦率"（占64.8%）"品德高尚"（占60.5%）和"聪明有才华和富于创造精神"（占43.9%）作为择友的首要标准，其他受到重视的品质为：尊重别人、看重友谊、兴趣广泛、助人为乐和风趣幽默等。

第二节　人际交往理论

人际交往乃一个人处世立命的最高艺术。古往今来，一个人要想在社会上成功立业，无不从朋友中得到帮助。根据研究：一个人职业上的成就，只有15%是由于专业知识，而有85%是由于他们的待人艺术、领导才能与自己的品格。心理学家曾提出解释人与人之间交往产生的喜欢与不喜欢的友谊理论，有下列四种。

一、人际需要三维理论

社会心理学家舒茨（W.Schutz）提出的人际需要三维理论分为两个方面：首先，他提出了三种基本的人际需要；其次，他根据三种基本的人际需要，以及个体在表现这三种基本人际需要时的主动性和被动性，将人的社会行为划分为六种人际关系的行为模式。

（一）人际需要

舒茨认为，每一个个体在人际互动过程中，都有三种基本的需要，即包容需要、支配需要和情感需要。这三种基本的人际需要决定了个体在人际交往中所采用的行为，以及如何描述、解释和预测他人行为。三种基本需要的形成与个体的早期成长经验密切相关。

包容需要指个体想要与人接触、交往，隶属于某个群体，与他人建立并维持一种满意的相互关系的需要。在个体的成长过程中，若是社会交往的经历过少，父母与孩子之间缺乏正常的交往，儿童与同龄伙伴也缺乏适量的交往，那么，儿童的包容需要就没有得到满足，他们就会与他人形成否定的相互关系，产生焦虑，于是就倾向于形成低社会行为，在行为表现上倾向于内部言语，倾向于摆脱相互作用而与人保持距离，拒绝参加群体活动；如果个体在早期的成长经历中社会交往过多，包容需要得到了过分的满足的话，他们又会形成超社会行为，在人际交往中，会过分地寻求与人接触、寻求他人的注意，过分地热衷于参加群体活动。相反，如果个体在早期能够与父母或他人进行有效的适当的交往，他们就不会感到焦虑，他们就会形成理想的社会行为，这样的个体会依照具体的情境来决定自己的行为，决定自己是否应该参加或参与群体活动，形成适当的社会行为。

支配需要指个体控制别人或被别人控制的需要，是个体在权力关系上与他人建立或维持满意人际关系的需要。个体在早期生活经历中，若是成长于既有要求又有自由度的民主气氛环境里，个体就会形成既乐于顺从又可以支配的民主型行为倾向，他们能够顺利解决人际关系中与控制有关的问题，能够根据实际情况适当地确定自己的地位和权力范围。而如果个体早期生活在高度控制或控制不充分的情境里，他们就倾向于形成专制型的或是服从型的行为方式。专制型行为方式的个体，表现为倾向于控制别人，但却绝对反对别人控制自己，他们喜欢拥有最高统治地位，喜欢为别人做出决定；服从型行为方式的个体，表现为过分顺从、依赖别人，完全拒绝支配别人，不愿意对任何事情或他人负责任，在与他人进行交往时，这种人甘愿当配角。

情感需要指个体爱别人或被别人爱的需要，是个体在人际交往中建立并维持与他人亲密的情感联系的需要。当个体在早期经验中没有获得爱的满足时，个体就会倾向于形成低个人行为，他们表面上对人友好，但在个人的情感世界深处，却与他人保持距离，总是避免亲密的人际关系；若个体在早期经历中被溺爱，他就会形成超个人行为，这些个体在行为表现上，强烈地寻求爱，并总是在任何方面都试图与他人建立和保持情感联系，过分希望自己与别人有亲密的关系；而在早期生活中经历了适当的关心和爱的个体，则能形成理想的个人行为，他们总能适当地对待自己和他人，能适量地表现自己的情感和接受别人的情感，又不会产生爱的缺失感，他们自信自己会讨人喜爱，而且能够依据具体情况与别人保持一定的距离，也可以与他人建立亲密的关系。

（二）人际行为倾向

舒茨认为，上述三种基本的人际需要都可以转化为行为动机，使个体产生行为倾向，而个体在表现三种基本人际需要时又分为主动的和被动的两种情况，于是个体的人际行为倾向就可以被划分为六种。

二、社会交换理论

社会学家霍曼斯（G.C.Homans）采用经济学的概念来解释人的社会行为，提出了社会交换理论，他认为人和动物都有寻求奖赏、快乐并尽量少付出代价的倾向，在社会互动过程中，人的社会行为实际上就是一种商品交换。人们所付出的行为是为了获得某种收获，或者逃避某种惩罚，希望以最小的代价来获得最大的收益。人的行为服从社会交换规律，如果某一特定行为获得的奖赏越多的话，他就越会表现这种行为；而如果某一行为付出的代价很大，获得的收益又不大的话，个体就不会继续从事这种行为。这就是社会交换。

霍曼斯指出，社会交换不仅是物质的交换，而且还包括了赞许、荣誉、地位、声望等非物质的交换，以及心理财富的交换。个体在进行社会交换时，付出的是代价，得到的是报偿，利润就是报偿与代价的差值。个体在社会交往中，如果给予别人的多，他就会试图从双方的交往中多得到回报，以达到平衡；如果他付出了很多，但得到的却很少，他就会产生不公平感，就会终止这种社会交往。相反，如果一个人在社会交往中，总是付出的少，得到的却多，他就会希望这种社会交往继续保持，但同时也会产生内疚感。只有当个体感到自己的付出与收益达到平衡时，或者自己在与他人进行社会交往时，自己的报偿与代价之比相对于对方的报偿与代价之比是同等的时候，个体才会产生满意感，并希望双方的社会交往继续保持下去。

当然，个体在进行社会交往时，他们对报偿和代价的认识并不是固定不变的，也不一定是根据物质的绝对价值来估计的，这完全是一个与心理效价有关的问题，所以，当个体对自己的报偿与代价之比的认识大于他人的报偿与代价之比时，也许会被别人所不理解或不认可。这就是为什么在人们的社会交往过程中，有时会出现在有些人看来根本不值得做的事情，却被当事人做得很有趣，而有些时候在别人看来是值得做的事情，却被另一些人所不齿。可见，社会交换过程中，包含了深层的心理估价的问题。

三、六位分隔理论

1967年美国社会心理学家米尔格伦（Stanley Milgram）提出了"人际交往六位分隔"理论。该理论认为在人际交往的脉络中，任意两个陌生人都可以通过"亲友的亲友"建立联系，这中间最多只要通过5个朋友就能达到目的。这个看似非常简单、却又很玄妙的理论引起了数学家、物理学家以及社会学家们的关注。他们研究发现世界上许多其他的网络也有极相似的"六位分隔"结构，例如经济活动中的商业联系网络结构、生态系统中的食物链结构，甚至人类脑神经元结构以及细胞内的分子交互作用网络结构。

"六位分隔"理论曾经只能作为理论而存在。但是，互联网使一切成为现实。2001年哥伦比亚大学社会学系的一个研究小组开始在互联网上进行了这个实验。他们建立了一个实验网站，终点是分布在不同国家的18个人（包括纽约的一位作家、澳大利亚的一名警察以及巴黎的一位图书管理员等等），志愿者通过这个网站把电子邮件发给最可能实现任务的亲友。结果一共有384个志愿者的邮件抵达了目的地，电子邮件大约只花了5~7步就传递到了目标。

如今，"六位分隔"理论正在鼓舞着越来越多的资本参与构建一个虚拟的网络社会。在这个虚拟的社会里，通过不超过5个的中间人，你就可以认识任何一个其他的互联网用户——无论这个人是美国的总统，还是非洲的农场主。

四、PAC 分析理论

物质和精神方面的需要固然是人际交往的驱动力，但人们的心理状态对交往的进程和结果的影响是很大的。加拿大精神科医生柏恩博士1964年在《人们玩的游戏》一书中从心理上分析人际交往这一复杂现象，提出了PAC分析方法。这种分析理论认为，个体的个性是由三种比重不同的心理状态构成，这就是"父母""成人""儿童"状态。取这三个单词的第一个英文字母，父母（parent）、成人（adult）、儿童（child），所以简称人格结构的PAC分析。"父母"状态以权威和优越感为标志，通常表现为统治、训斥、责骂等家长制作风。当一个人的人格结构中P成分占优势时，这种人的行为表现为凭主观印象办事，独断独行，滥用权威，这种人讲起话来总是"你应该……""你不能……""你必须……"。"成人"状态表现为注重事实根据和善于进行客观理智的分析。这种人能从过去存储的经验中，估计各种可能性，然后做出决策。

当一个人的人格结构中A成分占优势时，这种人的行为表现为：待人接物冷静，慎思明断，尊重别人。这种人讲起话来总是："我个人的想法是……"。

"儿童"状态像婴幼儿的冲动，表现为服从和任人摆布，一会儿逗人可爱，一会儿乱发脾气。当一个人的人格结构中C成分占优势时，其行为表现为遇事畏缩，感情用事，喜怒无常，不加考虑。这种人讲起话来总是"我猜想……""我不知道……"。根据PAC分析，人与人相互作用时的心理状态有时是平行的，如父母—父母、成人—成人、儿童—儿童。在这种情况下，对话会无限制地继续下去。如果遇到相互交叉作用，出现父母—成人、父母—儿童、成人—儿童状态，人际交流就会受到影响，信息沟通就会出现中断。最理想的相互作用是成人刺激—成人反应。根据 PAC 分析理论，人际交往存在着以下十种类型：

PP 对 PP 型。在这种类型中，甲乙双方都表现出一种颐指气使的武断，如甲方说："你把这任务完成一下。"乙方却说："你不见我正忙着吗？找别人干去吧！"

AA 对 AA 型。在这种交流类型中，双方都能以理智的态度对待对方，如甲问："你能把这项任务完成吗？"乙说："如果没有什么干扰，我想是能够的。"

CC 对 CC 型。在这种类型中，甲乙双方都易诉之于感情。比如甲说："过不到一起干脆离婚。"乙答："离就离，谁离不开谁呢！"

PC 对 CP 型。在这种交流类型中，甲乙双方表现出权威和服从的行为，即甲方以长者自居对待乙方，乙方亦能服服帖帖不以为然。如甲作为上级对乙说："这件事完不成要受批评。"乙作为下级回答："真完不成，我甘愿接受批评。"

CA 对 AC 型。在这种交流类型中，一方表现为小孩子脾气，而另一方则表现为有理智的行为。这在同事之间、夫妻之间经常会发生。

PA 对 AP 型。在这种交流类型中，甲方表现为有理智，但又担心自己控制不住自己。为此，甲方经常要求乙方担当 P 的角色，起到对甲方的监督和防范作用。这在上下级、同事、夫妻之间经常会发生和利用这种类型的相互作用。

PC 对 AA 型。在这种交流类型中，甲方要求乙方以理智对待他，但乙方则以高压方式对待甲方。这在上下级、同事之间经常发生。

CP 对 AA 型。在这种交流类型中，甲方讲理智，而乙方却易感情用事，这种现象也经常发生在不同人之间的交流中。

PC 对 PC 型。在这种交流类型中，一方采取命令式而另一方不服，也采取同样方式回敬。这种交流方式必然会引起矛盾冲突。这经常表现在上下级、家长和子女之间。

CP 对 CP 型。在这种交流型中，甲乙双方都把对方作为权威看待而表现出一种服从的意向，这在同事和朋友之间经常发生。

了解 PAC 分析理论，有助于我们在交往中有意识地觉察自己和对方的心理状态，做出互补性或平行性反应，使信息得到畅通。倘能在交往中把自己的情感、思想、举止控制在成人状态，以成人的语调、姿态对待别人，给对方以成人刺激，同时引导对方也进入成人状态，做出成人反应，那就有利于建立互信、互助关系，保持交往关系的持续进行。国外对管理人员进行了 PAC 分析理论教育，帮助他们了解人们在相互接触中的心理状态，取得了良好的效果。

第三节　大学生人际交往的调适

处于青年期的大学生，思想活跃，精力充沛，兴趣广泛，人际交往的需要极为强烈。他们力图通过人际交往去认识世界，获得友谊，满足自己物质上和精神上的各种需要。因此，青年期的大学生希望被人接受、理解的心情尤为迫切。在人的一生中，再也不会有青年时期那种强烈的渴望被理解的愿望。没有任何人会像青年那样处在孤独之中，渴望着被人接近与理解，没有任何人会像青年那样站在遥远的地方呼唤。

一、大学生人际交往的特点

（一）交往愿望的迫切性

大学生多数都是第一次离开家庭，离开父母，为了适应新的环境、丰富课余生活，他们在大学期间尽量广交朋友，扩展生活空间。而同时，人际交往又是使大学生开阔视野、早日成熟、适应社会的重要途径。因此，大学生表现出比以往更加迫切的交往愿望。

（二）交往观念的自主性

大学生由于个体的主体意识迅速增强，独立意识、自主精神也明显加强。在人际交往上他们不想过分依赖父母，依赖家庭，依赖老师，有着强烈的成人感，无论是在交往方式、交往内容还是在交往对象的选择上，都具有明显的自主性。他们在交往活动中敢于大胆发表自己的见解，不愿意简单地接受信息、人云亦云，而希望通过交流思想、感情，探讨共同感兴趣的问题。

（三）交往内容的丰富性

现代社会的大学生，再也不是那种"两耳不闻窗外事，一心只读圣贤书"的书呆子了。大学生们兴趣广泛、情感丰富、精力充沛、思想活跃，对各种自然的、社会的现象都会产生注意，希望自己见多识广，使得他们交往的内容变得非常丰富。除了专业知识之外，交往的内容广泛涉及文学、艺术、政治、经济、文化、历史、民俗等各个方面。

（四）交往系统的开放性

大学校园里的学生们来自五湖四海，家庭状况、生活经历各异，而且又有高等学府中信息灵通的特点，决定了大学生的人际交往是一个多层次、多方位的开放性系统。加之现代交通工具、通信工具的发达，为大学生开放性的人际交往提供了客观条件。

二、大学生人际交往的艺术

人际交往能力在人的工作、事业、家庭中起着至关重要的作用，良好的人际关系是成功的基础。人际交往是一门艺术，处理好人际关系需要注意以下几个方面。

（一）锤炼语言

在交往过程中，语言不仅担负着传递信息的功能，而且是激励或抑制交往成员情绪的影响手段，从而来调节人们的交往行为。俗话说："茶壶里煮饺子——肚里有货倒不出。"也就是说信息传递者已经具备了各种信息，却不能够利用语言这一手段来传递。这对人际交往有很大妨碍。因为人际交往大多数情况是语言交流。传递信息的准确性，有赖于语言能力的高低。"良言一句三冬暖，恶语伤人六月寒。"这句话告诉我们交往时要注意运用语言的艺术。语言艺术运用得好，就能优化人际交往。相反，如果不注意语言艺术，往往在无意间就出口伤人，产生矛盾。

称呼得体。称呼反映出人们之间心理关系的密切程度。恰当得体的称呼，使人能获得一种心理满足，使对方感到亲切，交往便有了良好的心理气氛；称呼不得体，往往会引起对方的不快甚至愤怒，使交往受阻或中断。所以，在交往过程中，要根据对方的年龄、身份、职业等具体情况及交往的场合、双方关系的亲疏远近来决定对方的称呼。对长辈的称呼要尊敬，对同辈的称呼要亲切、友好，对关系密切的人可直呼其名，对不熟悉的要用全称。

注意礼貌。第一，正确运用语言，表达要清楚、生动、准确，有感染力，逻辑性强，少用土语和方言，切忌平平淡淡、滥用辞藻、含含糊糊、干巴枯燥。第二，语音、语调、语速要恰当，要根据谈话的内容和场合，采取相应的语音、语调和语速。第三，讲笑话要注意对象、场合、分寸，以免笑话讲得不得体，伤害他人的自尊心。第四，适度地称赞对方。每个人都希望别人赞美自己的优点。如果你能够发掘对方的优点，进行赞美，他会很乐意与你多交往。但是赞美要适度，要有具体内容，绝不能曲意逢迎。真诚的赞美往往能获得出乎意料的效果。第五，避免争论。青年大学生喜欢争论，但争论往往是在互不服输、面红耳赤、不愉快甚至演化成直接的人身攻击或严重的敌意中结束，这对人际关系的影响是显而易见的。因此大学生要尽量避免争论，而要通过讨论、协商的途径解决分歧。语言艺术运用得好，就能吸引和抓住对方，从内容到形式适应对方的心理需要、知识经验、双方关系及交往场合，使交往关系密切起来。

（二）学会赞美

传统的中国人都不喜欢赞美别人，因为他们认为赞美别人是虚伪的表现，所以，要对别人发表意见的时候，我们往往习惯于批评多于赞美，也就是不多说别人的好话。例如，中国人对孩子的评价，中国家长碰到一起的时候，总是说自己的孩子不行，这也不行，那也不行，如果碰到一个中国人，当然大家心领神会，知道这就是中国家长表扬自己孩子的方式，但如果碰到老外，难免会挠挠头，问："你的孩子真的有那么差吗？"虽然这是民族习惯的不同，但长期如此，孩子难免会产生自卑或反抗情绪。产生自卑的孩子会这样想："噢，原来我这么差，那还有什么希望呢？"产生反抗情绪的孩子会想："哼，我都这样用心了，成绩也不是像你说的那样见不得人啊，怎么你老在别人面前说我的坏话呢？"

不喜欢赞美别人的习惯，也许从你的父母、亲戚和朋友那里不知不觉地沿袭到了你的身上，现在是改一改这种习惯的时候了。人的本性都是喜欢受人夸奖的，适当的赞美能够营造良好的氛围和和谐的环境，还能够使人心情愉快，增强信心，而且根据交互的原则，你赞美别人、欣赏别人，也会导致别人赞美你、欣赏你，这无论是对你的人际交往还是心理健康都是很有好处的。

（三）注意倾听

一般而言，人们都希望自己说的话能有人听，这能给人以极大的心理上的满足。有人说："会说，显示的是你的能力；会听，显示的是你的修养。"这有一定的道理，但在人际交往中，会听，不仅仅是显示修养而已。会听，还显示出听者对信息传递者的接纳，甚或承认、喜欢信息传递者。这样一来，根据人际交往的交互原则，信息传递者也就会对听者产生同样积极的态度，进而促进良好的人际交往发生。另外，倾听者的积极态度也保护了信息传递者的自我价值，这也有利于人际交往的进一步发展。

在倾听时，不仅要用耳朵，更要用大脑及全部身心去理解，去感受。倾听指的就是集中精力全神贯注地听，也就是站在对方的立场上从对方的角度去听，去理解。这种倾听能给说话者以极大的心理上的愉悦，使他觉得自己很重要，觉得自己受到足够的重视。因此，这种倾听就不是在故作姿态，而是一种尊重他人、欣赏他人的表现。心理学家都是出色的倾听者，他们不仅会听，而且还能从中产生与表述者的共鸣，以达到了解表述者内心的目的。

伟大的心理学家、著名的实用主义哲学大师威廉·詹姆士指出，人性最深的需要是渴望得到别人的赞赏。任何人都渴望被别人欣赏、尊重。任何人，无论其社会地位是多么卑微渺小，都希望成为一个受人关注的重要人物，都希望找到那种成为重要人物的感觉。

（四）善用非语言

非语言信息一般包括眼神、手势、面部表情、姿态、位置、距离等。掌握和运用好这种交往艺术，对大学生搞好人际交往是不可少的。"眼睛是心灵的窗户"，"眼睛像嘴一样会说话"。面部表情是内心情绪的外在表现，它们均能表达人的态度和情感。如眉飞色舞表示内心高兴，怒目圆睁表示愤怒等。交往中还可以用肢体动作来表达思想。

大学生在人际交往中根据谈话的内容和场合，正确运用非语言艺术，巧妙地表达自己的思想感情，有时能起到"此时无声胜有声"的作用。但非语言艺术要运用得恰到好处，不可过于频繁和夸张，以免给人手舞足蹈之感。

三、大学生人际交往中常见的心理障碍与调适

（一）大学生交往自卑及调适

大学生人际交往自卑的原因一般有以下几个方面的原因：一是缺乏自我认知。缺乏自我认知的人，往往高估别人，低估自己。在与他人比较时，习惯用他人的长处去比自己的短处，结果比出了自卑感，丧失了交往的勇气和自信心。二是消极的自我暗示。怀疑自己的能力，不敢自我表现，从难以与人交往到孤独的自我封闭。其特点是，当面对现实、衡量自己的能力时，往往产生"我不行"的暗示，从而抑制了自信心。三是长期的环境影响。如果一个人在儿童时期常常受到过多的指责和责备，遭到父母的压制、训斥，或家庭环境不好等，往往会导致在青年时期自卑心理的形成。四是生理条件相对不足。生理缺陷给大学生造成自卑感也是很常见的。比如有的大学生写文章走笔如神，可说起话来要么口吃，要么语塞；有的大学生身材短小，容貌不佳，总觉得别人难以接纳自己，怀有自卑心理，交际被动，与异性朋友交往，更加缺乏信心。

为此大学生在交往过程中首先要客观地进行自我分析。不仅要看到自己的短处，也要如实地看待自己的长处，这有助于克服自卑心理。马克思十分欣赏这样一句格言："你所以感到巨人高不可攀，只是因为自己跪着。不信你站起来试试，你一定能发现，自己并不注定比别人矮一截。"请用这句话来鼓舞自己吧。其次要进行积极的自我暗示、自我鼓励。暗示是指用含蓄、间接的方法对人的心理产生迅速影响的过程。自我暗示是来自内心的一种自我刺激过程。积极的自我暗示是指，即使自己处于不利地位，也要鼓励自己，增强自信，而不要先考虑失败了怎么办，同时还要建立符合自身条件的抱负水准。一些同学往往因抱负水准过高，超过了本身能力所及，欲速则不达，结果自尊心受挫，感到自己没有能力，产生自卑心理。所以，自卑者应当随时根据已有的经验对自己的理想目标做适度的调整，以增加自我成功感，从而增强自信。最后，要善于表现自己，积极与他人交往。在与人相处中，要善于表现自己，要扬长避短。要善于选择那些能发挥你长处的社交活动，尽量表现自己，这样，就可能在社会交往中打开局面。同时，一个人的生活经验愈丰富、接触面愈广，愈能促进其对自身的了解。因此，每一位同学都不能把自己围于某个固定的小圈子中，应不断地扩展自己的交际范围，去感受他人的喜怒哀乐，心胸就会变得更开阔。

（二）大学生交往孤独及调适

大学生交往孤独心理形成的原因可以概括为：一是性格因素。有的学生性格内向，

只注意自己的小天地，虽然内心体验深刻，但不善于与人交流；有的性情孤僻或孤傲，这样就阻碍了正常的交往。二是因过于自尊而孤独。处于青春期的大学生们最为重要的心理成果就是发现了自己的内心世界，发现了自我与其他同学之间的心理差异，产生了与同学交往的强烈愿望。但由于过于自尊和缺乏交际知识，又不肯轻易向别人敞开心扉，于是忧心忡忡，闷闷不乐，心中充满了对友谊的渴望而又不去行动，孤独感随之而来。三是环境因素。如果一个人长期生活在缺乏理解与友爱的环境中，处在长期压抑之下而没有凝聚力的群体之中，往往会感到孤独。有的大学生进入校园后，很难适应变化了的环境，对校园中的一切感到陌生和不习惯，迟迟进入不了角色，也很难体验到归属感，其结果便是郁郁寡欢，沉默孤独。

大学生人际交往孤独心理的调适方法主要有：首先，要把自己融于集体之中。任何一个同学都处在一定的环境之中，如果拒绝把自己融于集体之中去，孤独肯定会格外垂青他。我们既要保持灵魂独舞的疆域，也要与环境有所趋同，如果常常以冷漠甚至厌恶的眼神看待其他同学，陷于自视清高而不可自拔，集体也会对他进行排斥，这样就会影响个人发展。其次，要积极参与社交活动。要敢于冲破自我封闭的樊笼，越过心灵的障碍，通过广泛的交流寻觅知音，当真正感到与同学心理相容并为人所接受时，就会看到柳暗花明的新天地，享受到正常的人际交往的欢乐与幸福。最后，要修正不良的性格，培养高尚的情趣，消除人际交往的障碍。

（三）大学生交往嫉妒及调适

大学生交往嫉妒心理形成的原因分析起来主要有：一是相对主体的差别。这个相对主体即嫉妒主体指向的对象既可以是具体的人，也可以是人的某一现象，亦可以是某一集体或群体，例如单位与单位、家庭与家庭之间的嫉妒。那种相对主体的差别既可以是现实的客观差距，比如财富和相貌的差距；也可以是非物质性的差距，如才能、地位的差别；亦可以是不真实的幻想带来的差距，例如总感觉室友之间特别亲热；还可以是对将来可能会遇到的威胁和伤害的假设，例如上级对于下级才能的妒忌。二是错误的认识。将自己与周围的人在名利、地位、才干等方面进行错误比较，使心理失去平衡，从而带来心理障碍。或是认为别人取得了成绩，就说明自己没有成绩，别人成功了，就说明自己的失败；或是认为别人的成功就是对自己的威胁，是对自己利益的侵害。三是病理的信念。对某种不真实的思想内容坚信不疑。如坚信恋人对自己不忠实，与异性有不正常的交往，因而跟踪或监视。这是一种妄想型嫉妒，属精神疾病范畴。

大学生交往嫉妒心理的调适方法主要有：首先，学会转移注意。当你嫉妒某人时，总是因为他在某些方面的优势深深吸引了你，而你自己在这方面又恰好处于劣势，这一差异正是你产生嫉妒的根源。与此同时，你却没有注意到自己在另外一些方面优于对方。如果你有意识地把自己的注意力重心调节一下，便会使原先失衡的心理获得一种新的平衡。其次，要提高认识。好嫉妒的人的特性是"自大、自私"，往往从害别人开始，以害自己告终。对此，只有依赖自己提高认识，学会超脱，不断自我反省，改善自身的品性，做到谦虚谨慎。遇事时应进行"位置互换"思考，多替别人想想。三是学会自我反省。嫉妒心是很难隐藏和掩饰的，在人际交往中容易被他人察觉。一旦别人发觉你嫉妒他，交往就会受到影响。与其这样，倒不如坦诚、轻松、愉快地与对方沟通，这样或许能获得意想不到的良性交往效果。如果仍然萌发嫉妒心，可以转移一下环境，投身于自己最喜爱的活动中去。

（四）大学生交往恐惧及调适

大学生交往恐惧心理形成的原因主要有：一是直接经验的影响。青少年在交往过程中屡遭挫折、失败，就会形成一种心理上的打击或"威胁"，产生种种不愉快的甚至痛苦的体验，久而久之，就会不自觉地形成一种紧张、不安、恐惧、忧虑、焦急等情绪状态。这种状态定型下来，就形成了固定心理结构，于是以后遇到新的类似刺激情境时，旧病发作，就产生了恐惧感。二是间接经验的影响。如看到别人或听到别人在某种交往情境中遭受挫折，或受到难堪的讥笑、拒绝，自己就会感到痛苦、害怕、羞耻。通过小说、广播、报刊、电影、电视等途径也可以学到这种经验。他们会不自觉地据此来预测自己将会在特定社交场合遭受同样令人难堪的对待，于是紧张不安，焦虑恐惧。这种情绪状态的泛化，导致了交往恐惧症。三是家庭背景及其他因素的影响。从小性格受到压抑，或者是父母没有教会他们社交的技能；或者是搬家过多；或者是心理上的原因所致，如自尊心太强，害怕被别人拒绝；或者就是对自己的外貌没有信心等。

大学生交往恐惧心理的调适策略主要有：首先，应当明确认识社交是增长才干、了解人生和社会的有效途径，同时也是现代大学生不可缺少的生活技能，必须主动参加社交。其次，要调整心态，多参加交往活动。害怕交往主要是对交往有不正确的认识，没有掌握基本的社会交往的技能技巧，总有一种处于失败边缘的感觉，似乎每次参加交往就会以失败而告终。其实，只有实践才是提高交往能力的唯一途径，那些在交往中能够应付自如的成功者，无一不是经历过各种场合、与各种人打过交道的，是实践和经验使他们有较强的交往能力。最后，要掌握相关知识。尽管人们都懂得开展交往的重要意义，但是有关社交的知识、技巧和艺术，以及相关的社会学、心理学和传播学知识却掌握得不够。所以应全面地掌握有关知识，真正明白道理，这对消除恐惧是大有裨益的。

参考文献

[1] 布鲁纳.教育过程[M].邵瑞珍,译.北京:文化教育出版社,1982.

[2] 车文博.心理学150问[M].沈阳:辽宁人民出版社,1987.

[3] 陈鹤琴.儿童心理之研究[M].北京:商务印书馆,1925.

[4] 陈琦,刘儒德.当代教育心理学[M].北京:北京师范大学出版社,1997.

[5] 陈琦.教育心理学[M].北京:高等教育出版社,2001.

[6] 自然辩证法[M].北京:人民出版社,1971.

[7] 达尔文.人类和动物的表情[M].周邦立,译.北京:科学出版社,1958.

[8] 杜威.我们怎样思维,经验与教育[M].姜文闵译.北京:人民教育出版社,1991.

[9] 郭德俊.教育心理学概论[M].北京:警官教育出版社,1998.

[10] 何更生.语文学习和教学设计(中学卷)[M].上海:上海教育出版社,2004.

[11] 胡启先.当代大学生社会心理问题及对策[M].南昌:江西人民出版社,1999.

[12] 黄希庭.大学生心理学[M].上海:上海人民出版社,1988.

[13] 黄希庭.心理学[M].上海:上海教育出版社,2004.

[14] 贾晓波.心理健康教育与教师心理素质[M].北京:中国和平出版社,2000.

[15] 李伯黍.教育心理学[M].上海:华东师范大学出版社,2001.

[16] 李旷等.教师的工作积极性[M].济南:山东教育出版社,1987.

[17] 李山川.大学教育心理学[M].合肥:中国科学技术大学出版社,1991.

[18] 李维.认知心理学研究[M].杭州:浙江人民出版社,1998.

[19] 刘维良.教师心理卫生[M].北京:知识出版社,1999.

[20] 刘兆吉.高等学校教育心理学[M].北京:北京师范大学出版社,1995.

[21] 皮连生.智育心理学.北京[M]:人民教育出版社,1996.